Kirche und Adel in Norddeutschland

Das Aufschwörungsbuch des Hildesheimer Domkapitels

Quellen und Studien zur Geschichte und Kunst

im Bistum Hildesheim 3

Herausgegeben von Michael Brandt und Thomas Scharf-Wrede

im Auftrag des Vereins für Geschichte und Kunst im Bistum Hildesheim

Gottfried Wilhelm Leibniz Bibliothek. Editionen und Beiträge

Peter Marmein/Thomas Scharf-Wrede (Hrsg.)

Kirche und Adel in Norddeutschland

Das Aufschwörungsbuch des Hildesheimer Domkapitels

bearbeitet von Christian Schuffels

mit Beiträgen von

Jochen Bepler, Peter Marmein, Thomas Scharf-Wrede und Hans Jakob Schuffels

Dem Hildesheimer Weihbischof und Domdechanten Hans-Georg Koitz

zur Vollendung seines 75. Lebensjahres

Gedruckt mit freundlicher Unterstützung

Umschlaggestaltung: Anna Braungart, Tübingen
Satz: Vollnhals Fotosatz, Neustadt a. d. Donau
Druck: Erhardi Druck GmbH, Regensburg

Bibliografische Information der Deutschen Nationalbibliothek: Die Deutsche Nationalbibliothek
verzeichnet diese Publikation in der Deutschen Nationalbibliografie; detaillierte bibliografische Daten
sind im Internet über <http://dnb.d-nb.de> abrufbar.

1. Auflage 2011
© 2011 Verlag Schnell & Steiner GmbH, Leibnizstr. 13, D-93055 Regensburg
© Autoren für ihre namentlich gekennzeichneten Beiträge
ISBN 978-3-7954-2219-6

Weitere Informationen zum Verlagsprogramm erhalten Sie unter:
www.schnell-und-steiner.de

Vorwort

Als das Hildesheimer Domkapitel im April 1690 von einem ehemaligen Mitglied, das ein halbes Jahrhundert zuvor aufgeschworen worden war, später dann aber die Pfründe resigniert hatte, um ein „attestatum" gebeten wurde, in dem „dessen damahls praesentirte Waapen" abgezeichnet seien, war ihm dies nicht möglich – lediglich die Mitgliedschaft im Hildesheimer Domkapitel ließ sich anhand der domkapitularischen Protokolle bestätigen … Insofern fasste man im Juli 1690 den Beschluss, wie in anderen Bistümern resp. Kapiteln ein eigenes Wappenbuch anzulegen.

Das Aufschwörungsbuch des Hildesheimer Domkapitels: Es listet die Familien und Wappen aller 211 Hildesheimer Domkapitulare von den 1670er Jahren bis 1810 auf – ein Buch von unschätzbarem historischem wie bibliophilem Wert, das sich heute, gewissermaßen als „Nachwehen" der Säkularisation zu Beginn des 19. Jahrhunderts, in der Gottfried Wilhelm Leibniz Bibliothek Hannover befindet. Das Aufschwörungsbuch ist weit mehr als ein „who is who" der katholischen Kirche und des Adels im Bistum Hildesheim bzw. in Norddeutschland im 18. Jahrhundert. In dichter, geradezu rasanter Generationenfolge gibt es einen Einblick in die Strukturen von Kirche, Gesellschaft und Politik dieser Zeit – wenn es denn richtig gelesen wird …

Dieses „richtige Lesen" ermöglicht uns vor allem Christian Schuffels (Kiel), ein Kenner der Geschichte des Hildesheimer Domkapitels zwischen 1300 und 1800. Er hat für diese Publikation nicht nur die Entstehung des Aufschwörungsbuchs zusammengefasst und sämtliche in ihm aufgeführten Domherren mit den jeweils wichtigsten biographischen Daten aufgelistet, sondern auch einige ungemein detailreiche Kurzviten Hildesheimer Domherren verfasst; keine „bunte Mischung", sondern eine wohlüberlegte Auswahl „quer durch die Zeiten und Zusammenhänge". Ohne ihn wäre dieses Projekt nicht möglich gewesen, weswegen wir ihm in ganz besonderer Weise danken.

Danken möchten wir auch Jochen Bepler (Hildesheim) und Hans Jakob Schuffels (Göttingen), die mit ihren Beiträgen das „Gesamtbild" des vorliegenden Buches abrunden. Und natürlich gilt unser Dank auch all den Damen und Herren in den Archiven und Bibliotheken, die uns bei der Beschäftigung mit dem Aufschwörungsbuch resp. dieser Publikation so überaus freundlich unterstützt haben. Namentlich seien genannt Herr Dr. Friedrich Hülsmann, der Leiter der Handschriftenabteilung der Gottfried Wilhelm Leibniz Bibliothek, und seine Mitarbeiterin Frau Anke Hölzer sowie Herr Martin Brederecke, der Leiter der Restaurierungswerkstatt der Gottfried Wilhelm Leibniz Bibliothek.

Das vorliegende Buch – wie auch schon die ihm vorausgehende Digitalisierung des Aufschwörungsbuchs – wären nicht möglich gewesen ohne die gleichermaßen großzügige wie unkomplizierte Unterstützung des Landschaftsverbands Hildesheim und der VGH Stiftung. Danken dürfen wir schließlich auch dem Verlag Schnell & Steiner (Regensburg), der dieses Buch so überaus ansprechend gestaltet hat, und seiner Lektorin Frau Dr. Simone Buckreus.

Dass auf den folgenden Seiten das Aufschwörungsbuch des Hildesheimer Domkapitels keineswegs abschließend behandelt ist, versteht sich eigentlich von selbst – zu komplex sind die Fragen und Inhalte, die mit ihm in Beziehung stehen. Einen weiteren (kleinen) Beitrag wird sicherlich die bereits geplante Internet-Publikation leisten, die alle Wappen und Familiennamen der Ahnentafeln erfassen und kommentieren will.

Gewissermaßen analog zur Geschichte des in Hildesheim entstandenen und nunmehr in Hannover aufbewahrten Aufschwörungsbuchs ist das vorliegende, durch ein Kolloquium des Bistums Hildesheim zur Säkularisation von 1803 angeregte Buch eine Gemeinschaftspublikation des Bistumsarchivs Hildesheim und der Gottfried Wilhelm Leibniz Bibliothek Hannover. *Habent sua fata libelli* – wobei es inzwischen erfreulicherweise eben nicht mehr um Besitzfragen, sondern um die gemeinsame Erschließung der für die Geschichte Niedersachsens relevanten Quellen geht.

Peter Marmein/Thomas Scharf-Wrede

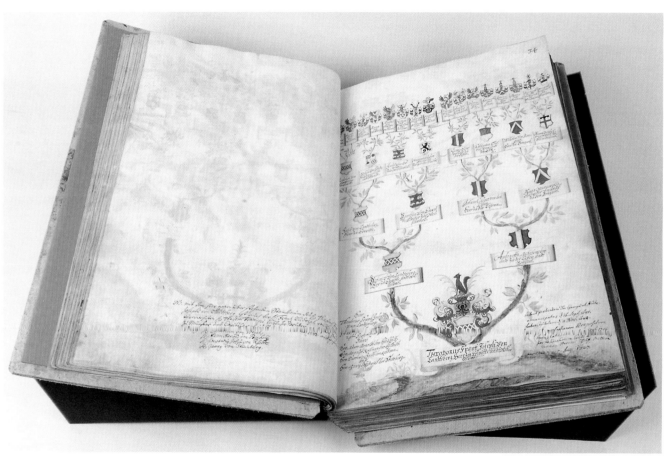

Hannover, Gottfried Wilhelm Leibniz Bibliothek/Niedersächsische Landesbibliothek, Ms. XXI, Nr. 1235. Aufschwörungsbuch des Hildesheimer Domkapitels, aufgeschlagen: fol. 33v/34r

Inhalt

Inhalt

PETER MARMEIN

Gottfried Wilhelm Leibniz Bibliothek, Ms. XXI, Nr. 1235 – Bestand und Bestandsgeschichte

Schwerpunkt des neuzeitlichen Handschriftenbestandes der Gottfried Wilhelm Leibniz Bibliothek[1] ist der Leibniz-Nachlass. Daneben verzeichnet die Bibliothek allerdings eine Vielzahl von weiteren Beständen und bedeutenden Einzelstücken. Zu diesen gehört das unter der Signatur Ms. XXI, Nr. 1235 verwahrte Aufschwörungsbuch des Hildesheimer Domkapitels, ein wegen seines Umfangs und der prachtvollen graphisch-heraldischen Gestaltung besonders bemerkenswertes Exemplar der Gattung.[2] Bei der Handschrift handelt es sich um einen Codex im Großfolioformat (57 x 38 cm), der insgesamt 250 unpaginierte Pergamentblätter enthält, von denen sechs nachträglich eingebunden und 211 auf der Rectoseite mit Stammtafeln beschriftet sind. Das Stück ist in herkömmlicher Weise gebunden: Der Buchblock besteht aus 42 Lagen, die auf acht Doppelbünde (Kordeln) fadengeheftet sind. Er ist mit einem für die Entstehungszeit typischen handgestochenen Kapital versehen und mit Pergamentstreifen hinterklebt. Die Pappdeckel wurden separat angesetzt. Der Lederbezug wurde in den 60er Jahren des vorigen Jahrhunderts erneuert.[3] Die Beschläge sind vermutlich noch original – die zugehörige Plakette trägt die Jahreszahl 1699 (Abb. 2). Beim Abheben der alten Bekleidung wurde auf dem Innenspiegel ein Wasserzeichen[4] entdeckt, das zwar weit streut,[5] aber doch als weiterer Beleg dafür gelten kann, dass es sich um den Originaleinband handelt.

Die Verwendung von Pappdeckeln statt der für Pergamenthandschriften üblichen Holzdeckel mit Schließen ist wohl aus dem Überformat der Handschrift zu erklären; mit Holzdeckeln wäre der Codex nur schwer handhabbar gewesen. Um ein Sperren zu vermeiden, wurde er vermutlich vorwiegend liegend und auch zusammengebunden aufbewahrt. Dafür spricht der gute Zustand der erhaltenen Bindung.

Die um 1700 entstandene Handschrift war ursprünglich im Besitz des Hildesheimer Domkapitels. Als Säkularisationsgut nach Kassel verbracht und in den Wirren der napoleonischen Zeit vorübergehend abhanden gekommen, ist sie 1815 an die heutige Gottfried Wilhelm Leibniz Bibliothek gelangt. Die Stationen auf diesem Weg lassen sich wie folgt nachvollziehen: Das Fürstbistum Hildesheim war bereits im Sommer 1802 unter Vorwegnahme der Säkularisation von preußischen Truppen besetzt, aufgelöst und dem preußischen Staatsgebiet angegliedert worden.[6] Das Domkapitel blieb zwar trotz Ablösung der fürstbischöflichen Regierung zunächst bestehen; jedoch wurde bereits am 16. August 1802 von der preußischen Civil-Commission Ordre erteilt, erledigte geistliche Stellen nicht wieder zu

---

1 Von 1665 bis 1720 trug die Bibliothek den Namen *Herzogliche*, später *Kurfürstliche Hofbibliothek*, ab 1720 *Königliche Öffentliche Bibliothek*, in preußischer Zeit *Königliche und Provinzial-Bibliothek*, zur Zeit der Weimarer Republik *Vormals königliche und Provinzial-Bibliothek*, ab 1947 wurde sie als *Niedersächsische Landesbibliothek* fortgeführt, die Umbenennung in *Gottfried Wilhelm Leibniz Bibliothek – Niedersächsische Landesbibliothek* erfolgte im Jahr 2005 (nachfolgend GWLB).

2 Eduard Bodemann, Die Handschriften der königlichen öffentlichen Bibliothek zu Hannover, Hannover 1867, S. 256. – Bodemann, Aufschwörungsbuch, passim. – Schuffels, Aufschwörungsbuch, passim.

3 Nach Angaben von Frau Anke Hölzer (Handschriftenabteilung der GWLB) im Jahr 1968. Die neue schweinslederne Einbanddecke ent-

spricht dem Stil der Zeit; Frau Hölzer erinnert sich daran, dass der Originaleinband dunkel war, was allerdings nicht zu belegen ist, da der vorherige Zustand nicht dokumentiert wurde.

4 Aufgefunden vom Leiter der Restaurierungswerkstatt der GWLB Martin Brederecke, zeigt es Schild mit Krone und Posthorn.

5 Dazu Martin Kluge, Ein paar Gedanken zu heraldischen Wasserzeichen, in: SPH-Kontakte 85 (1997), S. 12–15, S. 14.

6 Auf der Grundlage des Vertrags von Lunéville (1801) als Entschädigung für die Abtrennung linksrheinischer Gebiete. Durch den Reichsdeputationshauptschluss vom 25. Februar 1803 wurde die Okkupation nachträglich legitimiert.

besetzen[7] und damit die natürliche Auflösung des Kollegiums in die Wege geleitet. Von diesem Zeitpunkt an wurde das Aufschwörungsbuch nicht mehr ergänzt: Als letzter Neuzugang ist der im Dezember 1801 aufgeschworene und im folgenden Jahr installierte Clemens Wenzel von Kesselstatt verzeichnet. Der Codex verblieb aber in der Obhut des Kapitels und wurde von diesem wenigstens im Bestand gepflegt; der letzte Eintrag stammt vom 18. Januar 1810.

Zu dieser Zeit gehörte das Bistum schon nicht mehr zu Preußen. Am 1. September 1807 wurde Hildesheim dem in der Folge des Tilsiter Friedens errichteten Königreich Westphalen inkorporiert. Mit diesem Wechsel war auch das Ende des Domkapitels vorgezeichnet; es fiel der Säkularisierungswelle des Jahres 1810 zum Opfer.[8]

Der in Kassel residierende König Jérôme Bonaparte erließ am 1. Dezember dieses Jahres ein Dekret, demzufolge alle noch bestehenden geistlichen Stiftungen aufzulösen waren. Die das Hildesheimer Domkapitel betreffende Verfügung wurde am 12. Dezember ausgefertigt und kurz darauf, am 15. Dezember, vollzogen.[9] Noch am gleichen Tag wurden dem Vertreter der westfälischen Krone die Domkapitelssiegel übergeben.[10] Es ist anzunehmen, dass bei dieser Gelegenheit auch das Aufschwörungsbuch mit Beschlag belegt und nach Kassel in die Chambre des sceaux et titres, die Adels- und Wappenkammer, geschafft wurde.

Nach der Flucht Jérômes im September 1813 war der Codex dort freilich nicht mehr auffindbar. Nachforschungen des Hildesheimer Domkapitulars Ledebur,[11] der versucht hatte, die Handschrift zurückzugewinnen, blieben ergebnislos. Immerhin brachte Ledebur in Erfahrung, dass der Vorsteher der Commission de sceaux et titres, Graf Fürstenstein, den Codex zwischenzeitlich an sich genommen hatte.[12] Eine spätere Anfrage bei dem Kasseler Archivar Schnackenburg ergab, dass die Handschrift inzwischen in die Hände des hannoverschen Archivregistrators Schaedtler gelangt war,[13] an den sich die Stiftsgüter-Verwaltungskommission in Hildesheim dann wiederum mit der Bitte um Rückgabe wandte.[14] Dieses Ersuchen kam jedoch zu spät, denn inzwischen hatte auch die hannoversche Regierung den Verbleib der Handschrift in Erfahrung gebracht. In Hannover sah man sich als rechtmäßigen Besitzer des Codex, denn das ehemalige Fürstbistum Hildesheim war vom Wiener Kongress dem neu errichteten Königreich Hannover zugeschlagen worden. Demzufolge wurde Schaedtler mit Ordre vom 30. August 1815 angewiesen, das Aufschwörungsbuch bei der Königlichen Bibliothek einzuliefern. Schaedtler händigte den Codex umgehend aus; die erfolgte Einlieferung wurde von Hofrat Feder, dem damaligen Oberbibliothekar, am 2. September quittiert.[15] Schaedtler konnte der Stiftsgüterkommission nur noch mitteilen, dass er das „Wappenbuch" inzwischen der hannoverschen Bibliothek ausgehändigt habe.[16]

7 Abschrift mit Eingangsvermerk vom 18. August 1802 in: Hildesheim, Dombibliothek, Sign.: Hs. 261, fol. 181r/v.

8 Zur Säkularisierung im Königreich Westfalen: Hans-Georg Aschoff, Staat und katholische Kirche im Königreich Westfalen, in: Umbruch oder Übergang? Die Säkularisation von 1803 in Norddeutschland, Regensburg 2004, S. 131–177, S. 154ff. – Jörg Westerburg, Für die bürgerliche Gesellschaft von Nutzen? Säkularisierung von Staat und Gesellschaft im Königreich Westphalen, in: König Lustik!? Jérôme Bonaparte und der Modellstaat Königreich Westphalen, München 2008, S. 127–135.

9 Der Vorgang wird in einem Bericht an den preußischen Finanzminister vom 22. Dezember 1810 geschildert (Hildesheim, Dombibliothek, Sign.: Hs. 261a). Dazu: Schuffels, Aufschwörungsbuch, S. 76. – Aschoff, Staat und katholische Kirche, S. 156ff. – Dylong, Hildesheimer Domkapitel, S. 279ff.

10 Schuffels, ebd.

11 Zu Friedrich Clemens von Ledebur: Dylong, Hildesheimer Domkapitel, S. 443ff.

12 Promemoria mit Präsenzvermerk vom 12. Juli 1815 (Entwurf), Randnotiz, Hannover, Niederländisches Landesarchiv (nachfolgend NLA), Hauptstaatsarchiv Hannover, Sign.: Hann. 76a, Nr. 2303, fol. 2r/v.

13 Schreiben Schnackenburgs vom 12. August 1815, ebd., Sign.: Hann. 76a, Nr. 2303, fol. 4r.

14 Briefentwurf, datiert auf: Hildesheim, 18. August 1815, und gerichtet an den „Regierungs-Secretair Schädeler [!]" in Hannover, NLA, Hauptstaatsarchiv Hannover, Sign.: Hann. 76a, Nr. 2303, fol. 3v.

15 Hannover, Gottfried Wilhelm Leibniz Bibliothek, Bibliotheksakten, Sign.: V 123, Kopie in Ms. XXI, Nr. 1235: „Wir ertheilen hiedurch dem Hofrath Feder die Anweisung, ein aus dem Archiv des vormaligen Hildesheimischen Dom-Capitels herrührendes Wapen-Buch von dem Archiv-Registrator Sekretair Schaedtler, in dessen Händen es gegenwärtig befindlich ist, für die königliche Bibliothek in Empfang zu nehmen, und, wenn solches geschehen seyn wird, davon eine berichtliche Anzeige zu erstatten. – Hannover, den 30. August 1815. – Königliche Großbritannisch-Hannoversche zum Cabinets-Ministerio verordnete Geheime-Räthe. – Bremer. – [oben rechts:] praes. 31. August 15. – [unter der Unterschrift:] Die Ablieferung ist den 2. Sept. erfolgt. – Feder."

16 Schreiben vom 2. September 1815, Hannover, NLA, Hauptstaatsarchiv Hannover, Sign.: Hann. 76a, Nr. 2303, fol. 8r.

Abb. 1: Aufschwörungsbuch des Hildesheimer Domkapitels, Beschlag vom Einband

Zeitgleich richtete die Regierung ein Schreiben an die Stiftsgüterkommission, in dem die neuen Besitzverhältnisse nachhaltig klargestellt wurden.[17]

Ein erneuter Versuch, den Codex nach Hildesheim zurückzuführen, wurde Jahrzehnte später von dem ehemaligen Domkapitular Joseph Clemens von Gudenau[18] unternommen. Im Jahr 1839 richtete er eine Eingabe an das Königlich-Hannoversche Ministerium der geistlichen und Unterrichtsangelegenheiten. Darin behauptete er, die Handschrift

---

17 Schreiben vom 30. August 1815, Hannover, NLA, Hauptstaatsarchiv Hannover, Sign.: Hann. 76a, Nr. 2303, fol. 5r: „Der Archiv Registrator, Sekretair Schaedtler, hat von Uns die Anweisung erhalten, das in seinen Händen befindliche Dom-Capitularische Wapen-Buch an die hiesige Königliche Bibliothek abzuliefern. Wenn daher die Stiftsgüter-Verwaltungs-Commission in den Fall kommen sollte, davon irgendei-

nen Gebrauch machen zu müssen; so wird sie desfalls sich an den hiesigen Hof-Rath Feder zu wenden haben." Das Schreiben ist von dem Rat Bremer für die „Königliche Großbritannisch-Hannoversche zur Cabinets-Ministerio verordnete Geheim-Räthe" gezeichnet.

18 Zu Clemens von Lombeck-Gudenau: Dylong, Hildesheimer Domkapitel, S. 449f.

Abb. 2: Aufschwörungsbuch, Beschlag vom Einband mit der Jahreszahl 1699

Abb. 3: Aufschwörungsbuch, Beschlag vom Einband

habe sich bis zum Jahre 1813 bzw. bis Anfang 1814 im Besitz des Hildesheimer Domdekans von Weichs befunden und sei dann von den Landeskommissaren Arenhold und Blum nach Hannover überführt worden. Diese hätten versichert, dass die Ablieferung an die Königliche Bibliothek nur vorläufig erfolge und dass der Codex nach Abschluss des Konkordats und nach Einrichtung eines neuen Domkapitels an Letzteres zurückgegeben werde. Im Zusammenhang mit der Einlieferung sei außerdem dem Oberbibliothekar Weisung erteilt worden, jedem Interessenten Einsicht in die Handschrift zu geben und die Stammbäume auf Verlangen „ad aedes" zuzustellen.[19]

Die Angaben Gudenaus waren mit der Aktenlage, insbesondere dem verbürgten Datum der Einlieferung, nicht zu vereinbaren und auch sonst leicht durchschaubar. Wäre man auf sein Ansinnen eingegangen, hätte man die Handschrift an den Domherrn ausliefern müssen, der sie wohl unter Hinweis auf die angeblich beabsichtigte Rückführung einbehalten hätte.

Die Eingabe wurde dementsprechend höflich, aber bestimmt zurückgewiesen.[20] Man kam Gudenau aber doch insoweit entgegen, als die Handschrift vorübergehend in das Hildesheimer Landdrosteigebäude überstellt wurde, um sie dort kopieren zu lassen, wobei der Domherr allerdings die Transportkosten übernehmen und sich für eine Rücklieferung innerhalb von drei Monaten verbürgen musste. Bei dieser Gelegenheit oder kurz danach hat auch Johann Michael Kratz seine umfangreichen genealogischen Exzerpte gefertigt. Kratz hat unterhalb seiner Abschrift des Rever-

---

19 Hildesheim, Dombibliothek, Sign.: C 441, Aktenstücke 1 und 2.

20 Mit dem Bemerken: „… dass jedoch die Umstände und Bedingungen, unter denen nach der Anzeige des Domherrn von Gudenaus dasselbe [i.e. das Aufschwörungsbuch] an die Königliche Bibliothek gekommen sein soll, aus den darüber vorhandenen Akten nicht hervorgehen." Hildesheim, Dombibliothek, Sign.: C 441, Aktenstück 3.

sales vermerkt: „Excepiret aus dem großen Original, welches ich hiermit bescheinige. Hildesheim, den 26. September 1839 auf dem Landdrostei-Gebäude".[21]

Weitere Versuche, den Codex nach Hildesheim zurückzuführen, sind zumindest nicht aktenkundig.[22] Die Handschrift war zwar ein bedeutendes Erinnerungsstück (und wurde als solches wohl schmerzlich vermisst), hatte aber mit Auflösung des Domkapitels ihre Funktion verloren und diese auch mit seiner Neugründung am 1. Juli 1828 nicht zurückgewinnen können. Die neuen Domherren waren alle bürgerlicher Herkunft, die Beschränkung auf den Adelsstand somit obsolet geworden.[23]

Der Vorstoß Gudenaus hat bewirkt, dass die Königliche Bibliothek nach 1839 die Handschrift nicht mehr aus dem Haus gegeben hat. Und auch in neuerer Zeit ist sie trotz mehrfacher Nachfrage nicht an Ausstellungen verliehen worden, wobei allerdings konservatorische Gründe und das ungewöhnliche Format ebenfalls eine Rolle gespielt haben dürften.

Im Lesesaal der Bibliothek war die Handschrift dagegen weiterhin einsehbar und wurde dort offenbar auch rege benutzt. Der damalige Direktor Eduard Bodemann legte 1903 ein Register zu den Ahnentafeln vor, um – wie er schreibt – den „vielfachen Gebrauch dieser Handschrift zu erleichtern".[24] Das Interesse an dem Codex blieb auch im 20. Jahrhundert erhalten, wie sich aus den seit 1928 geführten „Benutzerblättern" ergibt, die eine zwar sporadische, aber über die Jahre hinweg doch kontinuierliche Nutzung belegen.[25]

Der fortgesetzte Gebrauch von Ms. XXI, Nr. 1235 ist unter konservatorischen Gesichtspunkten überaus problematisch. Dass eine Pergamenthandschrift möglichst selten bewegt und keinen Temperaturschwankungen ausgesetzt werden sollte, braucht nicht weiter ausgeführt zu werden. Hinzu kommt, dass der Codex allein durch sein Format schlecht handhabbar und zudem verhältnismäßig eng gebunden ist.

Um das Aufschwörungsbuch künftigen Generationen zu erhalten, mussten demzufolge neue Wege für die Benutzung und Präsentation gesucht werden. Als unter den Gegebenheiten optimale Lösung bot sich die Digitalisierung an, die aber im Hause für ein solches Format nicht zu leisten war. Für eine Vergabe nach außen mussten die dafür erforderlichen Mittel akquiriert werden. Nachdem der Landschaftsverband Hildesheim e.V. diese Mittel in großzügiger Weise zur Verfügung gestellt hatte, konnte das Digitalisierungszentrum Göttingen mit der Durchführung beauftragt werden. Im Frühjahr 2005 wurde der Codex in Göttingen digitalisiert. Seither ist die Möglichkeit gegeben, der Forschung im ersten Zugriff Digitalisate in hoher Auflösung zur Verfügung zu stellen und den Rückgriff auf das Original auf wenige Einzelfälle zu beschränken. Die Digitalisierung ist zugleich ein wichtiger Schritt, um den Codex als Kulturdenkmal wieder vermehrt in das öffentliche Bewusstsein zu rücken, ohne ihn durch Präsentation zu verschleißen. Nicht zuletzt haben die Digitalisate auch die prachtvollen Illustrationen des vorliegenden Bandes ermöglicht.

---

21 Ebd., Sign.: C 443 (2).

22 Nach Hildesheim ist die Handschrift nur ein einziges Mal zurückgekehrt: Auf dem vom 13.–15. Februar 2003 abgehaltenen Symposium „1803 – Umbruch oder Übergang? Die Säkularisation in Norddeutschland" wurde der Codex von Vertretern der heutigen Gottfried Wilhelm Leibniz Bibliothek präsentiert.

23 Die überlebenden Mitglieder des alten Domkapitels waren von der Neugründung ausgeschlossen. Zur Neuerrichtung des Domkapitels:

Thomas Scharf-Wrede, Das Bistum Hildesheim 1866–1914. Kirchenführung, Organisation, Gemeindeleben (Quellen und Studien zur Geschichte des Bistums Hildesheim 3), Hannover 1995, S. 54ff. und Dylong, Hildesheimer Domkapitel, S. 286ff.

24 Bodemann, Aufschwörungsbuch, S. 647.

25 Vormals Königliche Bibliothek Hannover, Benutzerblatt zu Signatur XXI, Nr. 1235, insgesamt 30 Einträge.

Thomas Scharf-Wrede

Das Bistum Hildesheim im Überblick

Als das Hildesheimer Domkapitel Ende des 17. Jahrhunderts sein Aufschwörungsbuch begann, in das dann bis zu den elementaren politischen, kirchlichen und kirchenpolitischen Veränderungen von 1803/10 alle Hildesheimer Domkapitulare eingetragen wurden, konnte das Bistum Hildesheim bereits auf eine jahrhundertelange Geschichte zurückblicken.[26] 815 im Zuge der Ausweitung des karolingischen Herrschaftsraums nach Norddeutschland und der damit verbundenen Christianisierung durch Kaiser Ludwig den Frommen begründet, bildeten die Leine, die Oker, die Aller und der nördliche Harzrand seine frühen natürlichen Grenzen.

Aus der Reihe der Hildesheimer Bischöfe verdienen die drei heilig gesprochenen Bischöfe Altfrid, Bernward und Godehard besondere Erwähnung.

Bischof Altfrid, gebürtig aus dem bedeutenden Geschlecht der Liudolfinger und mit den wichtigsten Familien Sachsens verwandt, war 851 bis 874 Bischof von Hildesheim. Seine Spuren im Bistum Hildesheim sind beträchtlich, gehen auf ihn doch u. a. die Gründung der Kanonissenstifte Brunshausen-Gandersheim und Lamspringe sowie der Bau eines (neuen) Hildesheimer Doms zurück, der dann seinerseits nach dem großen Dombrand des Jahres 1046 durch den sog. Hezilo-Dom ersetzt wurde. Durch diverses Inventar ergänzt und die Jahrhunderte hindurch immer wieder mehr oder weniger moderat dem jeweiligen Zeitgeschmack wie baurealen Erfordernissen angepasst, hatte dieser Dombau Bestand bis zu seiner nahezu völligen Zerstörung im Zweiten Weltkrieg. Zu Bischof Altfrids besonderen kirchenpolitischen bzw. pastoralen Aktivitäten zählt eine Zusammenstellung von Texten der Kirchenväter und Synodalkonstitutionen für den Klerus des Bistums Hildesheim sowie die Sorge um die Vita communis der Kanoniker am Hildesheimer Dom. Persönlich ein durchaus frommer Mann, war Bischof Altfrid auch immer wieder in Reichsdiensten unterwegs und maßgeblich an der Neugestaltung des Reiches beteiligt. Engste Verbindungen hielt Bischof Altfrid stets nach Essen, wo er 870 mit eigenen finanziellen Mitteln ein Stift gründete, in dessen Kirche er auch beigesetzt wurde.

Wohl über keinen norddeutschen Bischof des Mittelalters wissen wir so viel wie über Bischof Bernward. Um 960 hochadelig geboren, erhielt er an der damals sehr angesehenen Hildesheimer Domschule eine umfassende Ausbildung, die ihn in mannigfacher Weise für den pädagogischen, diplomatischen und kirchlichen Dienst qualifizierte. So war Bernward etwa nicht nur Erzieher des späteren Kaisers Otto III., sondern als „aulicus scriba doctus" Mitglied des kleinen Kreises der königlichen bzw. kaiserlichen Notare, denen bei der Verwaltung und Weiterentwicklung des Deutschen Reiches erhebliche Bedeutung zukam. Im Jahr 993 wurde Bernward zum Bischof von Hildesheim bestellt: ein Amt, das er bis zu seinem Tod am 22. November 1022 innehatte. In Hildesheim hat Bischof Bernward, der in seiner

---

26 Die folgenden Ausführungen, bei denen ich auf dezidierte Quellennachweise verzichtet habe, orientierten sich insbesondere an: Adolf Bertram, Geschichte des Bistums Hildesheim, 3 Bde., Hildesheim/Leipzig 1899–1925. – Hermann Seeland, Kurzer Abriss der Geschichte des Bistums Hildesheim, Hildesheim 1948. – Hans Goetting, Die Hildesheimer Bischöfe von 815 bis 1221 (1227), Berlin/New York 1984. – Dylong, Hildesheimer Domkapitel. – Hans-Georg Aschoff, Das Bistum Hildesheim von seiner Gründung bis zur Säkularisation. Ein Überblick, in: Kat Hildesheim 2000, S. 11–24. – Ulrich Faust, Bistum Hildesheim, in: Die Bistümer des Heiligen Römischen Reiches von ihren Anfängen bis zur Säkularisation, hrsg. von Erwin Gatz, Freiburg 2003, S. 258–266. – Nathalie Kruppa und Jürgen Wilke, Die Hildesheimer Bischöfe von 1221 bis 1398, Berlin/New York 2006.

Abb. 4: Hildesheimer Dom, Blick ins Sanktuarium (um 1870)

Funktion als Reichsbischof noch diverse politische Aufgaben übernahm, ungemein segensreich gewirkt. So lag ihm etwa die Umschreibung des Hildesheimer Bistumssprengels am Herzen (sog. Gandersheimer Streit), wie er auch die Außengrenzen des Bistums gegen äußere Einwirkungen zu sichern bemüht war. Mittels Diözesansynoden nahm Bischof Bernward Einfluss auf den liturgischen und seelsorglichen „Alltag" in den Gemeinden des Bistums Hildesheim. Nachhaltig präsent wurde Bernward durch seine baulichen und künstlerischen Aktivitäten. Herausragend war (und ist) dabei der Bau der St. Michaeliskirche und des dazugehörigen Klosters, das er als Zentrum einer geistig-geistlichen Erneuerung sowie als eigene Grablege nach 1010 errichten ließ. Besondere Zeugnisse der sog. Bernwardinischen Kunst sind die Bernwardstüren und die Christussäule: Kunstwerke allerhöchster Qualität sowie „Kompendien" mittelalterlicher Theologie und mittelalterlicher Glaubensvermittlung.

Unmittelbarer Nachfolger von Bischof Bernward wurde Godehard, geboren um 960 und erzogen im bayerischen Benediktinerkloster Niederaltaich resp. am Hof des Salzburger Erzbischofs. 996 wurde Godehard Abt des Klosters Niederaltaich und reformierte dieses im Sinn der Regel des hl. Benedikt, wie er auch in den Klöstern Tegernsee und Hersfeld entsprechend tätig wurde. Am 2. Dezember 1022 wurde Godehard in der Groner Pfalzkapelle (nahe Göttingen) zum Bischof von Hildesheim geweiht. Im Wissen um die zentrale Funktion des Gottesdienstes in einer wirklich am Evangelium orientierten Kirche entwickelte Bischof Godehard im Bistum Hildesheim eine rege Bautätigkeit, wozu mit dem Bau von St. Bartholomäus und St. Mauritius auch der Abschluss eines die Bischofsburg umschließenden „monastischen Rings" gehörte; im St. Mauritiusstift ist Godehard am 5. Mai 1038 auch gestorben.

Galt das Bistum Hildesheim mit seiner Domschule und seinem Domkapitel im 11. und 12. Jahrhundert als „Pflanzschule des Reichsepiskopats", so nahm die reichsweite resp. europäische Bedeutung des Bistums, dessen Bischöfe von 1235 bis 1802 neben ihrem geistlichen Amt auch das des Landesherrn innehatten, ab dem 13. Jahrhundert rapide ab. Aufgrund beinahe kontinuierlicher Auseinandersetzungen mit den welfischen Herzögen, deren Territorium das Bistum Hildesheim weithin umschloss, sowie der deutlichen Emanzipation der Bischofsstadt Hildesheim und insbesondere des regionalen Landadels mussten sich die Hildesheimer Bischöfe immer stärker auf ihr Bistum resp. ihre regionale Landesherrschaft konzentrieren. Kulminationspunkte dieser Regionalisierung waren die Schlacht bei Dinklar im Jahr 1367 und insbesondere die sog. Stiftsfehde der Jahre 1519–1523. An ihrem Ende stand der „Quedlinburger Rezess" vom 13. Mai 1523, der dem Bischof von Hildesheim als Landesherrschaft lediglich das „Kleine Stift" mit dem Amt und der Stadt Peine, den Ämtern Steuerwald und Marienburg sowie der Dompropstei beließ, während die Stadt Hildesheim eigenständig wurde und die Braunschweiger Herzöge die Herrschaft über die Schlösser, Städte, Dörfer und Klöster des „Großen Stifts" – u. a. Bockenem, Alfeld, Lamspringe, Salzgitter, Heiningen, Dorstadt, Wöltingerode, Bodenwerder, Dassel, Gronau, Elze, Sarstedt, Wülfinghausen, Ruthe, Poppenburg – erhielten. Da sich im Zuge der Reformation die welfischen Herzogtümer Calenberg und Wolfenbüttel wie auch das Große Stift und die Stadt Hildesheim dem Protestantismus anschlossen, war Mitte des 16. Jahrhunderts der Weiterbestand eines katholischen Bistums Hildesheim ernsthaft gefährdet. Erst der dem hildesheimischen Stiftsadel entstammende Bischof Burchard von Oberg (1559–1573) begann hier gegenzusteuern: So erkannte er 1562 den evangelischen Besitzstand der Stadt Hildesheim an, wodurch er die Existenz der hier noch vorhandenen katholischen Einrichtungen sicherte, und begann auch erste vorsichtige Rekatholisierungsversuche im „Kleinen Stift", vor allem im Amt Steuerwald. Zur dauerhaften Sicherung des Bestands des Bistums Hildesheim als katholisches Bistum nahm Bischof Oberg Verhandlungen mit den (katholischen) Wittelsbachern auf, um diese als „Schutzmacht" seines Bistums zu gewinnen. Dieser Gedanke stieß bei der römischen Kurie zunächst auf Skepsis, doch konnte das Hildesheimer Domkapitel nach dem Tod Bischof Obergs 1573 Prinz Ernst von Bayern zum neuen Bischof von Hildesheim postulieren: Seine Wahl war eine wesentliche Voraussetzung für den Weiterbestand der katholischen Restbestände und der katholischen Landesherrschaft in Hildesheim. Mit Ernst von Bayern begann die Reihe der Wittelsbacher Herzöge auf dem Hildesheimer Bischofsstuhl, die abgesehen von einer Unterbrechung in den Jahren von 1688–1702 fast 200 Jahre bis 1761 dieses Amt ausübten, wie sie bis weit ins 18. Jahrhundert hinein auch das Erzbistum Köln sowie die Bistümer Paderborn, Osnabrück, Münster und Lüttich regierten.

Auch wenn das Bistum Hildesheim für die Wittelsbacher nur eine Art „Nebenland" war, engagierten sich die Bischöfe Ernst von Bayern (1573–1612), Ferdinand von Bayern (1612–1650) und Maximilian von Bayern (1650–1688) doch erheblich in der Reform des katholischen Kirchenwesens und der Rekatholisierung des Stifts Hildesheim. So errichtete Bischof Ernst 1586 ein Katholisches Konsistorium, holte 1587 Jesuiten nach Hildesheim – die hier 1595 das Gymnasium Mariano-Josephinum errichteten – und führte 1608/09 eine große Visitation durch, mittels derer der reale Konfessionsstand im „Kleinen Stift" festgestellt wurde; sie ergab u. a., dass die Wiedereinsetzung eines katholischen Geistlichen in einer Pfarrei meist schon recht rasch die Rückkehr der Gemeinde zur katholischen Konfession bewirkte. Unter Bischof Ferdinand wurde die Rekatholisierung der meisten Dörfer des „Kleinen Stifts" erreicht und 1642/43 die Restitution des „Großen Stifts" durchgesetzt, wodurch dem Hildesheimer Bischof jetzt auch hier wieder – bis auf einige wenige Ausnahmen – landesherrliche Rechte zukamen, wobei der Westfälische Friedensschluss von 1648 den Möglichkeiten zu Konfessionsveränderungen relativ enge Grenzen setzte. Bis zur Säkularisation von 1802 herrschten die Hildesheimer Bischöfe über eine mehrheitlich protestantische Bevölkerung, während ihre im engeren Sinn kirchlich-religiöse Oberhoheit auf die vergleichsweise kleinen katholischen Teile des Stifts Hildesheim beschränkt blieb; insofern gelang in der Regierungszeit von Bischof Maximilian auch lediglich die Wiederherstellung der Klöster im „Großen Stift" und die Berufung von Kapuzinern nach Hildesheim und Peine.

Abb. 5: Hildesheimer Dom, Inneres, Entwurf einer neuen Farbgestaltung: Farbgravur von Friedrich Laske (1887)

Die weitgehende Abwesenheit der bayerischen Fürstbischöfe Joseph Clemens von Bayern (1714–1723) und Clemens August (1724–1761), die sich vorrangig in ihrem Kölner Erzstift aufhielten, und die gerade zu Beginn des 18. Jahrhunderts wieder stärker werdende Einflussnahme auswärtiger Mächte auf das Fürstbistum Hildesheim, die 1711 in der Einquartierung einer hannoverschen Garnison in der Stadt Hildesheim ihren augenfälligen Ausdruck erhielt, schwächten die Stellung des Landesherrn und trugen gleichzeitig zur Sicherung der landständischen Verfassung, die auf den Kurien Domkapitel, Ritterschaft, Städte und Stifter beruhte, bis zum Ende des Fürstbistums Hildesheim bei. Dabei oblagen dem Domkapitel die Wahl des Fürstbischofs und die Führung der Regierungsgeschäfte während der Sedisvakanz.[27] Aufgrund seines durch Wahlkapitulationen abgesicherten Mitspracherechts war es an der Landesgesetzgebung wie auch an Bündnis- und Militärverträgen beteiligt und übte eine Art Kontrollfunktion über die Regierungstätigkeit des Fürstbischofs aus. In landesherrlichen Behörden übernahmen die bis zu 42 Mitglieder des Kapitels, die aufgrund des Fehlens eines einheimischen katholischen Adels im Wesentlichen aus dem Rheinland und aus Westfalen kamen, im 18. Jahrhundert zunehmend die Leitung. Neben dem Domkapitel bildeten die sog. Sieben Stifte im Fürstbistum Hildesheim die zweite – ebenfalls der katholischen Konfession zugehörige – Kurie: die stadthildesheimischen Benediktinerabteien St. Michael und St. Godehard sowie die Kollegiatstifte St. Mauritius, Hl. Kreuz, St. Andreas, St. Johannes und das Augustinerchorherrenstift St. Bartholomäus zur Sülte. Als Repräsentanten des Protestantismus verstanden sich die beiden übrigen Kurien, also die Ritterschaft – 1732 gab es im Hildesheimischen 65 Rittergüter – und die Städte Alfeld, Peine, Bockenem, Elze, Gronau, Sarstedt und Dassel, die sich auf den Landtagen allerdings meist an der Ritterschaft orientierten; die Stadt Hildesheim nahm im Blick auf ihre Bemühungen um den Status einer freien Reichsstadt nicht an den Landtagen teil. Oberste Landesbehörde zur Verwaltung der „Publica" war die Regierung mit dem stets dem Domkapitel zugehörigen Regierungspräsidenten an der Spitze, ihm folgten der Kanzler, der Vizekanzler, zwei domkapitularische und sechs weltliche Hof- und Regierungsräte; auch sie wurden ausschließlich vom Fürstbischof ernannt. Während die Oberaufsicht über die evangelischen Kirchen- und Schulsachen von einem eigenen Konsistorium geführt wurde, auf das die Regierung kaum Einfluss nahm, wurden die katholischen Belange durch das Generalvikariat und das Offizialat geführt; die Ämter des Generalvikars und des Offizials wurden seit dem Mittelalter in Personalunion wahrgenommen. Für Pontifikalhandlungen war, da der Bischof ja meist nicht im Bistum residierte (und bisweilen auch keine Bischofsweihe empfangen hatte), ein eigener Weihbischof zuständig.

Wie diffizil im 18. Jahrhundert die Verwaltung eines konfessionell gemischten Landes sein konnte, verdeutlicht exemplarisch eine Auseinandersetzung zwischen der fürstbischöflichen Regierung und dem evangelischen Landeskonsistorium um das Recht der öffentlichen Anordnung von Festtagen. So kam es 1730 zu Auseinandersetzungen um die Terminierung des Gedenktages der „Confessio Augustana" von 1530 sowie 1744 zu Differenzen hinsichtlich des Ostertermins: Während die evangelische Seite das Osterfest auf den 29. März festsetzen wollte, betrachtete die katholische Seite den 5. April als den richtigen Ostersonntag. Fürstbischof Clemens August von Bayern kassierte die entsprechende Verfügung des evangelischen Landeskonsistoriums – und ersetzte sie durch ein eigenes Zirkular, in dem er den Protestanten die Feier des Osterfestes am 29. März gestattete, sie jedoch ergänzend dazu verpflichtete, am katholischen Ostersonntag und allen terminlich davon abhängigen Festen keine Feldarbeit und schwere Hausarbeit zu halten.

Beinahe an der Tagesordnung waren im 18. Jahrhundert Streitigkeiten zwischen dem Domhof und der Stadt Hildesheim. So stritten etwa das St. Michaeliskloster und die Stadt um Wiesen und Weiderechte z. B. am Krähenberge, deretwegen 1727 Hildesheimer Bürger das Kloster neun Tage lang belagerten, wie in dem gleichen Jahr auch die Fronleichnamsprozession von St. Godehard massiv gestört wurde; ein Vorfall, der sieben Jahre später zu einem ersten Mahnschreiben

---

27 Hans-Georg Aschoff, Die „bischofslose Zeit" sowie Claudia Höhl/ Gabriele Vogt, Katalogteil, beide in: Die Diözese Hildesheim in Vergangenheit und Gegenwart 72 (2004), S. 19–77 und S. 93–143.

Kaiser Karls VI. führte, in dem dieser die Protestanten aufforderte, jegliche Störung katholischer Prozessionen zu unterlassen, und die Katholiken aufforderte, ihrerseits auf eventuelle Provokationen der evangelischen Seite zu verzichten.

Während der Regierungszeit von Bischof Joseph Clemens von Bayern kam es im Bistum Hildesheim zu verschiedenen größeren Baumaßnahmen. So wurde jetzt u. a. der Innenraum des Hildesheimer Doms dem Zeitgeschmack entsprechend weiter barokisiert und in der Vierung ein neuer Turm eingesetzt, wie auch außerhalb der Bischofsstadt – u. a. in Wöhle, Bilderlahe und Algermissen sowie in den Klöstern in Gronau, Wöltingerode und Grauhof – Kirchen neu gebaut oder wesentlich umgestaltet wurden. In den nicht zum Bistum Hildesheim gehörigen Städten Hannover und Braunschweig, für deren kirchlich-strukturelle Belange der Hildesheimer Bischof aufgrund der räumlichen Nähe seines Bistums bzw. aufgrund seines zusätzlichen Auftrags als Apostolischer Vikar zumindest mitzuständig war, wurden ebenfalls neue Kirchen errichtet: in Hannover die St. Clemenskirche (1712–1718) und in Braunschweig die St. Nikolaikirche (1710–1712) – wichtige „Basisstationen" für die kontinuierliche Weiterentwicklung katholischen Lebens in diesen beiden Städten bzw. Ländern.

Weitere bauliche Akzente setzte Fürstbischof Clemens August von Bayern, der selbst in den fast vier Jahrzehnten seiner Landesherrschaft lediglich am 9. Oktober 1729 und am 8. August 1744 in Hildesheim war. Er ließ die aus Kostengründen unterbrochene Domrenovierung seines Amtsvorgängers auf dem Hildesheimer Bischofsstuhl fortführen, u. a. durch die Entfernung der Kanzel – statt derer bereits seit längerem für die Predigt der Ambo des Lettners genutzt wurde – und durch die Einbringung neuer Deckengemälde und Stuckarbeiten im Mittelschiff und in den Seitenschiffen; die Decke im Mittelschiff zeigte die Auferstehung Christi, die Aussendung des Hl. Geistes sowie die Dompatrone, die Decken in den Seitenschiffen Martyrien von Dompatronen. Zeitgleich konnte durch eine Stiftung von Dompropst Franz Diedrich Josef von Landsberg auch der Rittersaal, in dem die wichtigsten Staats- und Diözesangeschäfte verhandelt wurden, grundlegend erneuert werden, wie auch die Fürstbischöfliche Residenz umgebaut und in etlichen Orten des Fürstbistums ebenfalls meist größere Projekte realisiert wurden, u. a. in Moritzberg, Ruthe, Liebenburg, Wohldenberg, Harsum, Hasede und Algermissen sowie in Göttingen, wo für die katholischen Studenten der 1737 gegründeten Universität zunächst eine katholische Gottesdienstmöglichkeit eingerichtet wurde, ehe 1787/89 eine eigentliche Kirche gebaut werden konnte.

Einen gewissen Einblick in das volkskirchliche Leben, resp. die volkskirchlichen Desiderate dieser Zeit gibt exemplarisch ein Visitationsdekret, das das Generalvikariat im Jahr 1725 für die Pfarrei Sorsum erließ: „1. Der Pastor soll den Oppermann nachdrücklich anhalten, daß er die Jugend in Christlicher Lehre, in beten lassen und schreiben wohl instruire. Zu dem Ende hat der Pastor die Schule oft zu besuchen und die Jugend zu examinieren. – Ferner soll der Pastor Acht haben, daß der Oppermann die Kirche alle Samstag auskehre, die Altäre von allem Staub reinige, die Paramente sauber und in Ordnung halte. – 2. Der Pastor hat uns anzuzeigen die, welche österl. Pflicht in der Pfarrkirche nicht verrichten, damit selbige zu gehoriger Strafe gezogen werden. – 3. Diejenigen, welche an Sonn- und Feiertagen aus dem Amt der heil. Messe, Predigt und Catechismo ohne Ursache bleiben oder sich auf dem Kirchhofe wehrenden Gottesdienstes aufhalten, sind mit ein oder mehr Pfund Wachs zu strafen. – 4. Dem Catechismo oder der Christl. Lehre haben alle Kinder jederzeit beizuwohnen, von den Erwachsenen wenigstens aus jedem Haus Einer. – 5. Die Kinder sollen die Schule besuchen, wenigstens von Michaelis bis Pfingsten, das ganze Jahr aber zum Catechismo kommen; desgleichen sollen – 6. – die Knechte wechselweise zur Kirche und Catechismo kommen; und der Pastor soll darauf halten, daß Kinder, Gesinde und Eltern zum Catechismo sich einfinden. – 7. Die Eingesessenen sollen an den 4 Hochzeiten zu dem in der ganzen Christenheit gewöhnlichen Opfer sich einstellen."

Eine Art „struktureller Übersicht" des Fürstbistums Hildesheim in der Mitte des 18. Jahrhunderts bietet die Dekanatsordnung vom 6. Oktober 1759, in der die Pfarreien bzw. Gottesdienststationen der insgesamt 12 Zirkel des Bistums deziert aufgezählt werden: „1. Station Stadt Hildesheim, die ihren Sitz im Konvente des Klosters St. Michael hat; zu ihr gehören die Pfarrer des Doms, von St. Michael, vom heil. Kreuze, von St. Godehard, der Expositus in Barienrode, der Pfarrgeistliche zu St. Magdalenen, der Benefiziat im Waisenhause und der Priester im Johanneshause (Alumnat); 2. Station zur Sülte, zu ihr gehören der Pastor der Sülte, die Pastoren von Drispenstedt, Achtum, Dinklar, Bettman und jene Geistlichen, die auf bischöflichen Tischtitel geweiht sind; 3. Station Borsum, die Mitglieder dieses Zirkels sind der Pastor und Primissarius von Borsum, die Pastoren von Adlum, Hohenhameln, Harsum, Asel und Dingelbe; 4. Station Peine, zu welche die fünf Kapuziner in Peine, die zwei Benediktiner auf Haus Rosenthal, der Pastor von Steinbrück und der Pater auf dem Gute Bolzum zählen; 5. Station Detfurth: Pastor und Kaplan zu Detfurth, die Pastoren zu Itzum, Großdüngen, zu Schloß Söder und zu Westfeld; 6. Station Derneburg: Pastor zu Derneburg, Pfarrvikar (oder Pastor) zu Grasdorf, die Pastoren zu Wöhle, Woldenberg, auf Schloß Henneckenrode und zu Ottbergen; 7. Station Förste: die Pastoren zu Förste, Giesen, Ruthe, Ahrbergen, Pastor und Kaplan zu Algermissen; 8. Station Marienrode: der Pastor zu Marienrode, Pastor und Kaplan in Diekholzen, die Pastoren zu Moritzberg und Himmelsthür; 9. Station Lamspringe: die Pastoren zu Lamspringe, Winzenburg, der Expositus zu Everode, die Pastoren zur Bilderlah, Bockenem und Hunnesrück; 10. Station Wöltingerode: Pastor und Kaplan zu Wöltingerode, die Pastoren zu Vienenburg, Wiedelah, Pastor und Kaplan zu Schladen; 11. Station Grauhof: die Pastoren zur Grauhof, Heissum, Riechenberg, Pastor und Kaplan zu Heiningen, Pastor und Kaplan zu Dorstadt, Pastor zu Ringelheim, Pastor und Kaplan zu Liebenburg; 12. Station Escherde: Pastor und Kaplan zu Escherde, Pastor zu Gronau, Expositus in Mehle, die Pastoren zu Sorsum, Emmerke und Poppenburg."

Die Regierungszeit der beiden letzten Hildesheimer Fürstbischöfe, Friedrich Wilhelm von Westphalen (1763–1789) und Franz Egon von Fürstenberg (1789–1825), war durch eine Reihe von Reformen – durchaus im Sinne der Aufklärung – gekennzeichnet. So errichtete Friedrich Wilhelm von Westphalen 1765 eine „Brand-Versicherungs-Gesellschaft", gründete 1770 eine „Witwenverpflegungssozietät", erließ 1780 Bestimmungen hinsichtlich des Vormundschaftswesens und der Beschäftigung von Dienstboten, verkündete 1782 eine neue Medizinalordnung und modifizierte mittels verschiedener Erlasse die rechtlichen Rahmenbedingungen der Meiergüter. Im engeren kirchlichen Bereich fasste er 1779 die diözesanen Vorschriften für das Sakrament der Eheschließung zusammen, reduzierte 1784 die Anzahl der kirchlichen Feiertage, ermahnte den Klerus 1781 zu einem ordentlichen Lebenswandel und zum Tragen priesterlicher Kleidung, wies – nachdem er bereits im Jahr seines Amtsantritts die Bedeutung eines regelmäßigen und qualifizierten Schulunterrichts hervorgehoben hatte – 1775 noch einmal auf die Bedeutung des Katechismus, resp. Katechismus-Unterrichts hin und führte 1787 schließlich ein neues Diözesangesangbuch ein, „in welchem das Bekenntnis der Geheimnisse der Religion, wie auch die Wünsche und Bitten andächtiger Seelen mit mehrerer Deutlichkeit, Würde und Anmut enthalten" war als im bisherigen Gesangbuch. Zu den besonderen Ereignissen der Regierungszeit von Fürstbischof Friedrich Wilhelm von Westphalen gehört auch die – durch die Aufhebung des Jesuitenordens 1773 bedingte – Umwandlung des Jesuitenkollegs in ein Bischöfliches Gymnasium, wobei dieses als Gymnasium und Philosophisch-Theologische Lehranstalt erhalten blieb; eine zusätzliche Dotation erhielt diese neue bzw. modifizierte Einrichtung durch die Aufhebung der Hildesheimer Kartause 1777.

Mit Franz Egon von Fürstenberg endet die lange Reihe der Hildesheimer Fürstbischöfe, die neben ihrem kirchlich-seelsorgerischen Dienst auch die Funktion eines Landesherrn wahrzunehmen hatten. „Einfachheit, Wohltätigkeit, landesväterliche Sorgfalt und Umsicht, Liebe zum Frieden, väterliche Fürsorge für den Nährstand und Lehrstand, für die Landwirtschaft und das Schulwesen zeichnen Franz Egons Regierung aus, deren Wirksamkeit inmitten der gewaltigen Bewegungen seiner Zeit fast spurlos verschwand, dafür aber in der Erinnerung der Hildesheimer noch bis in die neueste Zeit fortlebt", charakterisiert Adolf Bertram in seiner Bistumsgeschichte treffend das Wirken des letzten Hildesheimer Fürstbischofs. Denn letztlich hat Fürstbischof Franz Egon von Fürstenberg etliches – von Steuerfragen über die Gründung einer Lehrerausbildungseinrichtung und die Einführung neuer Schulbücher bis hin zu einer Dekanatsordnung – „auf den Weg gebracht", was erst nach der Neuordnung der kirchlichen Verhältnisse im Bistum Hildesheim durch die Zirkumskriptionsbulle „Impensa Romanorum Pontificum" von 1824 seine ganze Wirksamkeit entfalten konnte.

CHRISTIAN SCHUFFELS

Die Entstehung der Handschrift

Das Aufschwörungsbuch des Hildesheimer Domkapitels verdankt seine Entstehung einer Anfrage des Salzburger Dompropstes.[28] Im April 1690 sollte das Hildesheimer Domkapitel für ein ehemaliges Mitglied, das ein halbes Jahrhundert zuvor aufgeschworen worden war, die Pfründe später aber wieder resigniert hatte, „ein attestatum" ausstellen, in dem „dessen damahls praesentirte Waapen" abgemalt seien. Doch ließ sich im Kapitelsarchiv keine Ahnentafel auftreiben. Für dergleichen Anfragen war, wie die Domherren vernommen hatten, in anderen Stiftskapiteln „ein Waapen buch obhandn". So wurde beschlossen, dergleichen auch in Hildesheim anzulegen, „und zwarn von Pergamen [...], darinnen jeder inskünftig einschwehrender Herr seine Waapn auff seine Kosten mahln zu lassen schuldig sein soll".

Die Bezeichnung als „Wappenbuch" kennzeichnet, worauf es den Hildesheimer Domkapitularen bei ihrem im Jahre 1690 getroffenen Übereinkommen vorzüglich ankam: unter dem Gesichtspunkt adligen Selbstverständnisses die bisher vereinzelten Akten des Kapitelsarchivs künftig systematisch zusammenzustellen und es anderen geistlichen Korporationen gleichzutun. Der Hildesheimer Codex ist demzufolge ein Aufschwörbuch. Diese Aufschwörbücher vereinen die Ahnenproben, die eine geistliche oder weltliche Korporation, sofern vorgesehen, von demjenigen forderte, der in ihre Reihen aufgenommen werden wollte.[29] Die Tradition reicht bis ins Mittelalter zurück.[30] Der Nachweis adliger Abstammung und ehelicher Geburt wurde mithilfe sogenannter Aufschwörtafeln erbracht. Sie wurden mit Wappen versehen, sind daher für die Heraldik ebenso aufschlussreich wie für die Genealogie,[31] und sollten in Hildesheim dem Beschluss des Domkapitels von 1690 zufolge auf Kosten des Neoprovisus, also des neu aufgenommenen Domherrn, in den Codex eingetragen werden.

Aufschwörbücher sind sowohl aus Hildesheim als beispielsweise auch aus den benachbarten Bistümern Osnabrück, Minden und Paderborn erhalten geblieben.[32] Im weltlichen Bereich sahen sich um dieselbe Zeit insbesondere die land-

---

28 Die Quellen über die Entstehung des Aufschwörungsbuches sind erstmals zusammengetragen und ausgewertet worden von Schuffels, Aufschwörungsbuch, S. 79–93 und S. 105–115 (Quellenanhang). Die Ergebnisse dieser Untersuchung werden im Folgenden zusammengefasst; dabei werden die Sitzungsprotokolle des Hildesheimer Domkapitels ohne weiteren Nachweis zitiert.

29 Otto Martin, Einiges über Aufschwörbücher, in: Der Herold 21 = N.F. 9 (1978), S. 67–71. Harald Drös, Wappenbücher, in: Höfe und Residenzen im spätmittelalterlichen Reich. Hof und Schrift, hrsg. von Werner Paravicini (Residenzenforschung 15/3), Sigmaringen 2007, S. 675–682, bes. S. 680f. Der Codex des Hildesheimer Domkapitels ist von Eduard Bodemann in die Wissenschaft als „Aufschwörungsbuch" eingeführt worden (siehe Bodemann, Aufschwörungsbuch, passim). An diesem Begriff soll im Folgenden festgehalten werden.

30 Andreas Ranft, Adlige Wappen-, Turnier-, Haus- und Familienbücher. Zur Notationspraxis von Wappen- und Namenlisten, in: Adelige Welt und familiäre Beziehungen. Aspekte der „privaten Welt" des Adels in böhmischen, polnischen und deutschen Beispielen vom 14. bis zum 16. Jahrhundert, hrsg. von Heinz-Dieter Heimann, Potsdam 2000, S. 115–139.

31 Die Verbindung von Heraldik und Genealogie ist wieder aufgegriffen worden von Kilian Heck, Genealogie als Monument und Argument. Der Beitrag dynastischer Wappen zur politischen Raumbildung der Neuzeit (Kunstwissenschaftliche Studien 98), München u. a. 2002. – Siehe auch den Sammelband: Genealogie als Denkform in Mittelalter und Früher Neuzeit, hrsg. von Kilian Heck und Bernhard Jahn (Studien und Texte zur Sozialgeschichte der Literatur 80), Tübingen 2000 und zum Forschungsstand jüngst Kilian Heck, Genealogie, in: Höfe und Residenzen im spätmittelalterlichen Reich. Bilder und Begriffe, hrsg. von Werner Paravicini, Bd. 1 (Residenzenforschung 15/2/1), Sigmaringen 2005, S. 265–268.

32 William C. Schrader, Das älteste Aufschwörungsbuch im Niedersächsischen Staatsarchiv zu Osnabrück, in: Osnabrücker Mitteilungen 94 (1989), S. 77–97; von Boeselager, Osnabrücker Domherren, S. 36–39. – Zu Minden siehe Hersche, Domkapitel 1, S. 204 und von Boeselager, Osnabrücker Domherren, S. 129. – Michels, Paderborner Domherren, passim. – Auch das Domkapitel zu Münster beschloss erst im Jahr 1675, die bis dahin nicht systematisch aufbewahrten Ahnentafeln zu sammeln (Kohl, Domstift zu Münster 1, S. 264).

schaftlich organisierten Ritterschaften mit ähnlichen Anforderungen konfrontiert. Wie beim Hildesheimer Domkapitel veranlassten die „attestata" zum Beispiel die Osnabrücker Ritterschaft im Jahre 1710 dazu, die Aufschwörung neu zu regeln: „Als die versammelte Ritterschaft mißfällig in Erfahrung gebracht, wie dero attestata in benachbarten Stiftern difficultiret werden wollen, so ist unanimiter beliebet und beschlossen, um die Ursache solchen Mißtrauens zu heben und vormalen gehabten Glauben bey ihrem attestato wiederherzustellen, daß von nun an bis zu ewigen Zeiten kein Cavalier mehr zu der Ritterschaft gemeinen Stiftsversammlungen admittiret werden solle […], es habe dann der Cavalier, wie in benachbarten [Stiften] wohl hergebracht, seine Wappen der Ritterschaft vorhero praesentiret, solche durch vier ritterbürtige Cavaliers aufschwören lassen und sich dergestalt zur Admission völlig qualificiret."[33]

Im Hildesheimer Domkapitel scheinen die Aufschwörtafeln, wie unter anderem aus einer versteckten Notiz in den Domkapitelprotokollen hervorgeht, eine gewisse Zeit lang „in domo capitulari gelegen" bzw. „gehangen" zu haben, um sie überprüfen zu können. Auch im Merseburger Domkapitel wurden die Ahnentafeln im Kapitelhaus an den Wänden des Sessionszimmers aufgehängt. Offenbar verblieben sie sogar nach der Aufschwörung dort.[34]

Trotz der Beschlüsse von 1690 verstrichen acht Jahre, bis man in Hildesheim ans Werk ging. Im Domkapitel verantwortlich für die Anlage des Aufschwörungsbuches zeichnete der Domherr Johann Adolph von Loë (1656–1716), der selbst eine Ahnentafel im Aufschwörungsbuch erhalten hat.[35] Im August 1698 hatte der Domherr das Pergament für den Codex aus Hamburg besorgt. Im folgenden Jahr unterbreitete er dem Kapitel eine erste Ahnentafel wahrscheinlich als Probestück. Ende 1698 oder Anfang 1699 begannen die Arbeiten an der Handschrift; sie sollten sich freilich über vier Jahre hinziehen. Das meiste war im November 1701 geschafft, als von Loë das Titelbild und 54 Ahnentafeln für „das neu verfertigte Wapenbuch" in Rechnung stellte. Auch wenn der ovale Beschlag auf dem rückwärtigen Einband des Codex die Jahreszahl 1699 nennt,[36] „praesentirte" der Domherr das endgültig vollendete Amtsbuch erst im November 1702 den Mitbrüdern. Mehr als zwölf Jahre nach dem ersten Beschluss konnte die Handschrift in Gebrauch genommen werden. Ihre Anlage kostete das Hildesheimer Domkapitel insgesamt rund 300 Reichstaler – etwa das Vierfache des durchschnittlichen Jahresverdienstes eines Maurers bzw. ein Fünftel dessen, was der Neubau des Vierungsturmes auf dem Hildesheimer Dom im Jahre 1718 verschlang.[37]

Der mächtige Pergamentcodex enthielt bei seiner Fertigstellung das Titelbild mit den Hildesheimer Bistumspatronen, die sorgfältig geschriebenen Formeln des Reversales und des Eides der Aufschwörer sowie die 58 Ahnentafeln vor allem derjenigen Domherren, die im Jahre 1702 dem Domkapitel angehörten oder erst kurz zuvor gestorben waren, während

33 So hält es das abschriftlich überlieferte Protokoll der Osnabrücker Ritterschaft fest, zit. nach Friedrich von Klocke, Justus Möser und die deutsche Ahnenprobe des 18. Jahrhunderts (Flugschriften für Familiengeschichte 32), Leipzig 1941, S. 14f. mit Anm. 18. Zur Sache siehe Ronald G. Asch, „Wie die Fledermäuse"? Die Osnabrücker Ritterschaft im 18. Jahrhundert, in: Niedersächsisches Jahrbuch für Landesgeschichte 75 (2003), S. 161–184, bes. S. 177.

34 Das geht aus einer alten Photographie aus dem Beginn des 20. Jahrhunderts hervor, die erst vor wenigen Jahren publiziert worden ist. Sie zeigt den Blick in das Sessionszimmer des Merseburger Kapitelhauses; siehe Klaus Krüger und Holger Kunde, Die Aufschwörtafeln des Domstiftsarchivs Merseburg, in: Zwischen Kathedrale und Welt. 1000 Jahre Domkapitel Merseburg. Katalog, hrsg. von Karin Heise, Holger Kunde und Helge Wittmann (Schriftenreihe der Vereinigten Domstifter zu Merseburg und Naumburg und des Kollegiatstifts Zeitz 1), Petersberg 2004, S. 347. Die bis zu 60 cm hohen und fast einen Meter breiten Aufschwörtafeln sind übrigens erhalten geblieben; eine Auswahl, darunter die Aufschwörtafel des Freiherrn Heinrich Friedrich Karl vom und zum Stein (1757–1831) ist ebd., Kat.-Nr.

IV.19–28 S. 348–354 (Klaus Krüger und Ulrike Ludwig) sowie in: Der Merseburger Dom und seine Schätze. Zeugnisse einer tausendjährigen Geschichte, hrsg. von Markus Cottin, Uwe John und Holger Kunde (Kleine Schriften der Vereinigten Domstifter zu Merseburg und Naumburg und des Kollegiatstifts Zeitz 6), Petersberg 2008, Kat.-Nr. III.1–3 S. 293–297 (Klaus Krüger, Ulrike Ludwig und Alexander Lehmann) publiziert worden (ebd., S. 297 auch das genannte Photo). Das in der Reformation zum protestantischen Glauben übergetretene Merseburger Domkapitel hat die Säkularisation zu Beginn des 19. Jahrhunderts überlebt und besteht noch heute. Die Photographie dürfte also eine alte Gewohnheit im Bild festhalten.

35 Siehe die biographische Skizze zu fol. 31 (Johann Adolph von Loë).

36 Zu den Beschlägen der Handschrift siehe den Beitrag von Peter Marmein in diesem Band (mit Abb. 2).

37 Die Vergleiche, die mit der gebotenen Vorsicht zu betrachten sind, werden bei Schuffels, Aufschwörungsbuch, S. 92f. näher begründet. Herrn Professor Karl Heinrich Kaufhold (Göttingen) möchte ich für liebenswürdig erteilte Hinweise herzlich danken.

das Amtsbuch also bereits im Entstehen begriffen war.[38] Hinzu kamen die vielen unbeschriebenen Blätter, auf denen, wie 1690 intendiert, „alle inskünftig providirende Herrn […] ire Waapen in sothanes Buch mahlen lassen solln."

Im Jahre 1719 bat der damals bereits aufgeschworene, aber noch nicht installierte Domherr Franz Adam Anton von Weichs[39] um ein „Attestatum über seinen Stammbaum". Die Anfrage ähnelte der von 1690; doch befand sich das Hildesheimer Domkapitel in einer weitaus komfortableren Lage als 30 Jahre zuvor. Denn nunmehr konnten die Wappen, die von Weichs zur Prüfung „praesentirte", mit seiner Ahnentafel auf fol. 86 des Aufschwörungsbuches verglichen werden: „wie dan […] selbige mit dem Wapenbuche einförmig und dahero billich befunden, dem Herrn von Weichs hiemit [meint: mit dem „Attestatum"] zu verhelfen, bevorab periculum in morâ wehre, so ist solches ex hodierno in formâ consuetâ ausgefertiget worden."

Ein Jahrzehnt zuvor, im Jahre 1709, ist sogar eine Abschrift des Hildesheimer Aufschwörungsbuches angefertigt worden.[40] Die querformatige, heute in Münster im Landesarchiv Nordrhein-Westfalen aufbewahrte Handschrift, die ihrem übrigen Inhalt nach offenbar in Westfalen benutzt wurde,[41] enthält im ersten und umfangreichsten Teil auf 33 Blättern von rund 25½ cm Höhe und 39½ cm Breite insgesamt 65 Hildesheimer Ahnentafeln, so dass sich jeweils zwei Neoprovisi ein Blatt teilen. Dabei wurden außer dem Namen des Probanden und, sofern bekannt, seiner 16 Ur-Ur-Großeltern sogar deren farbige Vollwappen wiedergegeben. Die sorgsame und weitgehend fehlerfreie Abschrift, die im wesentlichen der Reihenfolge des Aufschwörungsbuches folgt,[42] verzichtete zwar auf die Namen der vierten bis zweiten Generation, erfasste aber gleichwohl alle Wappen der Vorlage, weil – sieht man von Wappenänderungen ab – sich sämtliche Wappen einer Ahnentafel stets aus deren oberster Reihe ableiten lassen (siehe das Schema unten Abb. 19). Zweck der Abschrift dürfte also gewesen sein, die im Hildesheimer Aufschwörungsbuch enthaltenen Wappen auch außerhalb der Bischofsstadt zur Hand nehmen zu können – eine unschätzbare Hilfe, um zum Beispiel die bei einer Aufschwörung vorgelegten Ahnentafeln zu prüfen.

Die letzte Ahnentafel, die abgeschrieben wurde, gilt Ernst Friedrich von Twickel (1683–1734), der im Hildesheimer Domkapitel am 16. Juli 1708 aufgeschworen worden war;[43] die auf fol. 73 des Aufschwörungsbuches folgende Ahnentafel für den im Jahr darauf, am 20. August 1709, aufgeschworenen Ferdinand Franz Friedrich von Bockenvörde blieb dagegen unberücksichtigt. Den Abschriften geht ein Blatt voran, auf dem das Vollwappen und der Name von „Theodor Frants Joseph von Lansberg, Herr zu Erwitte und Wockelum" prangen; zusätzlich hält eine bandartige Kartusche das Jahr des Auftrags fest: „Anno 1709 fieri fecit". Nimmt man die Angaben zusammen, dann wurde die Abschrift zwischen Januar und August 1709 angefertigt. Dass sie der Hildesheimer Dompropst Theodor Franz Joseph von Landsberg (1659–1727)[44] veranlasst hat, dürfte ziemlich wahrscheinlich sein.

---

38 Zum Titelblatt sowie zum Reversale und zum Eid der Aufschwörer siehe die gesonderten Abschnitte in diesem Band. Zum Anlagebestand des Aufschwörungsbuches im einzelnen siehe Schuffels, Aufschwörungsbuch, S. 98–103.

39 Zu Franz Adam Anton von Weichs (1679–1766) siehe Dylong, Hildesheimer Domkapitel, S. 342 Nr. 62 und von Boeselager, Osnabrücker Domherren, S. 340f.

40 Münster, Landesarchiv Nordrhein-Westfalen/Abteilung Westfalen, AT 2893–2958 (alt: Herzogtum Westfalen. Landstände Nr. 68; Rückensignatur: 28). – Die Entdeckung der Handschrift, die ausweislich ihres Vorblattes als „Kleineres jüngeres Ritterbuch des Herzogtums Westfalen" gegolten hat, und die Identifizierung als Abschrift des Hildesheimer Aufschwörungsbuches sind Frau Dr. Ursula Schnorbus (Münster) und Frau Anke Hölzer (Gottfried Wilhelm Leibniz Bibliothek Hannover) gelungen, denen der Verf. für ihren liebenswürdigen Hinweis und für bereitwillig erteilte Auskünfte zu großem Dank verpflichtet ist.

41 Auf den übrigen Inhalt der Handschrift kann im vorliegenden Zusammenhang nicht näher eingegangen werden.

42 Der sorgfältige Eindruck der Abschrift, die überdies die Namen der Einschwörer verzeichnet, verdankt sich unter anderem den mit Bleistift eingetragenen Hilfslinien, an denen die Wappen gleichmäßig ausgerichtet werden konnten. In der Handschrift wurden die Ahnentafeln auf fol. 37 und fol. 38 des Aufschwörungsbuches vertauscht. Gravierende inhaltliche Abweichungen gibt es im Übrigen, soweit zu sehen, lediglich bei der Angabe des Aufschwördatums von Johann Friedrich Anton von Bocholtz: Sie ist im Aufschwörungsbuch auf den 4. Juli 1699 datiert (fol. 55), während die Abschrift den 31. Mai 1699 angibt.

43 Siehe die biographische Skizze zu fol. 72 (Ernst Friedrich von Twickel).

44 Siehe die biographische Skizze zu fol. 34 (Theodor Franz Joseph von Landsberg).

Abb. 6: Aufschwörungsbuch des Hildesheimer Domkapitels, Titelbild (Ausschnitt: Ansicht der Stadt Hildesheim)

Interessanterweise übergeht die Abschrift einige wenige Ahnentafeln ihrer Vorlage: Zum einen fielen die handschriftlichen Hinweise auf fol. 33v (Abb. 41), fol. 36v und fol. 39v weg, aus denen hervorgeht, dass mit der Ahnentafel eines Domherrn jeweils auch ein leiblicher Bruder aufgeschworen worden war.[45] Verzichtet wurde ebenso auf die Ahnentafeln des zeitgleich mit seinem Bruder ins Hildesheimer Domkapitel aufgenommenen Johann Bernhard von Weichs (fol. 60)[46] und von Hugo Franz von Fürstenberg (fol. 70), der die Präbende seines Bruders Ferdinand Wilhelm (fol. 65) erhalten hatte. Offenbar kam es bei der Abschrift mehr auf die Familienwappen als auf die Namen der Domkanoniker an. Zum anderen fehlen in der Abschrift die folgenden fünf Ahnentafeln: Maximilian Heinrich von Bayern (fol. 1), Landgraf Friedrich von Hessen (fol. 25), Pfalzgraf Wolfgang Georg Friedrich bei Rhein (fol. 35), Graf Johann Ernst zu Löwenstein (fol. 36) und Joseph Clemens von Bayern (1671–1723)[47]. Dabei handelt es sich ausschließlich um Domherren, die aus dem höheren Adel und nicht bloß aus dem Freiherrenstand stammten.

---

45 Siehe dazu unten bei Anm. 125. Sollte der in der vorigen Anm. erwähnte Dompropst die Abschrift in Auftrag gegeben haben, hätte diese Reduzierung sogar seinen eigenen Bruder betroffen!

46 Siehe die biographische Skizze zu fol. 59/60 (Maximilian Heinrich Joseph und Johann Bernhard Joseph von Weichs).

47 Siehe die biographische Skizze zu fol. 41 (Joseph Clemens von Bayern).

CHRISTIAN SCHUFFELS

Das Titelbild der Handschrift

Das Aufschwörungsbuch des Hildesheimer Domkapitels enthält kein Titelblatt, das im Wort über den Inhalt oder über den Zweck der Handschrift Auskunft gäbe. Stattdessen wurde der ersten Ahnentafel ein Bild der Bistumspatrone vorangestellt (Abb. 7). Die bisher weitgehend unbeachtet gebliebene Darstellung stammt von dem Maler Anton Windtracken. Sie wurde dem Domkapitel am 5. November 1701 von dem für die Anfertigung des Codex verantwortlichen Domherrn Johann Adolph von Loë vorgelegt, war damals also ebenso vollendet wie die 54 Ahnentafeln von fol. 3 bis fol. 56, die zum Anlagebestand der Handschrift gehören und dem Kapitel an diesem Tag ebenfalls präsentiert wurden.[48] Windtracken war aus dem benachbarten Braunschweig zugezogen und besaß seit 1684 das Bürgerrecht der Hildesheimer Neustadt.[49]

Anton Windtracken habe, so notierte man im Jahre 1701, „im Anfeng des Buchs die patroni Hildesienses gemahlet": Oben links thront die gekrönte Maria mit dem Kind, das seine rechte Hand zum Segen erhoben hat und die Weltkugel zu seiner Linken auf dem blauen Gewand der Mutter abgelegt hat. Geflügelte Engelsköpfchen in Wolken umgeben die Gruppe. Ihr gegenüber sind die beiden Kaiser aus dem Geschlecht der Karolinger angeordnet, die für die Bistumsgründung maßgebend gewesen sind. Um das Gebiet beiderseits der mittleren Leine zu missionieren, hatte zunächst Karl der Große einen Kirchenbau an seinem Königshof in Elze beginnen lassen, ehe kurze Zeit später sein Sohn Ludwig der Fromme endgültig Hildesheim zum Bischofssitz bestimmte.[50] Windtracken stellt sie als bärtige Männer in hermelingefütterten roten Mänteln dar. Zu den Bistumspatronen zählen auch die beiden kanonisierten Hildesheimer Bischöfe Bernward (Abb. 8) und Godehard (Abb. 9). Über ihre Amtsinsignien Mitra, Bischofsstab und Brustkreuz hinaus sind sie an ihren Attributen zu erkennen: Bernward hält ein großes Reliquienkreuz – das sogenannte Bernwardkreuz – in seiner Rechten, während man Godehard überraschenderweise die ihm geweihte Benediktinerklosterkirche zugeordnet hat.[51] Interessant ist die Farbgebung: Die rote Kasel des links auf einer Wolkenbank thronenden Bischofs Bernward korrespondiert mit den Mänteln der Kaiser in der oberen rechten Bildecke und Godehards blaue Kasel (rechts) wiederholt die Farbe des Mantels, den die Gottesmutter trägt.

Zusätzlich ist zwischen die Figuren eine Nordansicht der Hildesheimer Kathedrale geschoben; hervorgehoben werden deren Quaderbauweise, der damals noch vorhandene dreigeschossige Vierungsturm und das Nordparadies. Windtracken hat bei der Darstellung des Doms die Perspektive leicht verändert, so dass er den Westbau von Nordosten, das Nordparadies aber von Nordwesten zeigt (Abb. 10). Unterhalb der Bistumspatrone tragen zwei geflügelte Putten das

---

48 Der Name des Malers Anton Windtracken geht aus dem Domkapitelsprotokoll vom 5. November 1701 hervor; im Auszug gedruckt und erläutert von Schuffels, Aufschwörungsbuch, S. 112 Anh. 7. Bei der endgültigen Ablieferung der Handschrift ein Jahr später, im November 1702, muss sie dann 58 Ahnentafeln enthalten haben (ebd., S. 98). – Zu Johann Adolph von Loë siehe die biographische Skizze zu fol. 31.

49 Zu Anton Windtracken siehe Ulrich Thieme/Felix Becker, Allgemeines Lexikon der bildenden Künstler von der Antike bis zur Gegenwart 36, hrsg. von Hans Vollmer, Leipzig 1947, S. 53; danach die Angaben von Friedrich Bleibaum, Bildschnitzerfamilien des Hanno-

verschen und Hildesheimischen Barock (Studien zur Deutschen Kunstgeschichte 227), Straßburg 1924, S. 34 und der Hinweis in: Allgemeines Künstlerlexikon. Bio-Bibliographischer Index 10 (2000), S. 578. Ausführlicher Luise Zeppenfeldt, Barockmeister in Hildesheim, in: Alt-Hildesheim 9 (1929), S. 24–29, hier S. 28f. mit Anm. 47.

50 Hans Goetting, Die Anfänge des Bistums Hildesheim und Bernwards Vorgänger, in: Bernward von Hildesheim, Bd. 1, S. 261–268.

51 Zu den Attributen der Bistumspatrone Bernward und Godehard siehe die Nachweise bei Schuffels, Aufschwörungsbuch, S. 89–91 mit Anm. 48–53.

Abb. 7: Aufschwörungsbuch des Hildesheimer Domkapitels, Titelbild mit der Darstellung der Bistumspatrone

Abb. 8: Titelbild, Bischof Bernward　　　*Abb. 9: Titelbild, Bischof Godehard*

Abb. 10: Titelbild, Ansicht des Hildesheimer Doms

Medaillon mit dem damaszierten Bistumswappen auf dunkel-türkisblauem Grund. Die Farben des von gold (gelb) und rot gespaltenen Bistumswappens wiederholen sich in den knappen Gewändern der Engelchen. Die thronende Muttergottes mit dem segnenden Christuskind und das Bistumswappen sind übrigens sowohl auf dem Titelbild als auch auf dem vorderen Beschlag des Buchdeckels miteinander verbunden (Abb. 3).[52]

Am unteren Rand des Titelbildes schließt eine Stadtansicht Hildesheims von Westen die von einem breiten blau-goldenen Rahmen eingefasste Darstellung ab; markante Punkte bilden die Sakralbauten wie die bereits entstellte Benediktinerklosterkirche Sankt Michael links im Bild, die nicht ganz so hoch aufragende Kathedrale in der Bildmitte, leicht links davon die Stadtpfarrkirche Sankt Andreas mit dem noch allseitig freistehenden und rot gedeckten romanischen Westbau (Abb. 6) sowie die vieltürmige Klosterkirche Sankt Godehardi am rechten Bildrand, deren Westbau kaum drei Jahrzehnte zuvor einer durchgreifenden Restaurierung unterzogen worden war.[53]

---

52 Zu den Beschlägen siehe den Beitrag von Peter Marmein in diesem Band. – Zum Bistumswappen siehe Gatz, Wappen, S. 204.

53 Christian Schuffels, Die Mönche und ihre Kirche. Ein unbekanntes Kapitel aus der Baugeschichte von Sankt Godehardi zu Hildesheim,

in: Sankt Godehardi zu Hildesheim. Aus Geschichte und Gegenwart, hrsg. von Christian Stallmann, Hildesheim 2008, S. 134–203.

Reversale und Eid der Aufschwörer

Seit dem 17. Jahrhundert bis zur Säkularisation ist das Hildesheimer Domkapitel ein „capitulum clausum" gewesen. Wer der geistlichen Gemeinschaft angehören und ein Domkanonikat erlangen wollte, musste daher zuvor das langwierige und komplizierte Aufschwörungsverfahren durchlaufen haben. Im Zuge dieser Prozedur hatte der Proband die Statutengelder zu entrichten, bestimmte Urkunden und schriftliche Zeugnisse („testimonia") vorzulegen und Zeugen beizubringen, die seine Abstammung und seine Eignung zu beeiden bereit waren.

Dem Charakter als domkapitularischem Amtsbuch entsprechend lässt sich im Aufschwörungsbuch des Hildesheimer Kathedralkapitels von den zahlreichen Schritten des Aufnahmeprozesses vor allem die Ahnenprobe fassen, der sich jeder angehende Domherr hat unterwerfen müssen. (Auf den Umfang dieser Ahnenproben wird weiter unten zurückzukommen sein.) Die adlige Abstammung und die eheliche Geburt des Neoprovisus und seiner direkten Vorfahren, das heißt die Adelsprobe und die Filiationsprobe, mussten darüber hinaus von vier Standesgenossen, die dem Domkapitel nicht angehörten, schriftlich und unter Eid bezeugt werden. Die Adligen, die dazu aufgeboten wurden, bezeichnet man als „Aufschwörer" oder „Einschwörer". Ihre Namen wurden auf den Ahnentafeln des Aufschwörungsbuches vermerkt. In der Regel waren vier Aufschwörer an der Aufschwörung beteiligt.[54] Soweit der gegenwärtige Kenntnisstand überhaupt nähere Aussagen erlaubt, scheinen jeweils zwei Aufschwörer aus der Heimat des Aufgeschworenen und aus dem Hochstift Hildesheim gewählt worden zu sein.[55]

Das Formular der schriftlichen Bestätigung (Reversale), das die Einschwörer aufzusetzen, zu unterfertigen und zu besiegeln hatten, und die von ihnen anschließend im Kapitelhaus zu sprechende Eidesformel stehen im Aufschwörungsbuch auf einem gesonderten Blatt zwischen dem Titelbild und der ersten Ahnentafel. In dem Reversale bestätigen die Aufschwörer die Ritterbürtigkeit und die eheliche Geburt des Probanden und seiner Vorfahren in vier Generationen, um – vielleicht etwas überraschend – hinzuzufügen, dass der Neoprovisus „gesundt unndt wollgestalt vonn Gliedern, Leib undt Leben" sei.[56]

Das Reversale ist nicht nur im Aufschwörungsbuch des Hildesheimer Domkapitels überliefert. Beispielsweise enthält eine gedruckte Streitschrift des Jahres 1749 eine redaktionelle Überarbeitung des Reversale unter dem Titel „Nota assecurationis nobilitatis".[57] Sie ist insofern von Nutzen, als das Formular im Aufschwörungsbuch die Corroboratio als

---

54 Die Ausführungen über die Auswahl und die Aufgaben der Aufschwörer steht unter dem Vorbehalt, dass die Verfassungswirklichkeit des Hildesheimer Domkapitels in der Neuzeit – trotz der verdienstvollen Ansätze, die etwa Dylong, Hildesheimer Domkapitel, S. 97–106 zum Aufschwörungsverfahren geliefert hat – bisher noch nicht umfassend untersucht worden ist. Vielfach begnügt man sich mit einem Blick in die 31 Paragraphen umfassende und später durch Nachträge ergänzte Abhandlung über die „Verhältnisse und Verfassung des Domcapitels alter Stiftung zu Hildesheim" von Karl August Malchus (1770–1840) und überträgt die dort verzeichneten Regelungen unbesehen auf ältere Zeiten. – Zu Malchus' Rolle während der Säkularisation siehe Ulrich Faust, Hildesheims Talleyrand, in: Die Diözese Hildesheim in Vergangenheit und Gegenwart 57 (1989), S. 67–75.

55 Nähere Einzelheiten bei Dylong, Hildesheimer Domkapitel, S. 101f.

56 Auch die Statuten des Salzburger Domkapitels von 1540 beispielsweise ließen niemanden, der körperlich entstellt sei oder andere Defekte aufweise, zum Kanonikat zu. – Vgl. Johann Hirnsperger, Die Statuten des Salzburger Domkapitels (1514 bis 1806). Eine rechtshistorische Untersuchung zur inneren Verfassung des weltgeistlichen adeligen Salzburger Domkapitels, Graz 1998, S. 46f.

57 Gründlicher Bericht von der Adels-Probe, bey den Hohen Dohm-Stifft zu Hildesheim in Sachen [...] Carl Alexander [...] Fürsten zu Salm Salm [...] entgegen das Hochwürdige Dohm-Capitul zu Hildesheim, Appellanten, die vermöge Kayserlicher Allerhöchster Precum optirte, durch Todt weyland Herrn Dohm-Probsten und Statthalter Frey-Herrn von Loe in Wissen eröffnete Präbende betreffend,

bekannt voraussetzt. Im Folgenden werden das Reversale und der Eid der Aufschwörer buchstabengetreu nach dem Aufschwörungsbuch wiedergegeben (Abb. 11).

Copia des Reversalis, Welchen die Vier Herren, so Einen bey hiesiger Hildesheimbschen Thumbkirchen Præbendirten Herrn einschweren, unter dero handt undt adelich angebohrnem Pittschafft abgeben.

Wir ...ᵃ Bekennen für Unß, unsere Erbnahmen, undt aller männiglich, Nachdeme der Hochwürdig undt Wollgebohrne Herr N. N. unser Vetter undt guter Freundt, Eine Præbende in hiesiger Hohen Thumb Kirchen zu Hildesheimb bekommen, Zu deren würcklichen Possession undt Besitz aber nicht gestattet noch gelaßen werden kann: Er habe dann durch vier Ritterbürtige vom Adell erwiesen unndt vorgewiesen, daß Er Im Ehestande Vonn seinen Sechszehnᵇ Ahnen, auß altem Rittermässigem Stamm vom Adel gebohren undt ersprossen, Desgleichen gesundt unndt wollgestalt vonn Gliedern Leib undt Leben, unndt Unss dann der Uhrsprung seines Geschlechts bewust, auch die übergebene Achteᶜ Ahnichen vom Vatter, undt Achte vonn der Mutter, also bekanndt, daß es gute, alte, Rittermäßige vom Adel geweßen undt noch seyn, davonn Er unndt seine Eltern entsprossenn, auch anders nicht wißenn noch gehöret, dann daß dieselbe sich inn ihrem Ehestande, wie frommen Ehe Leuthenn eigenet unndt gebühret, Ohnverweißlich gehaltenn. Also bezeugen unndt verpflichtenn Wir Unß undt Unsere Mittbeschriebene Einem Ho‹c›hwürdigenn Thumb Capittul hieselbsten, so einᵈ andersᵈ dargethan werden könte, Zu allem Fall unndt Manngell andtworten, undt dafür Cähr, Wandel undt Abtracht zuthun, desgleichen soll auch der Neuwe Canonicus nicht allein der Possession, sondern auch alßbaldt Der Præbende Verlustig, unndt ipso facto entsetzet seyn undt bleibenn. List unndt alle Gefährde gäntzlich außgeschlossenn. Zu Uhrkunndt ...ᵃ [undᵉ zu steter vester Haltung haben wir diese Verpflichtung mit unseren angebohrnen Pitzering wissentlich versiegelt und mit eigenen Händen undergeschrieben. Geschehen Hildesheimᵉ] ...

(L. S.)   (L. S.)   (L. S.)   (L. S.)

Der Aydt, Welchen die Herrn Einschwerer dabeneben abstatten müssen, lautet wie follget:

Was unß ist Vorgehalten undt Wir Woll verstandenn, deme respectivè also nachzukommen, auch solches Wahr zusein, Versprechen Wir Aydtlich, so wahr Unß Gott helffe, unndt sein Heiliges Wort. Amen.

a) *vier etc.*   b) *-zehn* über der Zeile eingefügt.   c) *-c-* einkorr.   d–d) *einanders.*
e–e) aus der oben genannten Druckschrift von 1749 ergänzt.

o.O. 1749, S. 33 Anlage 19; benutzt in dem Exemplar Göttingen, Niedersächsische Staats- und Universitätsbibliothek, Sign.: 4° Deduct. S 88c. – Zum Rechtsstreit, in dessen Verlauf die Streitschrift zusammengestellt worden ist, siehe Dylong, Hildesheimer Domkapitel, S. 120 Anm. 134. Eine weitere Redaktion des Reversale ist ebd., S. 102 Anm. 30 wiedergegeben; eine von Johann Michael Krâtz gefertigte Abschrift des Reversale aus dem Aufschwörungsbuch in: Hildesheim, Dombibliothek, Sign.: C 443 (2).

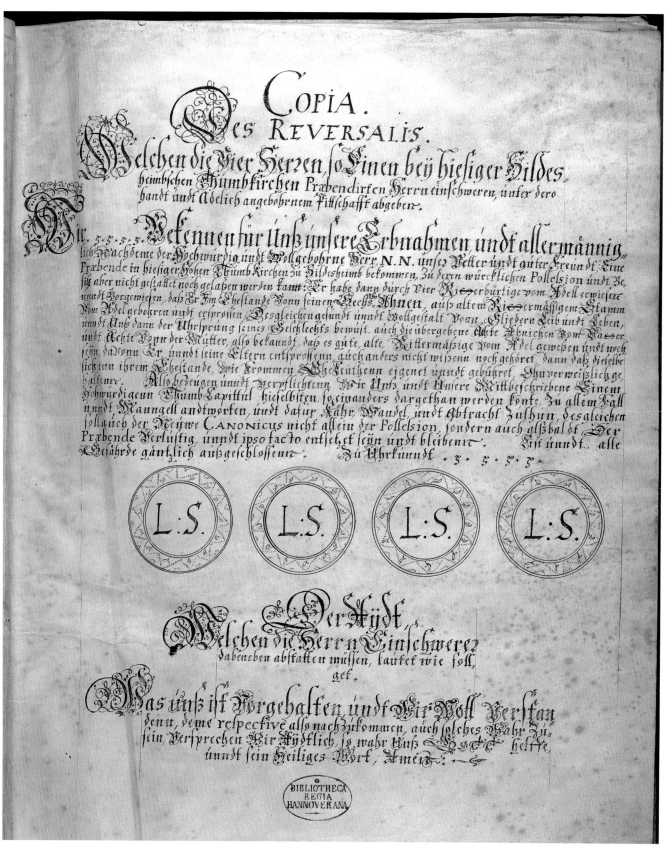

Abb. 11: Aufschwörungsbuch, Reversale und Eid der Aufschwörer

Biographische Skizzen

Einführung

Das Heilige Römische Reich Deutscher Nation bestand in der Frühen Neuzeit aus einer verwirrenden Vielzahl ganz unterschiedlich verfasster Staatswesen. Unter ihnen sind die geistlichen Staaten besonders auffällig, denn über diese Territorien herrschte kein weltlicher König, Herzog, Fürst oder Graf. An ihrer Spitze standen vielmehr Geistliche, wie zum Beispiel die drei rheinischen Erzbischöfe von Köln, Mainz und Trier, die zu den sieben, später neun Kurfürsten des Alten Reiches gehörten und den deutschen König wählten, oder die Bischöfe, in deren Hand sich ebenfalls die gesamte geistliche und weltliche Macht vereinte.

Die Entstehung und Entfaltung der geistlichen Staaten lässt sich zurück bis ins Mittelalter verfolgen. Das gilt auch für das Bistum Hildesheim. Die Bischofsstadt zählte in der Epoche des hohen Mittelalters zu den Hauptorten des deutschen Reiches. Mit ihrem Namen verbinden sich aber nicht nur bedeutende Bischöfe, sondern auch ein berühmtes Domkapitel, eine Gemeinschaft von Klerikern also, die sich einer gemeinsamen Regel unterworfen hatten, um zusammen mit dem Bischof und zuweilen in Rivalität zu ihm an der Kathedralkirche des Bistums den Gottesdienst zu versehen und von dort aus die Diözese zu verwalten. Die Domherren waren wie die Mönche in den Klöstern zur gemeinsamen Feier des geistlichen Chorgebets verpflichtet, unterschieden sich von diesen aber unter anderem dadurch, dass sie weiterhin über privates Eigentum verfügen durften, obwohl sie außerdem aus Kirchengut versorgt wurden. Gerade die Verbindung von „spiritueller Substanz" und „Offenheit zur Welt" gehörte, wie Enno Bünz in einem quellenreichen Überblick jüngst herausgestellt hat, zu den „konstitutiven Elementen" der rund 50 Domkapitel, die man bis um 1500 in der Germania sacra gezählt hat.[58]

Wo nach der Reformation in der Neuzeit die geistlichen Staaten bestehen blieben, wirkten an deren Regierung und Verwaltung weiterhin die Kathedralkapitel mit; als geistliche Korporation stellten sie zumeist – wie im Fürstbistum Hildesheim – den ersten Landstand. Darüber hinaus hatte in jedem Domkapitel eine kleine Gruppe von Kanonikern das reibungslose Funktionieren der inneren Verwaltung sicherzustellen und bekleidete zu diesem Zweck bestimmte Ämter. Die Domherren, die jeweils die Aufgaben übernahmen, führten eigene Amtstitel. Innerhalb dieser Führungsgruppe grenzt man begrifflich die Dignitäre, zu denen zumindest der Dompropst und der Domdekan gehörten, die Personate und die einfachen Amtsträger voneinander ab. Die Zahl der Dignitäre eines Kathedralkapitels ist nicht verbindlich festgelegt und kann im Laufe der Zeiten sogar innerhalb ein und desselben Domkapitels schwanken.[59]

In der Neuzeit schraubten die meisten Domkapitel die Anforderungen an jeden, der in ihre Reihen aufgenommen werden wollte, immer höher und schlossen sich sozial und landschaftlich mehr und mehr ab. Zugelassen wurde nur noch eine relativ kleine adlige Gruppe; Bürgerlichen blieb der Zutritt verwehrt. Das Hildesheimer Domkapitel machte

58 Enno Bünz, Mittelalterliche Domkapitel als Lebensform, in: Zwischen Kathedrale und Welt. 1000 Jahre Domkapitel Merseburg, wie Anm. 34, S. 13–32 mit umfangreicher Bibliographie und zahlreichen weiterführenden Hinweisen; zum Hildesheimer Domkapitel siehe insbesondere ebd., S. 17.

59 Guy P. Marchal, Was war das weltliche Kanonikerinstitut im Mittelalter? Dom- und Kollegiatstifte – eine Einführung und eine neue Perspektive, in: Revue d'Histoire Ecclésiastique 94 (1999), S. 761–807 und ebd. 95 (2000), S. 7–53.

Abb. 12: Aufschwörungsbuch, fol. 25r. Ahnentafel des Landgrafen Friedrich von Hessen (Ausschnitt)

davon keine Ausnahme.[60] Außer der ehelichen Geburt und der katholischen Konfession wurde seit dem 17. Jahrhundert bis zur Säkularisation zu Beginn des 19. Jahrhunderts von jedem Probanden der Nachweis darüber verlangt, dass alle unmittelbaren Vorfahren dem Adel angehörten. Vornehmlich diesem Ziel diente die Ahnenprobe, die zu den wesentlichen Bestandteilen des Aufschwörungsverfahrens zählte, das jeder Neoprovisus durchlaufen musste.[61] Er selbst und alle seine Vorfahren in direkter (elterlicher) Linie hinauf bis zu einer bestimmten, je nach Kapitel unterschiedlich festgesetzten Generation wurden dieser Ahnenprobe unterworfen. Im Hildesheimer Domkapitel reichte sie zuletzt bis zu den Ur-Ur-Großeltern, umfasste also, das künftige Mitglied eingerechnet, 31 Personen in fünf Generationen, die adlig geboren (Adelsprobe) und ehelich gezeugt (Filiationsprobe) worden sein mussten.

Die Ahnentafeln des Aufschwörungsbuches sind ein beredtes Zeugnis für die Ahnenproben, die die Hildesheimer Domherren einst als Probanden bei ihrer Aufnahme in das Kathedralkapitel hatten ablegen müssen.[62] Ein von einer

60 Die allmähliche Verschärfung der ständischen Anforderungen seit dem späten Mittelalter zeichnen Georg Lamay, Die Standesverhältnisse des Hildesheimer Domkapitels im Mittelalter, Diss. phil. Bonn 1909, S. 21f. und Dylong, Hildesheimer Domkapitel, S. 99 und S. 117–119 nach.

61 Für den weltlichen und den kirchlichen Bereich zusammenfassend Robert Scheyhing, „Ahnenprobe", in: Handwörterbuch zur deutschen Rechtsgeschichte, Bd. 1, hrsg. von Adalbert Erler und Ekkehard Kaufmann (1971), Sp. 82–84, und Jörn Eckert: „Ahnenprobe", in: Handwörterbuch zur deutschen Rechtsgeschichte, Bd. 1, hrsg. von Albrecht Cordes, Heiner Lück und Wolfgang Stammler (2. Aufl. 2008), Sp. 106f. Vgl. Klaus Graf, „Ahnenprobe", in: Enzyklopädie der Neuzeit 1

(2005), Sp. 146–148. Eine Übersicht über die ständischen Voraussetzungen für den Zugang zu den Domkapiteln des Alten Reiches bietet Stephan Kremer, Herkunft und Werdegang geistlicher Führungsschichten in den Reichsbistümern zwischen Westfälischem Frieden und Säkularisation. Fürstbischöfe, Weihbischöfe, Generalvikare (Römische Quartalschrift für christliche Altertumskunde und Kirchengeschichte. Supplementheft 47), Freiburg u. a. 1992, S. 76–83 (mit weiteren Nachweisen). – Zum Aufschwörungsverfahren in Hildesheim siehe Dylong, Hildesheimer Domkapitel, S. 97–106 und S. 113–126.

62 Grundlegend Ottfried Neubecker und Karl Möller, „Ahnentafel", in: Reallexikon zur deutschen Kunstgeschichte, Bd. 1, hrsg. von Otto Schmitt (1937), Sp. 227–233. Siehe auch Harald Lönnecker,

Abb. 13: Aufschwörungsbuch, fol. 122r. Ahnentafel des Johann Wilhelm Franz Grafen von Nesselrode-Ereshoven, Wappen des Neoprovisus

kleinen stilisierten Wiese aufragender und sich nach oben hin immer weiter verzweigender Baum ordnet die Vorfahren des Neoprovisus übersichtlich an. In der vom Betrachter aus gesehen linken Hälfte der Ahnentafel – heraldisch rechts – sind die Vorfahren der väterlichen, in der gegenüberliegenden Hälfte die der mütterlichen Seite versammelt. Jede Generation erhält eine eigene Zeile, in der doppelt so viele Namen wie in der nachfolgenden Generation eine Zeile tiefer verzeichnet werden müssen, so dass in der obersten Reihe insgesamt 16 Vorfahren aufzuführen sind (16-Ahnenprobe).

Die Ahnentafeln des Hildesheimer Aufschwörungsbuches halten zum einen die Vor- und Familiennamen des adligen Domherrn und aller seiner von der Ahnenprobe erfassten Vorfahren fest; diese Namen sind in bandartige und farbig gerahmte Kartuschen eingetragen. Zum anderen wird jeder aufgeführten Person das Wappen zugeordnet, das sie führt. Diese Wappen sind von erheblicher rechtlicher Bedeutung, denn sie sind bleibende Abzeichen von (in diesem Fall adligen) Einzelpersonen und deren Familien; das meint: Sie sind erblich und grundsätzlich unveränderlich. Daher werden sie nach bestimmten heraldischen Regeln gestaltet. Die für die Wappen verwendeten Tinkturen, die Metalle und Farben, sind im Aufschwörungsbuch des Hildesheimer Domkapitels wie üblich umgesetzt: Die Farben Rot, Blau, Schwarz und Grün werden deutlich hervorgehoben, während die Metalle Gold mit gelber und Silber mit weißer Farbe wiedergegeben werden. (Wo keine farbige Gestaltung möglich war, wie zum Beispiel bei metallenen oder steinernen Grabplatten und Epitaphien, mussten die Tinkturen graphisch umgesetzt werden.)

Im Aufschwörungsbuch des Hildesheimer Domkapitels begegnen Vollwappen aus Schild, Decke, Helm und Helmzier zumeist nur beim Neoprovisus und in der obersten Ahnenreihe. Für die zweite bis vierte Generation begnügte man

Die Ahnenprobe und ihre heraldisch-genealogischen Voraussetzungen, in: Mabillons Spur. Zweiundzwanzig Miszellen aus dem Fachgebiet für Historische Hilfswissenschaften der Philipps-Universität Marburg zum 80. Geburtstag von Walter Heinemeyer, hrsg. von Peter Rück, Marburg/Lahn 1992, S. 367–387.

33

Abb. 14: Aufschwörungsbuch, fol. 130r. Ahnentafel des Maximilian Ferdinand Grafen von Merveldt (Ausschnitt)

sich dagegen mit der Wiedergabe des Wappenschildes. Obwohl sich die Schildbilder über die Generationen hinweg wiederholten, wurden sie akkurat gemalt, selbst wenn schon aus praktischen Gründen die Größe der Wappen nach oben hin mit steigender Generationenzahl deutlich abnehmen musste. Sollte einer der angehenden Domherren eine Devise geführt haben, ließ er sie nicht wiedergeben. Ehewappen begegnen nur ausnahmsweise und dann ausschließlich in der obersten Reihe der Ahnenprobe, in der immerhin 16 Vollwappen unterzubringen waren. In der Aufschwörtafel des Landgrafen Friedrich von Hessen mit ihrer großen Zahl von Schildteilungen dürften Platzgründe dafür ausschlaggebend gewesen sein (fol. 25: Abb. 12).

Die Wappenschilde des Aufschwörungsbuches werden stets frontal gezeigt; sowohl schräggestellte als auch nichtsymmetrische Schilde fehlen völlig. Gleichwohl variieren die Schildformen der Ahnentafeln.[63] In der ersten Hälfte des Codex dominieren drei Formen unter den von den Neoprovisi geführten Wappen: Die aufwendige Kontur der ersten Form weist in der Mitte ein leicht eingetieftes Schildhaupt, ferner nach innen gebogene Seitenränder und je eine halbkugelförmige Aussparung oberhalb des Schildfußes auf (Abb. 36); die oberen Ecken werden zuweilen kantenartig ausgebildet (Abb. 27, 43, 56 und 73). Die zweite Schildform begnügt sich mit einem geraden oder leicht gewölbten Oberrand und leise eingebogene Seitenrändern und lässt den runden Schildfuß deutlich hervortreten (Abb. 20). Die dritte Form gibt dem unteren Rand des Schildes einen dreibogigen, beinahe dreipassförmigen Abschluss (Abb. 62 und 63). Da alle drei Spielarten nebeneinander verwendet wurden, lässt sich aus ihnen kein Datierungskriterium gewinnen.

---

63 Eine nützliche Übersicht über die verschiedenen Schildformen der Heraldik bieten Neubecker, Wappenkunde, S. 40–51 und Scheibelreiter, Heraldik, S. 24–31, der allerdings festhält: Im 17. und 18. Jahr-

hundert begegneten „verschiedene bogenförmige, ausgezackte, verschnörkelte Schilde, die nur als maniriert oder barock bezeichnet werden können, doch kaum mehr nach Kategorien zu gliedern sind."

Abb. 15: Aufschwörungsbuch, fol. 102r. Ahnentafel des Caspar Otto von Spiegel, Wappen des Neoprovisus

Der dreibogige untere Abschluss zeichnet ebenfalls die meisten Wappen der Neoprovisi im zweiten Teil der Handschrift aus. Sehr häufig wird er mit einem gebogenen Schildhaupt, eingezogenen Seitenrändern und des öfteren mit der winkligen Kürzung der oberen Schildecken kombiniert (Abb. 13 und 14).[64] Einige Wappen führen eine ausgeprägte Schildspitze vor Augen; starke Brechungen der Konturlinie treten hinzu. Außerdem weisen diese Schilde im unteren Drittel manchmal größere, häufiger jedoch verschwindend kleine hufeisenförmige Aussparungen auf. Zwei Beispiele sind das redende Wappen des Domherrn Caspar Otto von Spiegel (fol. 102: Abb. 15) und der gevierte Schild des Domherrn Johannes Georg von Hörde (fol. 107: Abb. 16). Erst in den letzten beiden Jahrzehnten seines Bestehens beschränkte sich das Domkapitel auf einförmige Halbrundschilde (Abb. 17).

Besondere Aufmerksamkeit ziehen die heraldischen Prunkstücke auf sich. Freilich hat das Aufschwörungsbuch des Hildesheimer Domkapitels in dieser Hinsicht nur wenig zu bieten. Von Schildhaltern[65] begleitet werden lediglich die gräflichen Wappen, so zum Beispiel des Reichsgrafen Clemens Wenceslaus von Kesselstadt (fol. 210) oder der beiden Reichsgrafen von Westphalen (fol. 207 und fol. 206: Abb. 17). Besonders gut gelungen sind die beiden Schildhalter, ein gekrönter Löwe und ein Wolf, an den Wappen der drei Grafen von Nesselrode-Ereshoven (fol. 104, fol. 122: Abb. 13 und fol. 189–2), denn die Tiere finden ihren Stand im Geäst des Stammbaums, dem zu diesem Zweck ein zusätzlicher Ast eingefügt wurde; das Wappen auf fol. 189–2 ist zusätzlich durch einen Wappenmantel aufgewertet worden.[66]

---

64 Wenn der mittlere Bogen des abschließenden Dreipasses zusätzlich halbrund gebildet worden ist, wirkt der Schildfuß besonders betont. Diese Variante ist gut bei fol. 153 und fol. 156 zu sehen; etwas verunglückt ist sie auf fol. 172 (Abb. 95).

65 Über die Schildhalter im Allgemeinen handeln ausführlich Galbreath/Jéquier, Heraldik, S. 195–198 und Neubecker, Wappenkunde,

S. 182–189. Siehe aber auch Scheibelreiter, Heraldik, S. 112f. und Filip, Heraldik, S. 74f.

66 Schildhalter finden sich zuweilen auch bei den Wappen der Vorfahren eines Neoprovisus, aber nur in der obersten Ahnenreihe; siehe zum Beispiel fol. 71 {Pos. 28} und fol. 39 {Pos. 24}: Abb. 47.

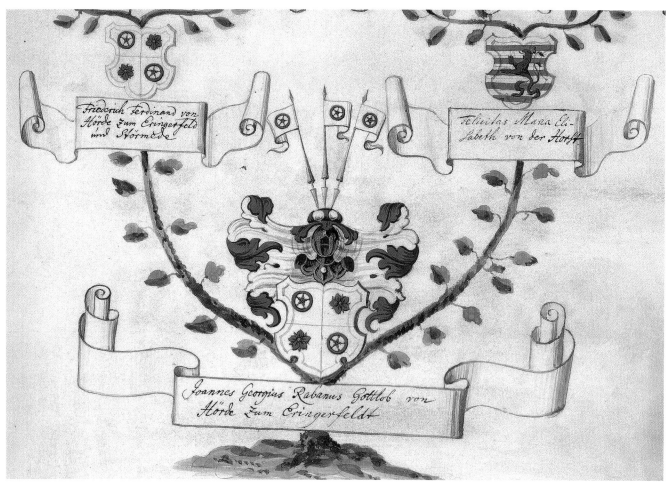

Abb. 16: Aufschwörungsbuch, fol. 107r. Ahnentafel des Johannes Georg von Hoerde (Ausschnitt)

Wenn die wenigen Beispiele nicht trügen, die das Aufschwörungsbuch aufgrund der ständischen Zusammensetzung des Hildesheimer Domkapitels nur bieten kann, lässt sich bei den heraldischen Rangkronen[67] eine stilistische Entwicklung ausmachen: Lange hielt man an der gräflichen Laubkrone fest; zuweilen, aber nicht immer sind die Perlen auf dem Reif zwischen den Blättern offenbar „vergessen" worden (Abb. 13). Die „modernere" Form mit neun perlenbesetzten Zacken bzw. Zinken fand erst spät Eingang in die Aufschwörtafeln (frühestes Beispiel: Abb. 17).[68]

Sobald die Ahnenprobe bestanden und die weitere Aufschwörung abgeschlossen worden waren, besaß die nach heraldischen Regeln gestaltete Ahnentafel eine beachtliche rechtliche Bedeutung, denn sie galt als vom Domkapitel bestätigt und konnte womöglich bei anderen adligen Institutionen als Beweismittel vorgelegt werden. Demzufolge bedurfte es schon eines Kapitelbeschlusses, um noch nach vollzogener Aufschwörung eine Wappenbesserung in das Aufschwörungsbuch eintragen zu lassen. Ein solches Procedere lässt sich an einer Stelle der Handschrift gut nachvollziehen: Vier Jahre nach seiner endgültigen Aufnahme in das Hildesheimer Domkapitel ließ Christoph von Kesselstatt

---

67 Zu den Rangkronen siehe die anschaulichen Übersichten im Handbuch der Heraldik S. 88–91 mit Taf. 20 (ebd. S. 91) und bei Neubecker, Wappenkunde, S. 168–181. Siehe ferner Scheibelreiter, Heraldik, S. 110f. und Filip, Heraldik, S. 71–73.

68 Überraschenderweise wird die Krone sowohl mit der Helmzier (Abb. 13) als auch mit dem Helm kombiniert (siehe zum Beispiel fol. 130 und fol. 151). – Herzogs- bzw. Kurfürstenhüte begegnen im Aufschwörungsbuch noch seltener als die gräflichen Rangkronen (Abb. 51).

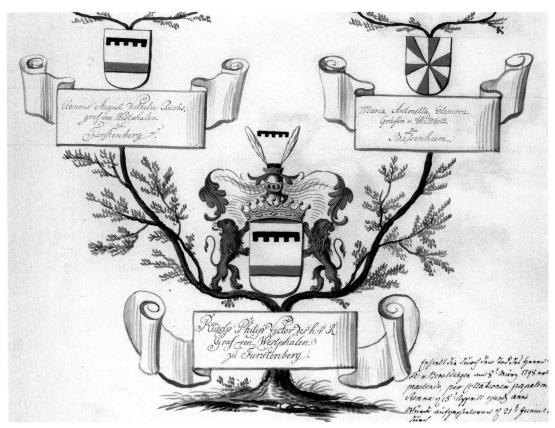

Abb. 17: Aufschwörungsbuch, fol. 206r. Ahnentafel des Rudolf Philipp Viktor Grafen von Westphalen (Ausschnitt)

neben das Wappen, auf das er elf Jahre zuvor aufgeschworen worden war, das um zwei Schildhalter und eine dritte Helmzier verbesserte Wappen setzen, das sein Vater Hugo Casimir von Kesselstatt bei der Erhebung in den Reichsgrafenstand für sich und seine direkten Nachkommen erworben hatte. Ein schriftlicher Vermerk unterhalb des neuen Wappens hält den Vorgang fest und verweist ausdrücklich auf das Protokoll der Sitzung, in der das Domkapitel zugestimmt hat, das Aufschwörungsbuch zu ergänzen (fol. 179: Abb. 18).

Ihrem juristischen Zweck entsprechend sind die Ahnentafeln des Aufschwörungsbuches zwar sorgsam, aber gleichförmig gestaltet. Beim Betrachten der Handschrift mag sich daher bisweilen ein gewisses Gefühl der Eintönigkeit einstellen. Die vielfältigen geschichtlichen Bezüge erschließen sich dagegen erst, wenn hinter den bloßen Namen auch die Personen in ihrem Lebenslauf und in ihrem Wirken zu fassen sind.[69] So wollen die folgenden Ausführungen gleichsam „historische Perspektiven" auf das Hildesheimer Kathedralkapitel und auf dessen Mitglieder eröffnen. Zu diesem Zweck werden in den folgenden Kapiteln einige wenige Hildesheimer Domherren näher vorgestellt. Ausgehend von ihren Ahnentafeln sollen ihre Leistungen und ihre geistliche und weltliche Karriere skizziert werden. Wie zu erwarten stand, weisen dabei vielfach die Wappen den Weg zu dem in der Geschichte und der Kunst Hildesheims Überlieferten

---

69 Werner Paravicini, Gruppe und Person. Repräsentation durch Wappen im späten Mittelalter, in: Die Repräsentation der Gruppen, hrsg. von Otto Gerhard Oexle und Andrea von Hülsen-Esch (Veröffentlichungen des Max-Planck-Instituts für Geschichte 141), Göttingen 1998, S. 327–389, Nachdruck in: Edelleute und Kaufleute im Norden Europas, hrsg. von Jan Hirschbiegel, Andreas Ranft und Jörg Wettlaufer, Ostfildern 2007, S. 189–248, hat zu Recht gefordert, nicht „in einer abstrakten Formenkunde" steckenzubleiben (ebd., S. 341 bzw. S. 201).

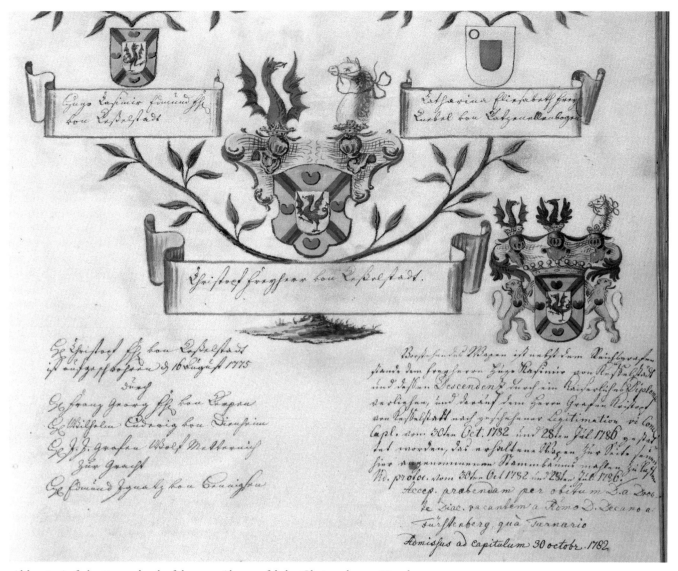

Abb. 18: Aufschwörungsbuch, fol. 179r. Ahnentafel des Christoph von Kesselstatt

– vor allem zu den Grabplatten und Epitaphien der Domherren,[70] aber auch zu den Bauten, die sie ausführen ließen, und zu den Kunst- und Bücherstiftungen, die sich mit ihrem Namen verbinden.

Den biographischen Skizzen vorangestellt sind die Namen des Neoprovisus, seiner Eltern und seiner Großeltern; sie werden buchstabengetreu nach den Ahnentafeln der Handschrift wiedergegeben. Die in geschweiften Klammern hinzugesetzten Ziffern sollen das Auffinden der genannten Person in der Ahnentafel erleichtern; die Nummerierung folgt dem Schema von Kekule von Stradonitz (Abb. 19). Was im Codex seitlich oder unterhalb des Stammbaums über die Laufbahn des Domherrn im Kathedralkapitel vermerkt worden ist, wird teils wörtlich abgedruckt (in Kursivdruck), teils paraphrasiert. Die Groß- und Kleinschreibung ist dabei vereinheitlicht worden; Abkürzungen auch von Monatsnamen werden, von sonstigen Eigennamen abgesehen, stillschweigend aufgelöst. Wenn Hildesheimer Domherren erwähnt werden, die

---

70 Für die Möglichkeiten siehe Stephan Kekule von Stradonitz, Ahnenproben auf Kunstwerken (1902), in: Ausgewählte Aufsätze aus dem

Gebiete des Staatsrechts und der Genealogie, Berlin 1905, S. 253–260
und S. 268.

mit einer eigenen Ahnentafel im Aufschwörungsbuch vertreten sind, stehen entsprechende Querverweise in eckigen Klammern [siehe fol. …]; Blattangaben ohne weitere Zusätze verweisen auf die Recto-Seiten, während Verso-Seiten grundsätzlich durch nachgestelltes „v" gekennzeichnet sind. Die Namen der jeweils vier Aufschwörer, die auf jeder Ahnentafel verzeichnet sind, werden nicht wiedergegeben. Ebenso wenig werden die Wechsel der Schreiberhände kenntlich gemacht, die einer gesonderten paläographischen Untersuchung in anderem Zusammenhang vorbehalten bleiben.

Auf die biographischen Skizzen folgen bewusst knapp gehaltene bibliographische Hinweise. Sie können dem an weiteren Einzelheiten Interessierten einen ersten Zugang zu den Nachschlagewerken und zu der wissenschaftlichen Literatur bieten, die weiterführende Hinweise auf einschlägige Quellenpublikationen und auf Archivalien enthält. Auf die Listen der neuzeitlichen Hildesheimer Domherren von Eduard Bodemann und von Adolf Bertram sei an dieser Stelle pauschal verwiesen.[71] Die Anmerkungen beschränken sich auf die wesentlichen Nachweise; Kurztitel verweisen auf das Literaturverzeichnis. Bei der Wiedergabe lateinischer Inschriften werden die Abkürzungen – von in runde Klammern gesetzten Ausnahmen abgesehen – stillschweigend aufgelöst und die Schreibung von -u- und -v- normalisiert.

Christian Schuffels

---

71 Bodemann, Aufschwörungsbuch, S. 646–658; Bertram, Bistum Hildesheim 3, S. 217–231.

Schema der Aufschwörtafeln

(Nummerierung nach Kekule von Stradonitz)

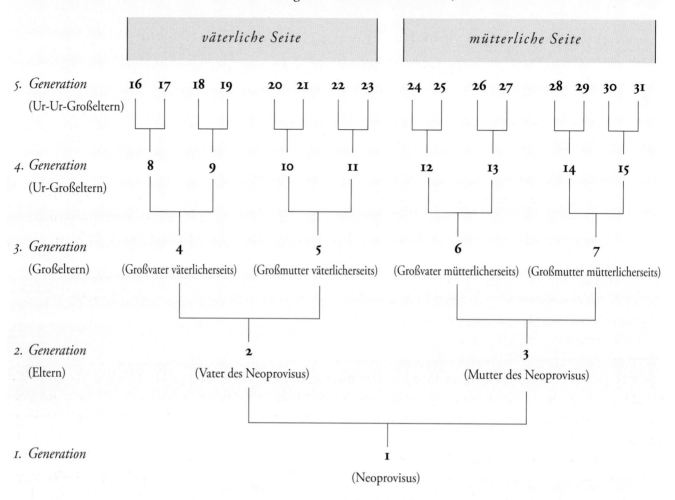

Abb. 19: Schema der Aufschwörtafeln

Entwurf: Christian Schuffels

Dietrich Otto (von) Korff genannt Schmising (1651–1727)
Aufschwörungsbuch fol. 26r

Di‹e›terich Otto Korff, genandt Schmiesing von Tatenhaußenn

Eltern {2,3}: *Caspar Korff genandt Schmiesing von Tatenhaußen* ⚭ *Anna Margaretha vonn Neuhoff von Horstmar* – Großeltern väterlicherseits {4,5}: *Henrich Korff, genandt Schmießing von Tatenhaußenn* ⚭ *Sibylla de Wendt von Holtfeldt* – Großeltern mütterlicherseits {6,7}: *Jacob von Neuwhoff zu Horstmar undt Neuenhoff* ⚭ *Wilhelmina von der Recke zu Recke*

aufgeschworen am 1. Dezember 1674

Factus capitularis 25. novembris 1676. Resignavit in favorem domini Frid(erici) Christ(iani) liberi baronis de Galen [siehe fol. 108: Abb. S. 52] *9. iulii 1727.*

gestorben am 27. August 1727

Dietrich Otto (von) Korff genannt Schmising zu Tatenhausen nannte sich nach dem seit 1525 bis heute als Sitz seines Geschlechts belegten Schloss Tatenhausen (heute Bokel-Tatenhausen bei Halle in Westfalen).[72] Sein Vorname Dietrich wurde, durchaus auch von ihm selbst, zeitüblich als „Theodorus" latinisiert. Als Adelstitel führte er bisweilen den „liber baro".

Er machte als Domkapitular in Münster und in Hildesheim, wo er Residenz nahm, gleichermaßen Karriere. Seinen Aufstieg verdankte er dem Onkel Matthias Korff gen. Schmising († 1684); dieser, seit 1654 Domküster in Münster und seit 1663 auch Domdekan in Hildesheim, war zusammen mit seinem Bruder, dem Johanniterkomtur Friedrich Korff gen. Schmising, „der wichtigste Berater in außenpolitischen Angelegenheiten" des bedeutenden Fürstbischofs von Münster, Christoph Bernhard von Galen (1650–1678), und wurde als solcher „mit zahlreichen diplomatischen Aufträgen, besonders nach Frankreich betraut" (Wilhelm Kohl).[73] Er hat den Neffen nicht nur in Münster gefördert, sondern ihm durch die Resignation seiner Hildesheimer Pfründe im Jahr 1673 auch den Weg in das Hildesheimer Domkapitel geebnet und ihn später als Exekutoren seines Testaments eingesetzt.

Dietrich Otto Korff, der im Mai 1651 geboren worden war, studierte in Aschaffenburg, Osnabrück, Paderborn, Hildesheim und schließlich von 1668 bis 1670 insbesondere Theologie am Collegium Germanicum in Rom. Dass man ihm dort „mangels größerer Anstrengung nur mäßigen Fortschritt in der Theologie und in Betragen und Frömmigkeit ein Gleiches" attestierte,[74] hinderte Papst Clemens IX. (1667–1669) nicht, ihm bereits 1669 ein Domkanonikat in Münster zu verleihen; er wurde noch im gleichen Jahr aufgeschworen und 1671 emanzipiert. In den folgenden Jahren

---

72 Dehio Westfalen, hrsg. von Dorothea Kluge und Wilfried Hansmann (1969), S. 67.

73 Kohl, Domstift zu Münster 2, S. 240ff., auf dessen ausgebreitete Quellenkenntnis und vorzügliche Darstellung sich auch das Folgende stützen kann.

74 Kohl, Domstift zu Münster 2, S. 277: „In theologia profecit mediocriter defectu maioris conatus, sic quoad mores ac pietatem mediocriter se gessit."

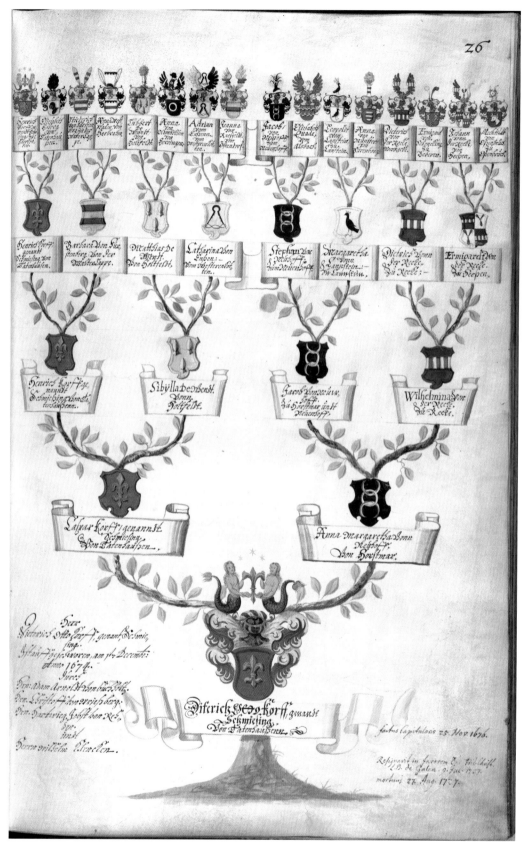

Abb. 20: Aufschwörungsbuch, fol. 26r. Ahnentafel des Dietrich Otto [von] Korff gen. Schmising

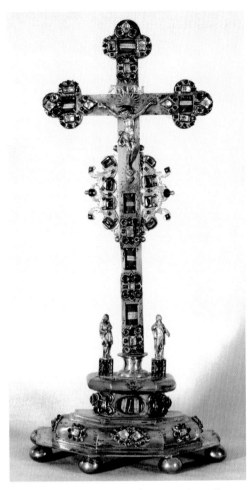

*Abb. 21: Hildesheim, Domschatz 60: Standkreuz,
Stiftung des Dietrich Otto [von] Korff gen. Schmising*

ist er dort als Exekutor der Testamente von zwei Vikaren nachzuweisen, deren einer, der Domvikar Heinrich Otto, 1678 auch die Haushälterin des Domherrn bedachte.[75] Ebenso setzte sein Bruder Heinrich Korff gen. Schmising († 1715), wie er Domkanoniker in Münster, ihn als Testamentsvollstrecker ein.[76] Zudem wurde er Weltlicher Hofrichter sowie Geheimer Rat und Kriegsrat. Im Jahr 1700 erhielt er vom Bischof die Dignität des Vicedominus, die im Domkapitel zu Münster in besonderer Weise geregelt war: Der Vicedominus nahm eine „Mittlerstelle zwischen Kapitel und Ordinarius" ein, insofern er mit Zustimmung des Domkapitels „dem Ordinarius Äbte und Prälaten zur Konfirmation präsentierte" (Wilhelm Kohl). Zugleich hatte er einen mit dieser Dignität verbundenen größeren Archidiakonatsbezirk zu verwalten, was ihn nach den Statuten eigentlich zur Residenz in Münster statt in Hildesheim verpflichtet hätte. Das Domkapitel, das deswegen Bedenken erhob, willigte schließlich aber ausnahmsweise ein und berücksichtigte dabei ausdrücklich seine Verdienste um das Stift Münster.[77] Als Verdienst hat man ihm gewiss auch seine Meßstiftung und die Schenkung von Statuen der heiligen Apollonia und Barbara für den Münsterschen Dom angerechnet.[78] Vom März 1723 bis zu seiner Resignation 1726 war er Senior des Domkapitels.[79] In Münster ist er am 27. August 1727 gestorben.

---

75 Kohl, Domstift zu Münster 3, S. 271f. und S. 317 zum Jahr 1694.

76 Kohl, Domstift zu Münster 2, S. 701f.

77 Keinemann, Domkapitel zu Münster, S. 230f.; Kohl, Domstift zu Münster 1, S. 244f.

78 Kohl, Domstift zu Münster 1, S. 85 und S. 331.

79 Kohl, Domstift zu Münster 2, S. 377 in Verbindung mit S. 733.

In Hildesheim wurde er nach der oben erwähnten Resignation seines Onkels durch päpstliche Provision am 1. Dezember 1674 auf die Geschlechter Korff genannt Schmising zu Tatenhausen, von Neuhoff zu Horstmar, von Wendt sowie von der Recke aufgeschworen und am 25. November 1676 als Kapitular installiert. Die Wappen der genannten Ahnen finden sich auch im Aufschwörungsbuch (Abb. 20). Das Vollwappen des Neoprovisus {1} weist als gemeine Figur im Schild in Rot eine goldene Lilie auf. Über dem Bügelhelm mit rot-goldenem Helmwulst dient als Zimier die von zwei rot-geflossten Seejungfern mit blauen Schwänzen gehaltene goldene Lilie, überhöht von drei goldenen Sternen. Hingewiesen sei noch auf das auffällige mütterliche Wappen {3}, das im Schild in Schwarz eine herabhängende silberne Kette von drei Gliedern zeigt, die beiden Endglieder nicht geschlossen.

Bekannt geworden ist, dass Dietrich Otto Korff gen. Schmising von 1709 bis 1725 Archidiakon von Elze war[80] und bei den heiklen Verhandlungen, die im Jahr 1693 um die Wahl des Kölner Erzbischofs Joseph Clemens zum Koadjutor cum spe successionis des Hildesheimer Fürstbischofs Joseph Edmund von Brabeck (1688–1702) geführt wurden, dessen Wahl befürwortete.[81] Als Hildesheimer Bischof hat Joseph Clemens (1714–1723) später Korff zum Geheimen Rat ernannt. Denn während der kölnische Kurfürst Clemens August (1724–1761) anscheinend erst zu Beginn seiner Amtszeit einen Geheimen Rat in Hildesheim als neues oberes Regierungskollegium einrichtete, gab es unter seinem Vorgänger Joseph Clemens bereits einzelne Geheime Räte. Unter ihnen ist Dietrich Otto Korff als einer der ersten 1716/1717 mit einem Gehalt von 200 Reichstalern nachgewiesen worden.[82] Weiterhin bewilligte der Kurfürst in einem Schreiben an die Hofkammer in Hildesheim vom 15. Oktober 1722, dass „Unserm Hildesheim(ischen) geheimen rath Dietrichen Otto von Korff genannt Schmising alldortigen, wie auch Münsterischen DombCapitularn, gleich andern Unsern räthen, die jährliche schreib Materialien, sambt vierzig fuder Brennholz, zehen schock waizen, und vier fuder Kohlen gereichet werden sollen".[83] Erzbischof Clemens August bestätigte von Korff mit Schreiben vom 26. November 1725 im Amt des Geheimen Rats[84] und hat auch das Gehalt aufgebessert.

Dem Hildesheimer Dom sind, soweit bekannt, mehrere Stiftungen Korffs zugute gekommen.[85] Hervorzuheben ist ein etwas über 40 cm hohes silbernes, teilweise vergoldetes, mit Edelsteinen und Glasflüssen besetztes Standkreuz „mit seitlichen ornamentalen Anschwüngen am Längsbalken unterhalb des Querbalkens auf doppeltem unregelmäßigen Sechseckpostament, das auf sechs Kugeln steht" (Abb. 21). Gegossen und vergoldet sind Corpus und Assistenzfiguren auf dem oberen Postament. „Eine Reliquiennische in jeder Kleeblattendigung und drei am Längsbalken, eine weitere im oberen Teil des Postaments in der Mitte, darüber das Stifterwappen eingraviert; am unteren Postamentrand die Widmungsinschrift" (Elbern/Reuther). Das Kreuz ist der Domkrypta aus dem Nachlass zugewiesen worden. Wenn es aber, wie man annimmt, vor 1686 entstanden sein soll, dann muss die Inschrift[86], die Korff nicht nur als Münsterschen Vicedominus, sondern auch als Stifter bezeichnet, sehr viel später, frühestens nach Errichtung seines Testaments[87] nachgetragen worden sein. So aufdringlich wie die durch cedulae bezeichneten Reliquien komponiert und hervorgehoben werden, lassen sie das Kreuz eher als ein für sie bestimmtes Ostensorium erscheinen. Von dem üblicherweise zu erwartenden Heiligenbestand hebt sich als spezifisch nur die Bernwardreliquie ab, die im linken Kreuzarm eingelassen wurde.

Auf eine besondere Beziehung unseres Domherrn zum heiligen Bernward deutet auch seine Meßstiftung am Altar Mariä Empfängnis und Sankt Bernward im südlichen Seitenschiff des Doms. Das Doppelpatrozinium dieses Altars war dadurch zustande gekommen, dass der ursprüngliche Bernwardaltar samt seinen beiden Vikarien im Alten Para-

80 Dylong, Hildesheimer Domkapitel, S. 303.
81 Weitlauff, Reichskirchenpolitik des Hauses Bayern, S. 308ff.
82 Klingebiel, Amtsträger, S. 402 Anm. 57.
83 Hannover, Niedersächsisches Landesarchiv/Hauptstaatsarchiv Hannover, Sign.: Hild. Br. 1 Nr. 3334, fol. 1r/v (Ausfertigung).
84 Hildesheim, Dombibliothek, Sign.: C 177, darin Faszikel 31 („Verschiedene Patente") Nr. 2 (Abschrift).

85 Johann Michael Kratz, Der Dom zu Hildesheim 2, Hildesheim 1840, S. 245 und Anm. 20.
86 Wiedergegeben von Kratz (ebd.) und, nicht ohne Versehen, in: Kat. Hildesheim 1988, Nr. 58, S. 114 (Ulrich Knapp).
87 Das von Krâtz (wie vorige Anm.) erwähnte Testament ist bisher nicht aufgefunden worden und möglicherweise auch verloren.
88 Hildesheim, Dombibliothek, Sign.: C 516, fol. 27v.

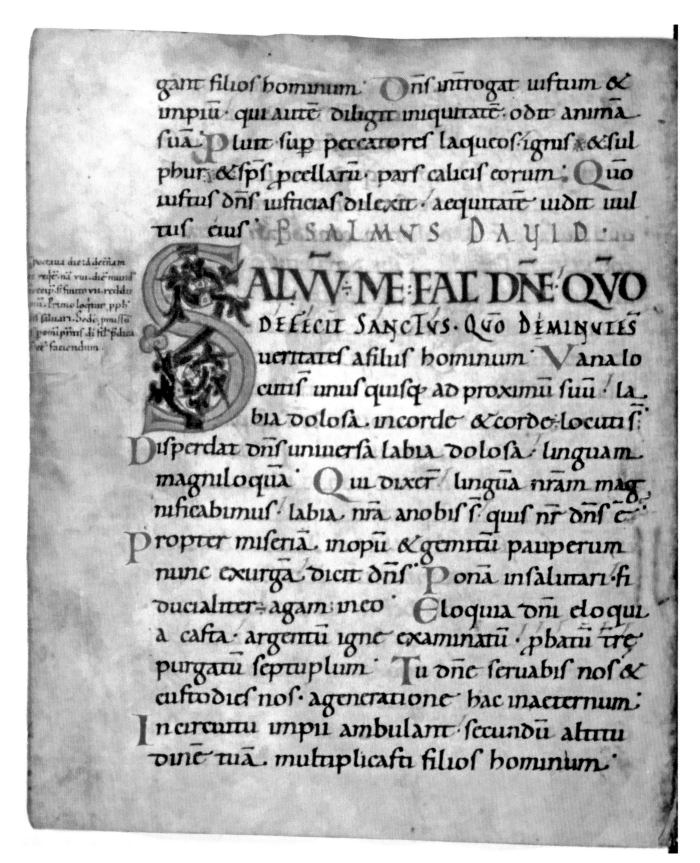

Abb. 22: Bernwardpsalter, fol. 9v

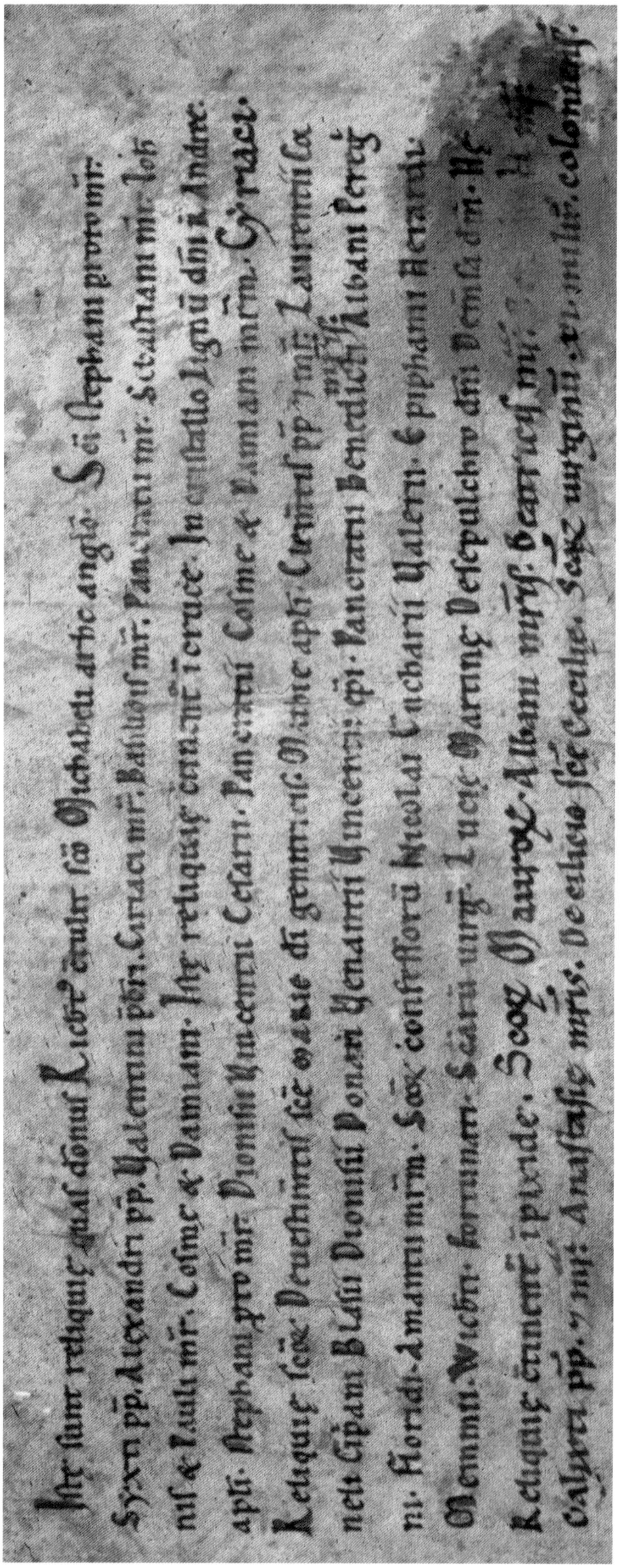

Abb. 23: Bernwardpsalter, fol. 141r

dies des Doms um die Mitte des 17. Jahrhunderts aufgehoben und in die Seitenkapelle Mariä Empfängnis verlegt und mit dem dortigen Altar und seiner Vikarie vereinigt wurde. An diesem, nunmehr Mariä Empfängnis und dem heiligen Bernward geweihten Altar errichtete Korff im Jahr 1721 eine Messstiftung.

Die entsprechende Urkunde, deren Original sehr wahrscheinlich verloren ist, hat sich in Abschrift erhalten.[88] In der Intitulatio[89] nennt er sich Freiherr (*liber baro*), erwähnt beiläufig, dass er, was nicht von jedem Domherrn erfordert wurde, zum Priester geweiht war,[90] und ordnet nach einer weitschweifigen und bisweilen trivialen Arenga an, dass der jeweilige Vikar des oben genannten Altars jährlich am Freitag der vier Quatemberwochen – d. h. nach dem ersten Sonntag in der Fastenzeit, nach Pfingsten, nach dem Fest Kreuzerhöhung (14. September) und nach Lucia (13. Dezember) – eine Votivmesse nach dem Formular des Missale Romanum für die Vergebung der Sünden des Stifters, nach dessen Ableben hingegen die Messe für das Seelenheil des Verstorbenen feiern und ein entsprechendes Gebet hinzufügen solle. Dafür übereignet er dem Altar 100 Reichstaler als Kapital, dessen jährlich anfallende Zinsen dem jeweiligen Inhaber der Vikarie als Gegenleistung für dessen Mühe zustehen. Darüber hinaus trifft er penible Regelungen, um zu sichern, dass die übernommenen Verpflichtungen strikt eingehalten werden, und verfügt, dass die von ihm besiegelte und unterschriebene Urkunde samt der zugehörigen Obligation im Archiv der Domvikare in einer gesonderten Lade aufbewahrt, eine beglaubigte Abschrift hingegen bei seinen Erben hinterlegt werden soll.

Nur wenige Jahre später wandte von Korffs Mitbruder, der Domherr Ernst Friedrich von Twickel [siehe fol. 72], der Kapelle seine Aufmerksamkeit zu und berücksichtigte dabei Bernward als Patron im Bildprogramm des von ihm gestifteten Altars.[91] Insofern war der Domherr Dietrich Otto von Korff einer der vielen Träger des Bernwardkultes, der anders als der Kult des heiligen Godehard, seines Nachfolgers auf dem Hildesheimer Bischofsstuhl (1022–1038), nicht umfassend erforscht worden ist. Ein erster vorzüglicher, aber notwendigerweise knapper Überblick im Katalog der Bernward-Ausstellung des Jahres 1993 ist Enno Bünz zu verdanken,[92] der auch eine methodisch wie räumlich und zeitlich weit ausgreifende Studie für den Druck vorgesehen hat.[93]

Darüber hinaus ist Korff-Schmising aber noch in den Zusammenhang einer anderen Tradition des frühneuzeitlichen Bernwardkultes zu rücken, die von erheblich größerer Bedeutung ist, weil sie, wie unten zu zeigen sein wird, zur Bewahrung der bernwardinischen Kunst maßgeblich beigetragen hat und ihn selbst unmittelbar an der Überlieferung eines Denkmals dieser Kunst beteiligt hat, das bis vor einiger Zeit in seiner Besonderheit nicht erkannt und jedenfalls in der Öffentlichkeit lange vergessen und von der wissenschaftlichen Forschung überhaupt noch nicht berücksichtigt worden war.

Aufgrund seiner stupenden Kenntnis der Quellen des mittelalterlichen und neuzeitlichen Bistums Münster hat Wilhelm Kohl im Jahr 1982 erstmals darauf aufmerksam gemacht, dass Dietrich Otto Korff gen. Schmising einst ein „Psalterium sancti Bernwardi" in seinem Besitz hatte; darüber hinaus gab er umsichtig einen Wink auf den Verbleib des Codex.[94] Dem liebenswürdigen Entgegenkommen des damaligen Besitzers ist zu verdanken, dass in dessen Räumen der Verfasser die Handschrift im Jahr 1982 und 1983 näher untersuchen konnte.[95]

---

89 „Ego Theodorus Otto liber baro Korff condictus Schmising ex Tatenhausen cathedralium ecclesiarum Hildesimensis et Monasteriensis respective vicedominus et canonicus capitularis …"

90 „… ego licet indignus divina miseratione constitutus sum sacerdos …"

91 Zur Erforschung der Altäre, ihrer Patrozinien und des Reliquienschatzes der Hildesheimer Kathedrale siehe die Bemerkungen in der biographischen Skizze zu fol. 72 (Ernst Friedrich von Twickel).

92 Siehe Enno Bünz, Der Kult des hl. Bernward von Hildesheim im Mittelalter und in der frühen Neuzeit, in: Bernward von Hildesheim, Bd. 1, S. 419–430, und Michael Wolfson, Bernward von Hildesheim in der Kunst des späten Mittelalters, in: ebd., S. 431–438.

93 Prof. Enno Bünz (Leipzig) ist der Verf. sehr zu Dank verpflichtet für die gewährte Einsicht in das Manuskript, in dem sowohl die oben behandelten Vorgänge als auch die überlieferten Miracula, wie sie u. a. in den Handschriften Hildesheim, Dombibliothek, Sign.: 123b und 124/1 vorliegen, und wesentliche Aspekte der frühen Kultausbreitung behandelt werden.

94 Kohl, Domstift zu Münster 2, S. 278.

95 Bei dieser Gelegenheit wurden in liebenswürdiger Weise auch die photographischen Aufnahmen ermöglicht, für die der Verf. Herrn Uwe Gleitsmann (Göttingen) zu Dank verpflichtet ist.

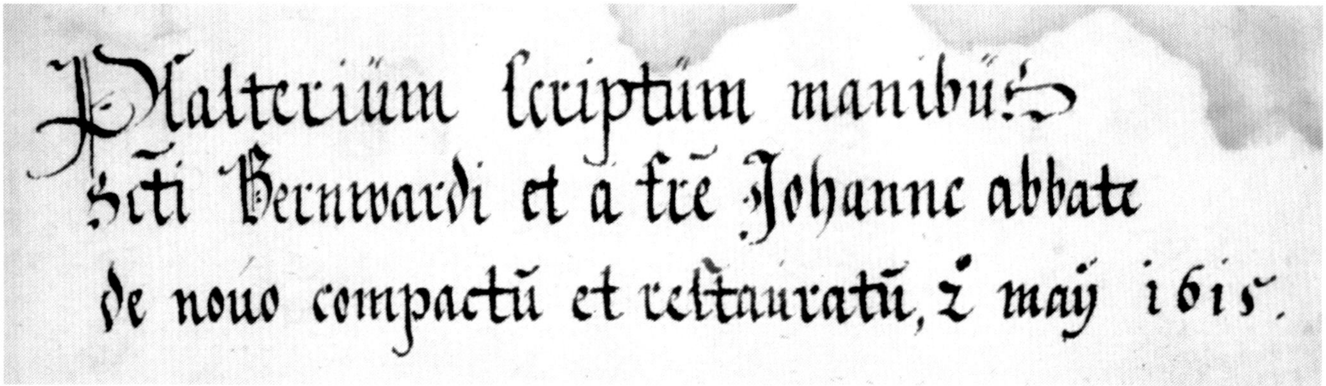

Abb. 24: Bernwardpsalter, fol. 3v, Vermerk des Abtes Johannes Jacke

Der Codex gibt sich durch eine unten noch zu behandelnde Inschrift auf fol. 3v als ein Autograph des heiligen Bernward aus. Freilich kann davon nicht die Rede sein: Bernwards Schrift ist durch eigenhändige Schenkungsvermerke in zwei prunkvollen Evangeliaren (Hildesheim, Domschatz 18 und Domschatz 33) und durch die von ihm als zeitweiligem Notar der Reichskanzlei ausgefertigte Herrscherurkunden hinlänglich bekannt.[96] Stattdessen trifft man im Psalter auf den noch immer großzügig bemessenen knapp 140 Pergamentblättern (von 25,5 x 21,6 cm, obschon diese an den Rändern beschnitten sind) auf eine stattliche Schrift aus dem beginnenden 11. Jahrhundert (Abb. 22). Es ist die Hand des in Regensburg geschulten Kalligraphen Guntbald, eines der ersten Vertreter des sog. schrägovalen Schriftstils (Bernhard Bischoff). Wie in den etwa gleichzeitigen Regensburger Prachthandschriften, deren Schriftentwicklung Hartmut Hoffmann charakterisiert hat, wirkt dieser Stil am eindrucksvollsten, wenn der Zeilenabstand und die Schriftgröße eine gewisse Monumentalität der Buchstaben zulassen, deren typische Besonderheiten an anderer Stelle dargestellt worden sind.[97]

Bischof Bernward (993–1022) hat Guntbald zumindest zeitweilig an seinen Hof gebunden und mit der Herstellung des Sakramentars (Hildesheim, Domschatz 19) und des Evangeliars (Hildesheim, Domschatz 33) beauftragt,[98] die beide für die von ihm im Jahre 1010 gegründete[99] Klosterkirche St. Michael in Hildesheim bestimmt waren. Auch wenn anders als in diesen beiden Codices dem Psalter die gemalten Zierseiten, von denen es zumindest drei gegeben haben muss, verloren gegangen sind, ist der Skriptorienzusammenhang, auch mit Blick auf die 14 erhaltenen und sehr wahrscheinlich ebenfalls von Guntbald stammenden Initialen, so eng, dass die Provenienz aus St. Michael in Hildesheim nicht bezweifelt werden kann. Damit trägt der Psalter zu jenem Glanz bei, der die mit Bernwards Namen verbundenen Kunstwerke selbst das helle Licht überstrahlen lässt, das die schriftlichen Quellen auf das Wirken dieses bedeutenden Bischofs in seiner Diözese und im Reich der Ottonen werfen.[100]

96 Zu Hildesheim, Domschatz 18 siehe: Das kostbare Evangeliar des heiligen Bernward, hrsg. von Michael Brandt, München 1993. – Zu Hildesheim, Domschatz 33 siehe jüngst Matthias Exner, Das Guntbald-Evangeliar (Quellen und Studien zur Geschichte und Kunst im Bistum Hildesheim 1), Regensburg 2008. Siehe ferner Hans Jakob Schuffels, „Aulicus scriba doctus". Bernward in der Königskanzlei, in: Bernward von Hildesheim, Bd. 2, S. 247–250.

97 Hartmut Hoffmann, Buchkunst und Königtum im ottonischen und frühsalischen Reich, 2 Bde. (Monumenta Germaniae Historica. Schriften 30, 1–2), Stuttgart 1986, Bd. 1, S. 276–279 und Hans Jakob Schuffels, in: ebd., S. 285–287 und S. 297f.

98 Zu Hildesheim, Domschatz 19 siehe Bernward von Hildesheim, Bd. 2, Kat. Nr. VIII–25 S. 559–562 (Ulrich Kuder). – Zu Hildesheim,

Domschatz 33 siehe ebd., Kat. Nr. VIII–26 S. 562–564 (Ulrich Kuder) und Exner, Guntbald-Evangeliar, wie Anm. 96, passim.

99 Dieses, vor allem von Günther Binding zu Recht mit Nachdruck vertretene und jüngst durch Grabungsbefunde glänzend bestätigte Datum bildet auch in dieser Hinsicht einen wichtigen Eckpunkt; siehe jüngst Binding, St. Michaelis in Hildesheim, passim.

100 Hans Jakob Schuffels, Bernward Bischof von Hildesheim. Eine biographische Skizze, in: Bernward von Hildesheim, Bd. 1, S. 29–43. Zuletzt Hermann Jakobs, Dioeceses Hildesheimensis et Halberstadensis (Germania Pontificia V/2), Göttingen 2005, S. 77.

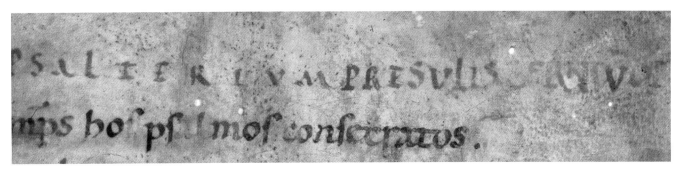

Abb. 25: Bernwardpsalter, fol. 4r (Ausschnitt)

Von diesen Zusammenhängen konnte der Domherr Korff-Schmising um die Wende vom 17. zum 18. Jahrhundert noch nichts ahnen. Und ebenso wenig konnte er wissen, was es mit einem seiner Vorgänger im Hildesheimer Domkapitel, dem Domherrn Ricbert, auf sich hatte, der in einem Nachtrag des 12. Jahrhunderts am Ende des Codex (auf fol. 141r) genannt wird (Abb. 23); auf ihn und auf das ebendort überlieferte, bisher ungedruckte Teilverzeichnis von Schätzen und Reliquien des Michaelsklosters wird an anderer Stelle zurückzukommen sein.

Korffs Augenmerk dürfte sich vielmehr auf den oben erwähnten Vermerk fol. 3v gerichtet haben (Abb. 24):

„Psalterium scriptum manibus sancti Bernwardi et a fratre Johanne abbate de nouo compactum et restauratum, 2° maii 1615.“

„Psalter, geschrieben von der Hand des heiligen Bernward und von Bruder Johannes, dem Abt, neu gebunden und wiederhergestellt, 2. Mai 1615.“

Der Abt Johannes Jacke, der dem Hildesheimer Michaelskloster von 1614 bis 1668 vorstand, und sein am Ende des 12. Jahrhunderts amtierender Vorgänger, Abt Theoderich II., der die päpstliche Kanonisation Bischof Bernwards erreichte, sind, wenn man die Geschichte des Klosters im Ganzen überblickt, wohl als die bedeutendsten Äbte anzusehen.[101]

Was bestimmte Abt Jacke anzunehmen, der heilige Bischof habe den Codex selbst geschrieben? Zum einen ein kleiner Nachtrag in der ersten Zeile von fol. 4r (Abb. 25): Dort ist – jeweils in roten Großbuchstaben – die Überschrift „Oratio ante psalterium“ („Gebet vor dem Psalter“) erweitert worden um die den Rand überschreitenden Worte „Presulis Bernw(ar)di“ („des Bischofs Bernward“). Zum anderen hat der Abt bei der Lektüre der „Vita Bernwardi“, der Lebensbeschreibung Bischof Bernwards von Hildesheim, einen Zusatz zu dem herkömmlichen Text bemerkt.[102] Wem die Schrift des Abtes geläufig ist, wird leicht erkennen, dass er in dem einen Codex seiner Klosterbibliothek,[103] der im

<hr />

101 Eine umfassende Darstellung des Wirkens des Abtes Johannes Jacke von Sankt Michael (1614–1668), die freilich ein beachtlich heterogenes Quellenmaterial zu sichten hätte, ist immer noch ein dringendes Desiderat der Forschung.

102 Zusatz zu: Vita Bernwardi episcopi Hildesheimensis auctore Thangmaro, ed. Georg Heinrich Pertz, in: Monumenta Germaniae Historica. Scriptores in Folio 4, Hannover 1841, ND 1982, S. 754–786, cap. 6 S. 760 Z. 31 nach „comparavit“.

103 Hildesheim, Dombibliothek, Sign.: Hs. 123b. Für freundliche Unterstützung bei der Auffindung dieser Handschrift im Jahr 1971 ist der Verf. dem damaligen Leiter von Bistumsarchiv und Dombibliothek Hildesheim, H.H. Pfarrer Hermann Engfer (†), und Karl-Heinz Bajorath, Hildesheim, ebenso zu Dank verbunden wie für die längere Ausleihe an den Direktor des Diplomatischen Apparats der Universität

Göttingen, Professor Dr. Hans Goetting (†), die dem Verf. eine gründliche Auswertung ermöglichte. Wie die in der Handschrift enthaltenen Vita, Translatio und Miracula Bernwardi textkritisch zu beurteilen sind, wird an anderer Stelle darzulegen sein. Zur sonstigen Bedeutung der Handschrift vgl. beispielsweise die vorläufigen Bemerkungen von Hans Jürgen Rieckenberg, in: Berges/Rieckenberg, Hildesheimer Inschriften, S. 145f. und von Hans Jakob Schuffels, in: Bernward von Hildesheim, Bd. 2, Kat. Nr. VIII–16 S. 538–540 (mit erstmaliger Abb. von fol. 116v/117r der Handschrift). Unverständlich, warum jüngst an der Provenienz der Handschrift aus dem Kloster Sankt Michael gezweifelt wurde. – In einem anderen Codex der Klosterbibliothek (Hildesheim, Dombibliothek, Sign.: Hs. 124/1) ist der im Folgenden zitierte Zusatz, ähnlich formuliert, ebenfalls enthalten. Auch diese Handschrift ist von Henning Rose geschrieben und stammt aus Sankt Michael.

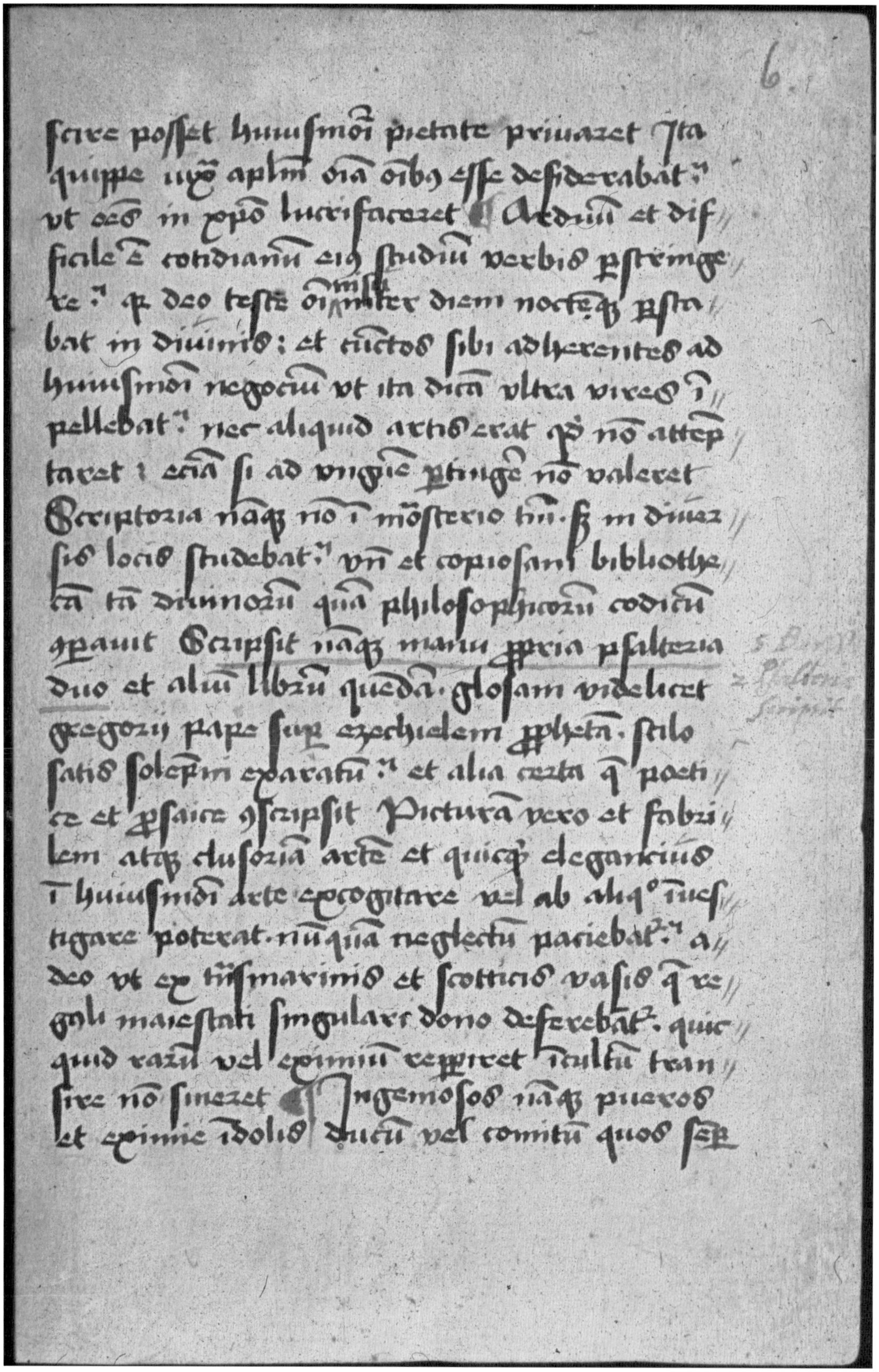

Abb. 26: Hildesheim, Dombibliothek, Sign.: Hs. 123b, fol. 6r. Vita Bernwardi (1. Drittel des 16. Jhs.)

ersten Drittel des 16. Jahrhunderts entstanden ist, eine Stelle unterstrichen und mit gleicher Tinte am Rand durch einen Vermerk hervorgehoben hat (Abb. 26): Im Text unterstrich Jacke die Worte „Scripsit namque manu propria psalteria duo" („Er schrieb nämlich mit eigener Hand zwei Psalter"), und am Rand setzte er hinzu: „S Barw. | 2 Psalteria | scripsit", das heißt: „S(ankt) Barw(ard) hat zwei Psalter geschrieben".

Abt Jacke, der selbst den Kult des heiligen Gründers und Mitpatrons seines Klosters förderte und eifrig jedem Zeugnis von dessen Wirken nachspürte, mochte nur zu gern glauben, in unserem Psalter (Abb. 22) eine eigenhändige Arbeit des Heiligen und damit eine Kontaktreliquie gefunden zu haben. Dies bekundet sein Vermerk, den er auf fol. 3v des Psalters angebracht hat (Abb. 24). Damit bestärkte er im Kloster eine Tradition von Bernwardautographen, die an anderer Stelle näher behandelt werden wird.

Was dem Abt des 17. Jahrhunderts wohl entgangen sein dürfte: die beiden Interpolationen in dem Text der Vitenhandschriften (Abb. 26) und in dem Psalter (Abb. 25) sind, obschon in unterschiedlicher Schrift, doch von derselben Hand geschrieben. Es ist die Hand des Mönchs Henning Rose aus dem Hildesheimer Michaelskloster, der zu Beginn des 16. Jahrhunderts die von ihm gelegten Fährten geschickt kombiniert hat. Dass Rose sich dabei durch einen verloren gegangenen ursprünglichen Schenkungsvermerk Bernwards anregen ließ, ist nach dem, was oben über die Entstehung des Psalters gesagt wurde, nicht einmal ganz ausgeschlossen. So bleibt die Sache doppeldeutig. Doch in jedem Fall hat die Mystifikation ihr Gutes gehabt: Der Codex wurde schließlich unter ausdrücklichem Hinweis auf den autographen Charakter sorgsam restauriert und neugebunden (Abb. 24). Ähnliche Vorgänge, und zwar mit den gleichen Hauptakteuren und mit glücklichem Ausgang, hat es auch sonst im Kloster gegeben; erinnert sei an die Bernwardkasel im Domschatz.[104]

Auch im Fall des Bernwardpsalters, den man nach seinem Auftraggeber und Stifter getrost so nennen kann, steht fest: Der Domherr Dietrich Otto von Korff gen. Schmising hat dazu beigetragen, dass diese Handschrift, nachdem sie einmal zur Reliquie des Heiligen geworden war, bis heute erhalten geblieben ist. Letzthin wurde sie für die Herzog August Bibliothek in Wolfenbüttel angekauft (Cod. Guelf. 113 Noviss. 4°).

Hans Jakob Schuffels

Literatur

Biographische Angaben: Dylong, Hildesheimer Domkapitel, S. 303f. Nr. 14; Klingebiel, Amtsträger, S. 402 Anm. 57; Bertram, Bistum Hildesheim 3, S. 85; Kohl, Domstift zu Münster 1–3, passim – Hersche, Domkapitel 1, Nr. HI120, MS117.

Zu Wappen und Familie: Michels, Paderborner Domherren, S. 267; Adelslexikon 6 (1987), S. 424–426 (mit Literatur); Genealogisches Handbuch 37 = Freiherrliche Häuser A 6 (1966), S. 247–300 (mit zahlreichen Abbildungen).

Zum (sogenannten) Bernwardpsalter: Hans Jakob Schuffels, in: Hartmut Hoffmann, Buchkunst und Königtum im ottonischen und frühsalischen Reich, 2 Bde. (Monumenta Germaniae Historica. Schriften 30, 1–2), Stuttgart 1986, Bd. 1, S. 285–287, S. 297f. und S. 278f. (mit der älteren Literatur); Hans Jakob Schuffels, Sogenannter Bernwardpsalter, in: Bernward von Hildesheim, Bd. 2, Kat. Nr. VIII–28 S. 566–568; jüngst Matthias Exner, Das Guntbald-Evangeliar (Quellen und Studien zur Geschichte und Kunst im Bistum Hildesheim 1), Regensburg 2008 mit vier Abb. aus dem Codex auf Taf. 51a–d. – Nach Beginn der Drucklegung ist erschienen: Monika E. Müller, Ein Buch als Reliquie. Aspekte der Bernward- und der Reliquienverehrung im sog. Bernwardpsalter, in: Wolfenbütteler Beiträge 15 (2009), S. 45–101.

Zum Standkreuz im Hildesheimer Domschatz (DS 60): Elbern/Reuther, Hildesheimer Domschatz, Nr. 60 S. 63; Kat. Hildesheim 1998, Nr. 58 S. 114f. mit Abb. (Ulrich Knapp).

---

104 Hildesheim, Domschatz 83. – Regula Schorta und Hans Jakob Schuffels, Bernwardkasel, in: Kirchenkunst des Mittelalters. Erhalten und erforschen, hrsg. von Michael Brandt, Hildesheim 1989, S. 125–134 mit Abb. 10 auf S. 132 von fol. 26r der in der vorigen Anm. genannten Handschrift Hildesheim, Dombibliothek, Sign.: Hs. 124/1 sowie mit Abb. 6 auf S. 128 von Abt J. Jackes Aufschrift „Casula sancti Bernwardi". Ausführlich zur Bernwardkasel: Regula Schorta, Monochrome Seidengewebe des hohen Mittelalters, Berlin 2001, bes. S. 119ff. und S. 236ff.

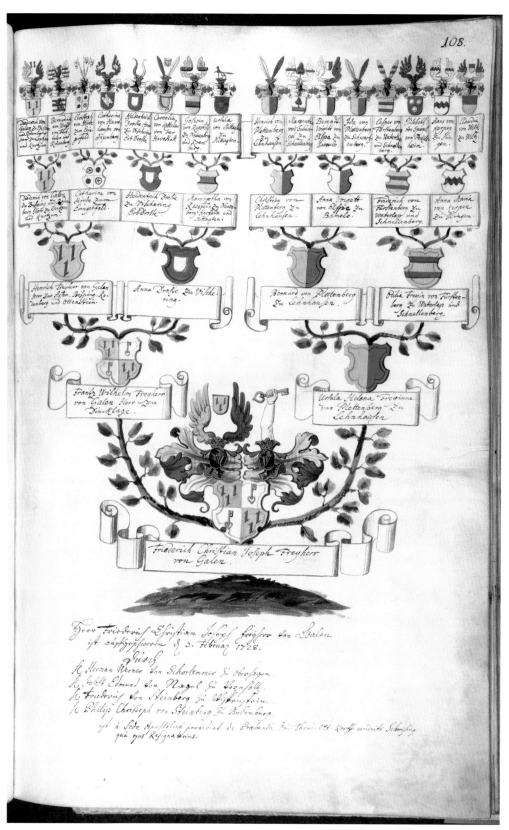

Aufschwörungsbuch, fol. 108r. Ahnentafel des Friedrich Christian Joseph von Galen, zu dessen Gunsten Dietrich Otto [von] Korff gen. Schmising im Juli 1727 seine Hildesheimer Dompräbende resigniert hat

Johann Adolph von Loë (1656–1716)
Aufschwörungsbuch fol. 31r

Johann Adolff Freyherr von Loe, Herr zu Wißen

Eltern {2,3}: *Degenhardt Bertramb, Freyherr vonn Loe, Herr zu Wißen, Conradtsheim undt Velar* ∞ *Anna Francisca, Freyfraw vonn Loe, gebohrne Freyinne von Neßelrodt* – Großeltern väterlicherseits {4,5}: *Weßel, Freyherr von Loe, Herr zu Wißen, Conradtsheimb undt Velar* ∞ *Sophia von Haeß, Erbinne zu Conradtsheimb* – Großeltern mütterlicherseits {6,7}: *Adolph Freyherr von Neßelrodt zu Ehreshovenn* ∞ *Anna Catharina von Zötern zu Leemberg*^a

aufgeschworen am 12. Februar 1678

Factus capitularis 18. iunii 1683.

gestorben am 3. Juni 1716

a) zweites *-e-* als e-caudata.

Die Aufgabe, das Aufschwörungsbuch anlegen zu lassen und die Einrichtung des Amtsbuches zu überwachen, übertrug das Hildesheimer Kathedralkapitel im Jahr 1690 seinem Mitglied Johann Adolph von Loë. Dieser rechnete die angefallenen Kosten ab und präsentierte zwölf Jahre später, im November 1702, die fertiggestellte Handschrift. Sie enthielt von Anfang an auch seine eigene Ahnentafel.

Ob der damals 44-jährige Domherr diese Aufschwörtafel nochmals eingehend betrachtet hat, bevor er den mächtigen Pergamentcodex an seine Mitbrüder weiterreichte? Wir wissen es nicht, aber es wäre gut möglich. Immerhin war er in diesem Fall gleichsam in eigener Sache tätig geworden. Welche Gedanken mögen ihm beim Blick auf das großformatige Blatt durch den Kopf gegangen sein? Gedachte er seiner schon lange verstorbenen Eltern, deren Namen er in den gelb umrandeten Kartuschen unter ihren Wappen lesen konnte (Abb. 27)? Sein Vater, Degenhard Bertram von Loë (* um 1610, † 1689), hatte den Titel eines brandenburgischen Kammerherrn getragen und war mit Anna Franziska von Nesselrode zu Ereshoven († 1692) verheiratet gewesen. Das Wappen der Mutter zeigt in Rot einen beiderseitig gezinnten silbernen Balken {3}. Das väterliche Wappen entsprach, wie sich von selbst versteht, dem des Sohnes und prangte groß am Stamm des Baumes {1, 2}. Der Maler hatte sich bei der Schildfigur des Vollwappens verschätzt und sich korrigieren müssen; immerhin hatte er dem Umriss des Schildes durch geschickt angebrachte Schattenlinien perspektivische Tiefe zu geben vermocht {1}. War der Domherr selbst auf den Fehler aufmerksam geworden und hatte die Korrektur erzwungen? Auch bei anderen Wappen der von Loë sitzt die gemeine Figur nicht genau in der Schildmitte {8} oder ist etwas missraten {4}; sie wurden nicht korrigiert (Abb. 28).

Vielleicht hat Johann Adolph von Loë, der welterfahrene und geachtete Kanoniker des Hildesheimer Domkapitels, der gerade von einer Gesandtschaft an den Wiener Kaiserhof zurückgekehrt war, sich angesichts seiner Ahnentafel aber auch der eigenen Aufschwörung erinnert. Beinahe 25 Jahre, erheblich weiter als der Tod der Eltern, lag das Ereignis zurück. Es hatte ohne sein Beisein am 17. Februar 1678 stattgefunden; drei Prokuratoren hatten ihn

Abb. 27: Aufschwörungsbuch, fol. 31r. Ahnentafel des Johann Adolph von Loë (Ausschnitt)

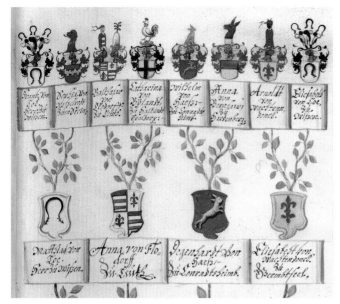

Abb. 28: Aufschwörungsbuch, fol. 31r (Ausschnitt)   *Abb. 29: Aufschwörungsbuch, fol. 31r (Ausschnitt)*

vertreten,[105] nachdem er von Papst Innozenz XI. (1676–1689) im April des vorangegangenen Jahres providiert worden war. Kaum 22 Jahre war er damals alt gewesen, hatte noch studiert und nicht einmal die Weihe zum Subdiakon empfangen.[106] In Hildesheim war seine Aufschwörung auf Bedenken gestoßen; seine Prokuratoren hatten mit Widerständen aus der Familie von Hoerde zu kämpfen gehabt. Und dennoch: Seit diesem Februartag des Jahres 1678 gehörte Johann Adolph von Loë dem Hildesheimer Domkapitel an.

Am 18. Juni 1683 wurde der Spross eines alten, weitverzweigten niederrheinischen Geschlechts, das 1629 in den Reichsfreiherrnstand erhoben worden war, im Hildesheimer Kathedralkapitel installiert. Der Stammsitz des Familienzweiges, aus dem der Domherr stammte, ist bis heute das anmutige Schloss Wissen am Flusslauf der Niers zwischen Geldern und Goch.[107] Anders als bei seiner Aufschwörung bequemte sich von Loë im Jahre 1683 nach Hildesheim, um im Kapitelhaus den Klerikereid abzulegen und zu schwören, dass er das 25. Lebensjahr vollendet habe. Schließlich ist er, wie das Protokoll festhält, „sowohl in capitulo als choro, â latere decani installirt worden". Schon in den mittelalterlichen Dom- und sonstigen Stiftskapiteln kennzeichnete die Einnahme des Sitzplatzes einen rechtserheblichen Vorgang, durch den die geistliche Korporation bestätigte, dass sie ihr neues Mitglied aufgenommen und diesem nach dem griffigen Grundsatz „stallum in choro – vocem in capitulo" das Stimmrecht eingeräumt hatte.

In den folgenden Jahren kumulierte von Loë die geistlichen und weltlichen Pfründen: Er war Archidiakon von Alfeld (1685–1713), Domizellar des Trierer Domkapitels (1686–1708) und Propst in Kleve (1689/1690–1716) sowie Inhaber mehrerer Oboedienzen; zuletzt übertrug man ihm die Kriegsratsstelle (1712). Johann Adolph von Loë scheint recht umtriebig gewesen zu sein. Nicht immer konnte er sich mit seinen Ansichten durchsetzen. So gelang es ihm

---

105 Sich bei der Aufschwörung durch Prokuratoren vertreten zu lassen, war in der Neuzeit im Hildesheimer Domkapitel nicht unüblich; zu den Gründen siehe Dylong, Hildesheimer Domkapitel, S. 98 mit Anm. 6. Johann Adolph von Loë hat drei Prokuratoren benannt: Johann Adolf Sigismund von Nesselrode [siehe fol. 21], Ernst Leopold von Bockenförde gen. Schüngel († 1707) und Ludolf Walter von Brabeck [siehe fol. 8]; siehe sein unten in Anm. 115 zitiertes Schreiben vom 1. September 1677.

106 Zum Subdiakon wurde Johann Adolph von Loë am 14. Juni 1683 in Köln geweiht (freundlicher Hinweis von Herrn Karl-Heinz Bajorath, Hildesheim).

107 Dehio Nordrhein-Westfalen I: Rheinland, bearb. von Claudia Euskirchen, Olaf Gisbertz und Ulrich Schäfer, München 2005, S. 1168f. Karl-Heinz Homann: Gemeinde Weeze/Niederrhein (Rheinische Kunststätten 295), Neuss 1984, S. 22–28 (mit Abb.).

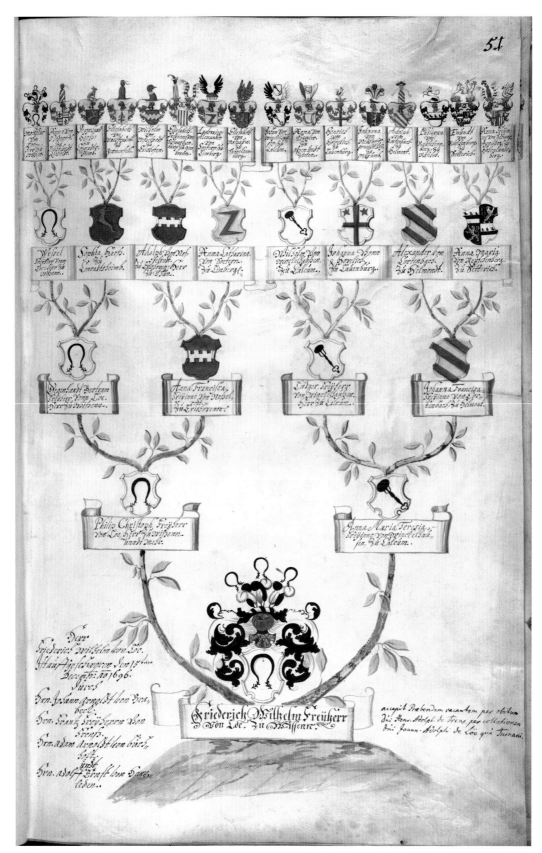

Abb. 30: Aufschwörungsbuch, fol. 51r. Ahnentafel des Friedrich Wilhelm von Loë

Abb. 31: Hildesheim, Roemer-Museum, Lapidarium, Inv.-Nr. 214. Gedenktafel für den Hildeshei-mer Domkellerer Bruno (1710)

beispielsweise nicht, die Wahl des Kölner Erzbischofs Joseph Clemens von Bayern [siehe fol. 41] zum Koadjutor des Hildesheimer Fürstbischofs Jobst Edmund von Brabeck (1688–1702) im Jahre 1694 zu verhindern, obwohl man ihn und seine Mitstreiter sogar verdächtigte, durch die Publikation eines Pamphlets versucht zu haben, die Kandidatur zu Fall zu bringen.[108] Anderwärts war ihm mehr Erfolg beschieden. Einmal ins Domkapitel aufgenommen, versuchten die meisten Domherren, ihren Verwandten den Weg in die exklusiven geistlichen Institutionen zu ebnen und damit der eigenen adligen Familie zusätzliches Ansehen und beträchtliche Einkünfte aus Kirchenvermögen zu verschaffen. So handelte auch Johann Adolph von Loë, als er im Jahre 1696 seinen Neffen Friedrich Wilhelm († 15. Dezember 1700) in das Hildesheimer Domkapitel nachzog [siehe fol. 51: Abb. 30].[109] Am Morgen des 3. Juni 1716 ist Johann Adolph von Loë in Hildesheim gestorben. Er wurde im nördlichen Seitenschiff des Doms beigesetzt.

---

108 Nähere Einzelheiten bei Weitlauff, Reichskirchenpolitik des Hauses Bayern, S. 308 und S. 310f. Zur Koadjutorenwahl Joseph Clemens' siehe die biographische Skizze zu fol. 41.

109 Die Aufschwörtafel Friedrich Wilhelms von Loë [siehe fol. 51] vermerkt ausdrücklich, der Neoprovisus habe seine Präbende durch die

Kollation seines Onkels erhalten: *accepit præbendam vacantem* […] *per collationem domini Joann(is) Adolphi de Loë qua turnarii.* – Zur Funktion des Turnarius siehe die biographische Skizze zu fol. 59 und fol. 60 (Maximilian Heinrich Joseph und Johann Bernhard Joseph von Weichs).

*Abb. 32: Hildesheim, Domkreuzgang. Grabmal des Domkelle-
rers Bruno († 1200)*

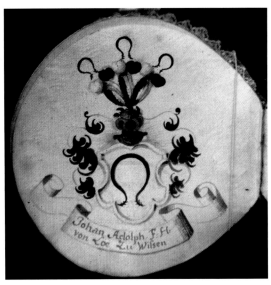

Abb. 33: Hildesheim, Dombibliothek, Sign.: Hs. 728, fol. 1v. Besitzeintrag Johann Adolphs von Loë im „Codex rotundus"

Von Beginn seiner Hildesheimer Tage an richtete der Domherr sein besonderes Augenmerk auf die standesgemäße Unterbringung. So ließ er seine Mitbrüder wissen, dass er auf der Domfreiheit keinen ausreichenden Platz für sich und vor allem für seine Pferde gefunden habe und daher im Wirtshaus zu logieren genötigt gewesen sei. Man stelle sich vor: ein Kanoniker im Wirtshaus! Das Domkapitel erachtete es jedenfalls für notwendig, ihm eine eigene Kurie anzubieten. In der Folgezeit beschäftigte der umtriebige Canonicus das Kapitel immer wieder mit der Instandsetzung und mit den Finanzlasten seiner Bleibe. Doch die Kurie hatte im 12. Jahrhundert einen prominenten Vorbesitzer gehabt: den Priester und Domkellerer Bruno († 17. Dezember, wahrscheinlich im Jahre 1200). Das erinnert die mächtige Steinplatte, die Johann Adolph von Loë im Jahre 1710 in Auftrag gab (Abb. 31): „Gott, dem Besten und Größten. Dem seligen Gedenken an Bruno, den Priester, Domkanoniker, zu Lebzeiten Besitzer dieser Kurie und wahrhaft einen Vater der Armen, weil er (seinen Besitz) verteilte und den Armen gab, hat Johann Adolph Freiherr von Loë aus Wissen, Domkanoniker, im Jahre 1710 (diesen Stein) gesetzt."[110]

Johann Adolph von Loë nannte Bruno „wahrhaft einen Vater der Armen", weil der Kellerer seinen Besitz verteilt und den Armen gegeben habe. Die lateinische Wendung „dispersit et dedit pauperibus", die von Loë auf der Gedenktafel verwenden ließ, knüpfte an die Formulierung an, die er auf Brunos Grabmal im Hildesheimer Dom lesen konnte (Abb. 32). Brunos Grabplatte, die heute – wie bereits zu von Loës Zeiten – nicht mehr an ihrer ursprünglichen Stelle in der Krypta der Kathedrale, sondern an der südlichen Außenwand des Altarhauses angebracht ist, zählt zu den aufschlussreichsten Zeugnissen der Sepulkralskulptur des hohen Mittelalters. Der Stein ist in drei Felder unterschiedlicher Größe geteilt und führt dem Betrachter ein reiches Bild- und Inschriftenprogramm vor Augen, das höchst sorgfältig komponiert ist. Das mittlere querrechteckige Bildfeld ist das kleinste der Grabplatte. Es schildert die Auffahrt der Seele nach dem Tod, die „elevatio animae" des Verstorbenen. Brunos Leichnam beherrscht geradezu das untere und

---

110 Heute Hildesheim, Roemer-Museum, Lapidarium, Inv.-Nr. 214: „Deo optimo maximo. Beatæ memoriæ Brunonis sacerdotis et cathedralis ecclesiæ canonici et huius curiæ possessoris, dum viveret, vere patris pauperum, quia dispersit et dedit pauperibus, posuit Johannes Adolphus Baro de Loë ex Wissen, cathedralis ecclesiæ canonicus, anno 1710."

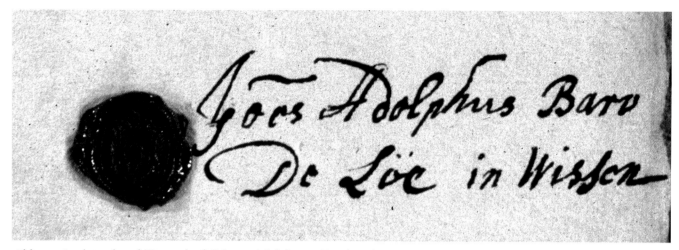

Abb. 34: Lacksiegel und Unterschrift Johann Adolphs von Loë (1677)

zugleich größte Relief des Steins, und von dem mittelalterlichen Domherrn handelt auch die Inschrift, die alle drei Bildfelder umschließt: „Dem Bruno, dessen Bild dieser Grabstein zeigt und der sein Eigentum den Armen gegeben hat, gib (himmlische) Freuden, Christus.“[111]

Für Brunos Seele wird also der Aufenthalt im Himmel, im Angesicht Gottes und bei den Engeln erbeten; das ist der erhoffte himmlische Lohn („da gaudia, Christe“). Zwei Relativsätze beziehen sich auf Bruno: Zum einen zeige ihn der Stein, und zum anderen habe er sein Eigentum den Armen gegeben („qui sua pauperibus tribuit“); darauf spielte Johann Adolph von Loë in seiner Gedenktafel von 1710 an. Die Halbfigurenbüste Christi im oberen Bildfeld des Brunograbmals und die zugehörigen Inschriften erinnern an das Jüngste Gericht und an die Worte, mit denen der Weltenrichters nach Mt 25,40 die Auswahl der Gesegneten begründen werde: „Was ihr dem geringsten meiner Brüder getan habt, habt ihr mir getan.“[112]

Inhaltlich fordert die Stelle dazu auf, zu handeln, näherhin sich der Armen und der Kranken anzunehmen. Im Vertrauen auf die biblische Verheißung ist Bruno, so der Relativsatz der eben zitierten Inschrift, dieser Aufforderung des Matthäus-Evangeliums gefolgt und hat sein Eigentum den Armen gegeben. Deswegen gibt das untere Bildfeld, das die Zeitspanne schildert, während der man den toten Domherrn in der Kathedrale aufgebahrt hat, ganz unmittelbar die Trauer um den Verstorbenen wieder. Um ihn sind sechs Assistenzfiguren angeordnet. Außer zwei Geistlichen oben treten vier Kranke und Bettler auf – unansehnliche, ziemlich abgerissene und kaum repräsentative Figuren, ersichtlich aus der sozialen Unterschicht: die „pauperes“, denen Bruno ein „Vater der Armen“ gewesen war (wie man 1710 in Hildesheim noch wusste) und die für ihren Wohltäter beteten und immer wieder an dem Jahrestag seines Todes für ihn beten sollten. Dafür erhielten sie Armenspeisungen, die der Verstorbene zu Lebzeiten in seinem Anniversar hatte festlegen und finanzieren müssen. Insofern erfüllen Bild und Inschriften des Brunograbmals eine gebetsheischende Funktion.

---

111 Die Inschrift besteht aus zwei zäsur- und endgereimten Hexametern: „+ Brunoni, cuius speciem monstrat lapis iste, | qui sua pauperibus tribuit, da gaudia, Christe.“

112 Mittelalterliche Inschriften zitieren die Bibel nicht immer exakt, sondern häufig in einer abgewandelten Formulierung, wie sie in der Liturgie verwendet wurde, in der Messe also und im Chorgebet der Mönche und Kanoniker. Die Inschrift unterhalb des oberen Bildfeldes verwendet ein Formular, das häufig von Brevieren, von Mess-

büchern und von liturgischen Ordines verwendet wird (übrigens sogar im Hildesheim des 12. Jahrhunderts) und folgerichtig auch unzählige Male in Tituli und auf Inschriften erscheint. Der sehr geläufige Text wurde auf dem Brunograbmal deshalb stark verkürzt wiedergegeben: Q(VO)D VNI EX MI(NIMIS) M(EIS) ‹F›E(CISTIS) M(IH)I F(ECISTIS). – Die Wiedergabe von Wulf, Inschriften der Stadt Hildesheim 2, S. 260 (unter B.) ist entsprechend zu korrigieren.

Abb. 35: Lacksiegel Johann Adolphs von Loë (1696)

Die Verbindung von Gebetsgedenken und karitativer Wohltat ist der Forschung seit langem bekannt und wurde bereits mehrfach untersucht.[113] Doch diese Idee der Memoria, wie man sagen könnte, lässt sich nur selten so eindrucksvoll im Bild vor Augen führen wie beim Grabmal des Domherrn Bruno. Es mag sein, dass sich Johann Adolph von Loë davon beeindrucken ließ. Vielleicht hatte der hochmittelalterliche Domherr aber auch seine Kurie dafür eingesetzt, um das Anniversar zu finanzieren. Dann würde die Inschriftentafel belegen, dass noch im 18. Jahrhundert entsprechende Verbindlichkeiten auf dem Anwesen, das von Loë bewohnte, gelastet haben mögen, und man wird durch die in der Neuzeit fortdauernde rechtliche Verpflichtung einen Teil der alten Anniversarstiftung Brunos erkennen können.

Offensichtlich ist Johann Adolph von Loë an der Geschichte und Kunst der Bischofsstadt, in der er als Domherr wirkte, durchaus interessiert gewesen. Außer der Gedenktafel für den Kellerer Bruno sammelte er die Sedisvakanzmünzen von 1688 und trug das Seine zu einer feierlichen Liturgie der Karwoche bei. Außerdem besaß er den exquisiten „Codex rotundus". Das kleine Stundenbuch aus dem 15. Jahrhundert misst lediglich 9 cm im Durchmesser und war, wie Bodo Brinkmann festgestellt hat, von Adolf von Kleve-Mark und Ravenstein (1425–1492) bestellt worden; heute wird es in der Dombibliothek zu Hildesheim verwahrt.[114] Auf fol. 1v ließ der Domherr seinen Namen und sein Wappen eintragen (Abb. 33). Der Name steht in einer rot umrahmten Kartusche, wie man sie auch im Aufschwörungsbuch finden könnte. Im Schild zeigt das Vollwappen in Silber einen hufeisenförmigen, unten mit je sechs Widerhaken versehen, schwarzen Kesselhaken, der zuweilen auch als Fasseisen gedeutet wird; Helmdecke schwarz-silbern. Auf dem Bügelhelm erkennt man als Zimier drei schwarz-silberne Paare geschrägter Straußenfedern. Über jedem Paar wird der schwarze Kesselhaken wiederholt.

Dasselbe Wappen wird in der Ahnentafel des Aufschwörungsbuches verwendet (Abb. 27); dort ist lediglich noch ein Helmwulst hinzugekommen. Das Schildbild der Wappen im Aufschwörungsbuch und im „Codex rotundus" wird auch von dem kleinen, knapp 1½ cm im Durchmesser messenden Lacksiegel wiederholt, das der junge Johann Adolph von Loë führte. Es blieb zum Beispiel an einem Schreiben aus dem September 1677 erhalten, in dem der Proband die Prokuratoren für sein Hildesheimer Aufschwörungsverfahren einsetzte (Abb. 34).[115]

113 Vgl. in der reichen Literatur den Sammelband: Memoria. Der geschichtliche Zeugniswert des liturgischen Gedenkens im Mittelalter, hrsg. von Karl Schmid und Joachim Wollasch (Münstersche Mittelalter-Schriften 48), München 1984 und die kunsthistorisch ausgerichtete Studie von Caroline Horch, Der Memorialgedanke und das Spektrum seiner Funktionen in der Bildenden Kunst des Mittelalters, Königstein/Ts. 2001.

114 Hildesheim, Dombibliothek, Sign.: Hs. 728.

Demgegenüber beachtlich verändert zeigt sich das Wappen des Lacksiegels von knapp 2½ cm Durchmesser, das Johann Adolph von Loë unter die von ihm unterzeichnete Kollationsurkunde vom 5./15. Oktober 1696 setzte, mit der er seinem Neffen die Hildesheimer Dompräbende verschaffte (Abb. 35).[116] Zwar ist die gemeine Figur unverändert, doch wird der Schild nunmehr von zwei geflügelten Schildträgern flankiert und von einer mit neun Zacken bzw. Zinken besetzten Krone überfangen. Damit hatten Elemente gräflicher Wappen Eingang in das Lacksiegel des Domherrn gefunden.

Christian Schuffels

Literatur

Biographische Angaben: Der Verfasser hat eine umfangreiche Studie über die Hildesheimer Tätigkeit des Domherrn Johann Adolph von Loë abgeschlossen, die demnächst im „Jahrbuch für Geschichte und Kunst im Bistum Hildesheim" erscheinen soll. Siehe einstweilen Dylong, Domkapitel, S. 304f. Nr. 16; Schuffels, Aufschwörungsbuch, S. 87f.; Bertram, Bischöfe von Hildesheim, S. 217f.; Sophie-Mathilde Gräfin zu Dohna, Die ständischen Verhältnisse am Domkapitel von Trier vom 16. bis zum 18. Jahrhundert, Diss. phil. ms. Göttingen 1955, S. 91 und S. 197f. Nr. 307; Robert Scholten, Die Stadt Cleve. Beiträge zur Geschichte derselben meist aus archivalischen Quellen, Cleve 1879, S. 225 Nr. 14. – Hersche, Domkapitel 1, Nr. HI125, TR143.

Zu Wappen und Familie: Michels, Paderborner Domherren, S. 271; Adelslexikon 8 (1997), S. 1f.; Genealogisches Handbuch 28 = Gräfliche Häuser A 4 (1962), S. 271–278, bes. S. 272 zu Degenhard Bertram von Loë; Ernst Heinrich Kneschke, Neues allgemeines Deutsches Adels-Lexicon 5 (1864, ND 1973), S. 598f.

Zum Grabmal des Hildesheimer Domkellerers Bruno siehe Christian Schuffels, Das Grabmal des „Bruno presbyter". Kunst, Geschichte und Rezeption einer romanischen Skulptur des Hildesheimer Doms, Diss. phil. ms. Göttingen 2004; die Studie wird im kommenden Jahr im Druck erscheinen. Siehe einstweilen Christian Schuffels, Rainald von Dassel und „Bruno presbyter". Zwei Hildesheimer Domherren des Hochmittelalters und ihre testamentarischen Verfügungen, in: Seelenheil und irdischer Besitz. Testamente als Quellen für den Umgang mit den „letzten Dingen", hrsg. von Cecilie Hollberg/Markwart Herzog (Irseer Schriften N. F. 4), Konstanz 2007, S. 169–181.

Zum „Codex rotundus" (Hildesheim, Dombibliothek, Sign.: Hs. 728): Handschriften der Dombibliothek zu Hildesheim 2, bearb. von Renate Giermann und Helmar Härtel (Mittelalterliche Handschriften in Niedersachsen 9), Wiesbaden 1993, S. 38–41; Bodo Brinkmann, Die flämische Buchmalerei am Ende des Burgunderreichs. Der Meister des Dresdener Gebetbuchs und die Miniaturisten seiner Zeit, 2 Bde. (Ars Nova [1]), Turnhout 1997, Bd. 1, S. 347–349; Jochen Bepler, in: Schätze als Alltag. Dokumente aus kirchlichen Archiven und Bibliotheken, hrsg. von Jochen Bepler, Hans Otte und Thomas Scharf-Wrede, Regensburg 2001, S. 36f. Herrn Direktor Jochen Bepler (Dombibliothek Hildesheim) danke ich für freundlich erteilte Auskünfte über die Handschrift.

---

115 Hannover, Niedersächsisches Landesarchiv/Hauptstaatsarchiv Hannover, Sign.: Hild. Br. 2 B Nr. 442.

116 Ebd., Sign.: Hild. Br. 2 B Nr. 446.

Theodor Franz Joseph von Landsberg (1659–1727)
Aufschwörungsbuch fol. 34r

Theodorus Frantz Joseph von Landtsberg, Herr zu Erwitte undt Wokkelumb

Eltern {2,3}: *Dieterich von Landtsberg, Herr zu Erwitte undt Wokkelumb* ⚭ *Antonetta, geborhne von undt zu der Leyen undt Bongart* – Großeltern väterlicherseits {4,5}: *Jobst von Landtsberg, Herr zu Erwitte* ⚭ *Dorothea von Erwitte, Tochter zur Welschenbeck* – Großeltern mütterlicherseits {6,7}: *Johann Caspar von der Leyen, Herr zu der Leyenn* ⚭ *Anna Margaretha Erbtochter von undt zu dem Bongart*

aufgeschworen am 24. September 1680

Habuit præbendam domini Georgii ab Hörde. Emancipatus die 16. septembris 1681. Factus capitularis die 8. novembris 1684. Accepit possessionem præposituræ huius cathedralis die 9. septembris 1704 per resignationem celsissimi Paderbornensis Herman Werneri Wolff Mettern(ich) [siehe fol. 6].

gestorben am 25. August 1727

Wappen sind grundsätzlich unveränderliche Abzeichen. Dennoch kann das Bild, das eine Person in ihrem Wappen führt, Veränderungen unterworfen sein. So können Ehegatten nach der Heirat Allianzwappen führen[117] und zuweilen beeinflusst sogar die Übernahme einer hohen weltlichen oder geistlichen Würde die Gestaltung des Wappens. Ein besonders anschauliches Beispiel für den zuletzt genannten Fall liefert der Hildesheimer Domkanoniker Theodor Franz Joseph von Landsberg.[118] Er gehörte zu dem Zweig der landsässigen und später in den Reichsfreiherrenstand erhobenen westfälischen Adelsfamilie, die sich nach ihrem Stammsitz Wocklum nannte, das heute zur Gemeinde Beckum westlich von Arnsberg gehört.[119]

Der am 21. August 1659 getaufte Sohn des Kurkölnischen Generals, Erbkämmerers und Landdrosten von Westfalen, Daniel Dietrich von Landsberg zu Erwitte (1618–1683),[120] und dessen Ehegattin Jutta Antonetta von der Leyen wurde bereits als Elfjähriger im Osnabrücker Domkapitel aufgeschworen (1671), während er noch bei den Mainzer Jesuiten die Schulbank drückte (1670–1673). Anschließend studierte er in Marburg und in Mainz. Kurz nach seiner Emanzipation in Osnabrück wurde er am 24. September 1680 im Hildesheimer Domkapitel aufgeschworen und erhielt vier Jahre später, am 8. November 1684, dort sein zweites Domkanonikat. In Hildesheim richtete Theodor Franz Joseph von Landsberg sein Augenmerk auf die Fürstbischöfliche Verwaltung: Im Jahre 1701 begegnet er als Hofrat und als Regierungspräsident bzw. als Statthalter des Fürstbischofs Joseph Clemens von Bayern [siehe fol. 41]. Damit war der weitere Weg vorgezeichnet: Wenige Jahre später wählte ihn das Hildesheimer Domkapitel zum Dompropst (1704).

---

117 Zu den Allianzwappen und anderen Wappenvereinigungen siehe die sehr anschaulichen Ausführungen von Neubecker, Wappenkunde, S. 224–233, ferner Filip, Heraldik, S. 29–31 und Scheibelreiter, Heraldik, S. 119–121.

118 Eine weitere Wappenvereinigung begegnet zum Beispiel bei Ernst Friedrich von Twickel [siehe fol. 72].

119 Dehio Westfalen, München 1969, S. 37.

120 Manfred Wolf, in: NDB 13 (1982), S. 509f.

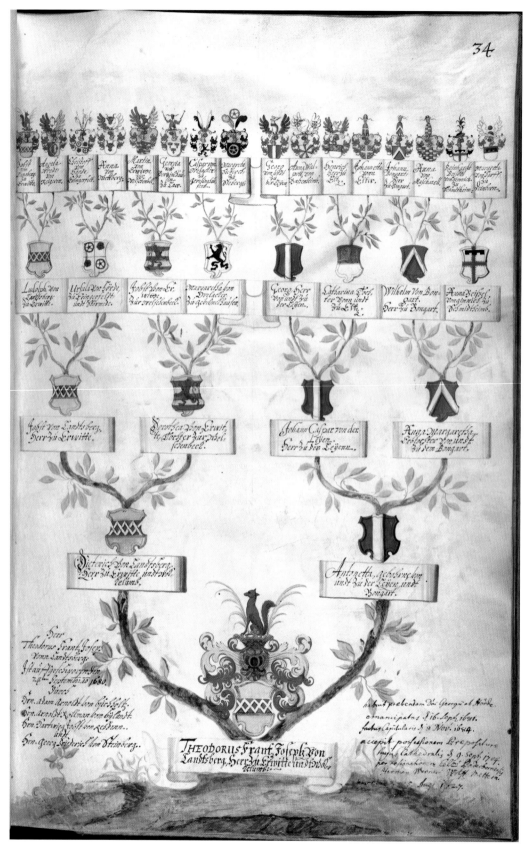

Abb. 36: Aufschwörungsbuch, fol. 34r. Ahnentafel des Theodor Franz Joseph von Landsberg

Abb. 37: Hildesheim, Domkreuzgang. Wappen des Dompropstes Theodor Franz Joseph von Landsberg

Die Aufgaben des Propstes als des führenden Dignitärs eines jeden Kanonikerstiftes waren bereits in der Aachener Kanonikerregel von 816 festgelegt worden. Doch bereits im 11. Jahrhundert grenzten sich die Domkapitel von ihren höchsten Dignitären ab und drängten sie in der Verwaltungspraxis aus ihrer Gemeinschaft. Soweit die innere Ordnung des Kapitels zu beaufsichtigen war, trat der Domdekan an die Stelle des Propstes. Dieser blieb gleichwohl der ranghöchste Repräsentant und Würdenträger des Kathedralkapitels. In der Neuzeit wählten die Hildesheimer Domkanoniker den Propst aus ihrer Mitte, berücksichtigten dabei jedoch vor allem diejenigen Mitbrüder, die zuvor vom Fürstbischof mit hohen Regierungsämtern betraut worden waren.[121] In Hildesheim hatte der Dompropst nach wie vor erhebliche Befugnisse. Unter anderem war er der weltliche Herr der Hildesheimer Neustadt, deren Bürger dazu verpflichtet waren, ihm auf dem Marktplatz öffentlich zu huldigen. Im 17. und 18. Jahrhundert

---

121 Dylong, Hildesheimer Domkapitel, S. 57f.

Abb. 38: Aufschwörungsbuch, fol. 34r. Wappen des Neoprovisus

waren die Rechte des Dompropstes an der Neustadt im Einzelnen allerdings ein ständiger Zankapfel mit deren Magistrat der Stadt.

Nach dem Tod des Fürstbischofs Joseph Clemens im Jahre 1723 machte sich von Landsberg selbst Hoffnungen auf die Kathedra, unterstützte aber schließlich erfolgreich die Kandidatur Clemens Augusts von Bayern. Am 25. August 1727 ist Theodor Franz Joseph von Landsberg gestorben. Er wurde im Hildesheimer Dom in der Barbarakapelle, der (von Westen aus gerechnet) ersten Kapelle am südlichen Seitenschiff, beigesetzt. Von seinem steinernen Grabmonument sind drei applizierte Metallplatten erhalten geblieben, darunter auch der Schild und das Oberwappen des Verstorbenen (Abb. 37), die nun freilich in charakteristischer Weise anders gestaltet sind als das Wappen im Aufschwörungsbuch (Abb. 36 und 38).

In dem Codex führt der Proband im Schild als Heroldsbild in Gold einen roten, mit silbernem Gitter belegten Balken. Die Helmzier besteht aus einer goldenen Helmkrone, deren Reif wie der Balken des Schildes vergittert ist. Darüber ist ein aufgerichteter roter Fuchs zwischen zwei auswärts gebogenen goldenen Palmzweigen zu erkennen; Helmdecke rot-golden. Dagegen ist das Wappen auf der Grabplatte geviert. Feld 1 und 4 des Schildes sind schräggeteilt von Silber (damasziert) und Rot; die Tinkturen sind dabei graphisch umgesetzt worden. Nur in Feld 2 und 3 des Schildes begegnet das Heroldsbild des Stammwappens. Die aus dem Aufschwörungsbuch bekannte Helmzier ist an die weniger bedeutsame Stelle heraldisch links gerückt, wobei der Bügelhelm den Rosthelm ersetzt; heraldisch rechts ein Bügelhelm, besteckt mit sechs Lanzen. Bei den gegenüber der Ahnentafel neu hinzugekommenen Bestandteilen handelt es sich um das Wappen der Hildesheimer Dompropstei, das auch anderwärts, dort allerdings schräglinks geteilt, begegnet (Abb. 39).[122] Das Wappen, das Theodor Franz Joseph von Landsberg auf sein Grabmal setzen ließ, ist dem-

122 Auf das abgebildete Wappen des Hildesheimer Dompropstes in der Handschrift des beginnenden 17. Jahrhunderts, die die spätmittelal- terliche Bischofschronik des Bürgermeisters Hans Wildefuer enthält (Abb. 39), hat Jochen Bepler, in: Kat. Hildesheim 2000, Kat. Nr. F 11

Abb. 39: Hildesheim, Dombibliothek, Sign.: Hs. 79, S. 698. Wappen des Domkapitels und des Dompropsts von Hildesheim

nach das Ergebnis einer Wappenvereinigung und verweist sowohl auf die adlige Familie, aus der er stammte, als auch auf die herausgehobene Position, die er im Hildesheimer Domkapitel bekleidete.

Außer dem Wappen sind von dem Grabmal des Dompropstes noch ein Streifen der umlaufenden Inschrift und vor allem die zentrale Standfigur erhalten geblieben (Abb. 40). Sie allein misst schon 162 cm in der Höhe und 91 cm in der Breite und stellt den einflussreichen Prälaten in der ganzen barocken Pracht mit seiner Perücke und seiner Chorkleidung vor Augen. Von Landsberg trägt ein bis zum Knie reichendes Rochett mit weitem Ärmelaufschlag und reicher Blumenbordüre. Der Kragen ist vorne mit zwei Bäffchen bedeckt. Unter ihnen kommt das Band zum Vorschein, an dem das griechische Kreuz der Domkapitulare bzw. des Dompropstes befestigt ist, das auf seiner Brust ruht. Mit seiner rechten Hand weist er dezent auf die Insignie seiner geistlichen Würde hin, während die beringte Linke auf einem geschlossenen Buch ruht, das neben ihm auf einem hohen Tischchen abgelegt ist. Dort erkennt man auch sein Barett. Außer dem Rochett trägt von Landsberg noch einen Talar, der vorne so weit auseinandergeschlagen ist, dass man die Waden und die unnatürlich nach außen gestellten Füße erkennt, die in schweren, schnallenbesetzten Schuhen mit

---

S. 551–554 (mit Abb. S. 552) aufmerksam gemacht. – Wie das Grabmal des Theodor Franz Joseph von Landsberg enthält auch die Grab-

platte des Ernst Friedrich von Twickel [siehe fol. 72] das schrägrechts geteilte Heroldsbild des Hildesheimer Dompropstes.

Abb. 40: Hildesheim, Dom-Museum. Figur von der Grabplatte des Dompropstes Theodor Franz Joseph von Landsberg

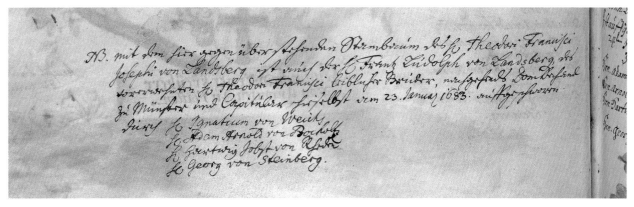

Abb. 41: Aufschwörungsbuch, fol. 33v. Notiz zur Aufschwörung des Franz Ludolf von Landsberg

klobigen Absätzen stecken. Über das Tischchen ist eine Decke ausgebreitet, unter deren Fransen ein tatzenartiges Tischbein hervorschaut. Um das Spiel mit der Illusion perfekt zu machen, setzt auf der Decke zugleich die Grabinschrift ein, die sich, wenn man älteren Nachzeichnungen des Grabmals glauben darf, auf den das Grabmal umlaufenden Schriftleisten fortgesetzt hat: „Der hochwürdigste und hochberühmte Herr, Herr Theodor Franz Joseph Freiherr von Landsberg, Senior beziehungsweise Propst und Kapitular des Hildesheimer und des Osnabrücker Domkapitels, Statthalter des erhabensten Kölner Kurfürsten in der Diözese Hildesheim, Geheimer Rat und Regierungspräsident usw., Erbherr in Erwitte, Wocklum, Bollinghausen, Mellenbrock usw., ist am 25. August 1727 im Alter von 69 (Jahren) gestorben. Er ruhe in Frieden.“[123]

Dem erhaltenen Bestand nach zu urteilen, war die gesamte Inschrift in einer sorgfältigen, gut lesbaren Kapitalis ausgeführt. Die acht Zeilen auf der Decke bieten den vollständigen Namen des Toten. Sie sind interessanterweise zentriert gesetzt, und das Wort „Landsberg“ ist mit einem Doppelstrich getrennt.

Die Ahnentafel im Aufschwörungsbuch, die den aufschlussreichen Vergleich mit dem Wappen des Grabmals ermöglicht, weist noch eine zweite Besonderheit auf: Sie gilt nämlich nicht nur für Theodor Franz Joseph von Landsberg, sondern auch für seinen fast eine Generation jüngeren Bruder Franz Ludolph von Landsberg (1668–1732).[124] Darauf weist eine handschriftliche Notiz auf der Rückseite des vorangehenden Blattes hin (Abb. 41): *Nota Bene. Mit dem hier gegenüber stehenden Stambaum des Herrn Theodori Francisci Josephi von Landsberg ist auch der Herr Frantz Ludolph von Landsberg, des vorerwehnten Herrn Theodori Francisci leiblicher Bruder, nachgehends DomDechand zu Münster und Capitular hieselbst, am 23. Januar 1683 auffgeschworen durch Herrn Ignatium von Weichs, Herrn Adam Arnold von Bocholtz, Herrn Hartwig Jobst von Rheden, Herrn Georg von Steinberg.*

Dieses Verfahren, nämlich für leibliche Brüder unter den Domherren bloß eine Ahnentafel anzulegen, ist nur im Anlagebestand des Codex anzutreffen, also in dem Teil des Aufschwörungsbuches, den Johann Adolph von Loë am 22. November 1702 dem Hildesheimer Domkapitel vorgelegt hatte.[125] Später dagegen wurde jeder Neoprovisus getrennt

---

123 „Reverendissimus et illustrissimus dominus dominus Theodorus Franciscus Iosephus liber baro de Landsberg, cathedralium ecclesiarum Hildesiensis et Osnabrugensis senior et respective praepositus et canonicus capitularis, serenissimi electoris Coloniensis in dioecesi Hild(esiensi) proprinceps, consiliarius intimus et regiminis praeses etc., dominus haereditarius in Erwitte, Wocklum, Buolinghausen, Mellinbrock etc., obii‹t› 25. augusti 1727, aetatis 69. Requiescat in pace.“

124 Franz Ludolph Jobst von Landsberg (1668–1732) wurde am 20. November 1693 im Hildesheimer Domkapitel installiert. Seit 1689 gehörte er dem Domkapitel zu Münster an und wurde dort im Jahre 1701 zum Domdekan gewählt. Zu ihm siehe Dylong, Hildesheimer Domkapitel, S. 308f. Nr. 22, ferner Kohl, Domstift zu Münster 2, S. 156 (grundlegend) und Keinemann, Domkapitel zu Münster, S. 241f. Nr. 30.

125 Zum Anlagebestand des Codex siehe Schuffels, Aufschwörungsbuch, S. 98–103; weitere Nachweise ebd., S. 103 mit Anm. 84.

Abb. 42: Hildesheim, Dom-Museum. Teppichserie des François de la Planche, „Der Staatsrat"

eingetragen, selbst wenn sich, was des öfteren vorkam, unter den Kapitularen bereits ein Bruder befand. Besonders eindrücklich ist das Beispiel der beiden Brüder Maximilian Heinrich und Johann Bernhard von Weichs, auf das weiter unten zurückzukommen sein wird [siehe fol. 59 und fol. 60].

Die beiden Brüder von Landsberg stammten aus einer insbesondere in den Bistümern Münster, Hildesheim und Paderborn einflussreichen Familie. Entsprechend großzügig gaben sie sich mit Stiftungen für den Hildesheimer Dom. Theodor Franz Joseph von Landsberg galt als Wohltäter der Armen in der Neustadt. Mit seinem Namen sind darüber hinaus zahlreiche Schenkungen verbunden, die ihn als geschmackvollen und kunstsinnigen Mann erweisen. Es seien in diesem Zusammenhang wenigstens zwei Stiftungen angeführt. Für den liturgischen Dienst in der Kathedrale über-ließ er im Jahre 1710 dem Domkapitel ein kunstvolles Kreuz. Es bestand aus reinem Kristall und war mit Edelsteinen besetzt. Von Landsberg bestimmte, dass das Kreuz an Marienfesten auf dem Marienaltar der Krypta und an allen übrigen Festtagen am Kreuzaltar des Doms verwendet werden sollte.[126]

In Bonn erwarb er acht mächtige Gobelins als angebliche Darstellungen der Geschichte Ludwigs des Frommen, des Hildesheimer Bistumsgründers, und vermachte sie testamentarisch dem Domkapitel. Tatsächlich schildern die Teppiche jedoch eine ganz andere Geschichte, die in Frankreich in der zweiten Hälfte des 16. Jahrhunderts kompiliert worden war. In der Absicht, dem französischen Königspaar Heinrich II. (1519–1559) und Katharina de' Medici (1519–1589) zu schmeicheln und zugleich eine Art Fürstenspiegel vorzulegen, hatte der Pariser Apotheker Nicolas Houel († 1587) in seiner „Geschichte der Königin Artemisia" von 1561/1562 auf das griechische Altertum zurückgegriffen und eine verwitwete Königin namens Artemisia erfunden, die ihren Sohn auf die Regentschaft vorzubereiten hatte. Seine Heldin vereinte das Schicksal zweier antiker Herrscherinnen, die den Namen seiner Protagonistin trugen: zum einen den der Gebieterin von Halikarnassos, die im Jahre 480 vor Chr. dem Perserkönig Xerxes auf dem Kriegszug gegen die Griechen folgte und sich bei der Schlacht von Salamis einen Namen machte, und zum anderen den der Gemahlin und Nachfolgerin des Königs Mausolos († 352 vor Chr.), die in Trauer um ihren verstorbenen Gatten dessen Asche trank und sich so die Herrschaft buchstäblich „einverleibte" und unter anderem das als Weltwunder bekannte Grabmal errichten ließ. Houel selbst hatte bereits für die Illustration seines Werkes durch Antoine Caron (1521–1599) gesorgt und darüber hinaus vorgeschlagen, die Zeichnungen in große Teppiche umzusetzen. Doch wurde das Vorhaben erst unter geänderten historischen Umständen zu Beginn des 17. Jahrhunderts in die Tat umgesetzt. Vom französischen König Heinrich IV. als Reverenz an seine im Oktober 1600 per procurationem geheiratete Gattin Maria de' Medici gedacht, verherrlichten die Gobelins nach dessen Ermordung im Jahre 1610 die landfremde Witwe, die ihrem unmündigen Sohn Ludwig XIII. (1601–1643), obgleich er ihr übel mitspielte, die Thronfolge sichern musste. (Ähnlichen Intentionen verdankt sich bekanntlich der Gemäldezyklus, den Peter Paul Rubens von 1621 bis 1625 für den Pariser Wohnsitz der Regentin, das Palais Luxembourg, schuf und für dessen Kompositionen der niederländische Barockmaler in atemberaubender Meisterschaft die Möglichkeiten der Allegorie ausschöpfte, um die damals durchaus unterschiedlich beurteilten Begebenheiten der Zeitgeschichte, wo sie das Historienbild nicht genügend glorifizierte, in einer Apotheose der Königin gipfeln zu lassen.[127])

Die Hildesheimer Teppiche wurden zwischen 1611 und 1627, nach Ulrich Knapps Vermutung um 1615, in der Pariser Werkstatt des François de la Planche (Franz an den Planken) gewebt. Mit Rubens' Meisterwerk können sie sich selbstverständlich in keiner Weise messen, selbst wenn der Künstler – wie bei der Szene im „Staatsrat" gut zu erkennen ist (Abb. 42) – sich redlich um die perspektivisch korrekte und dabei ziemlich steril geratene Wiedergabe einer komplizierten antikisierenden Hintergrundarchitektur bemühte und in einem gewissen horror vacui den Vorder- und den Mittelgrund mit zahlreichen Figurengruppen füllte. Doch diese bleiben steif, während Rubens die Frostigkeit, die Allegorien sehr leicht hervorrufen können, schon dadurch vermied, dass er seine Gestalten mit Bewegung und Leben füllte. Für Theodor Franz Joseph von Landsberg ist die Stiftung der Gobelins dennoch aufschlussreich: Fast wäre man versucht zu sagen, er habe im ersten Viertel des 18. Jahrhunderts den französischen Geschmack in die norddeutsche Bischofsstadt zu bringen versucht.

Christian Schuffels

---

126 Hildesheim, Domschatz 54; ausführliche Beschreibung und Datierung anhand der Sessionsprotokolle des Hildesheimer Domkapitels bei Johann Michael Kratz, Der Dom zu Hildesheim 2, Hildesheim 1840, S. 246f. Das Kreuz konnte 1968/1969 nicht mehr nachgewiesen werden; siehe Elbern/Reuther, Hildesheimer Domschatz, S. 60 Nr. 54.

127 Zur Medici-Galerie siehe – in Zusammenfassung eigener älterer Arbeiten – Otto von Simson, Peter Paul Rubens (1577–1640). Humanist, Maler und Diplomat (Berliner Schriften zur Kunst 8), Mainz 1996, S. 229–279.

Literatur

Biographische Angaben: Dylong, Hildesheimer Domkapitel, S. 306f. Nr. 19; Bertram, Bischöfe von Hildesheim, S. 235f; Bertram, Bistum Hildesheim 3, S. 167f.; von Boeselager, Osnabrücker Domherren, S. 283f. Nr. 77. – Hersche, Domkapitel 1, Nr. HI128, OS036.
Zu Wappen und Familie: Michels, Paderborner Domherren, S. 268; Adelslexikon 7 (1989), S. 150f. (mit weiterer Literatur); Graf Dieter von Landsberg-Velen, in: Genealogisches Handbuch 130 = Gräfliche Häuser 17 (2003), S. 303–308.
Beschreibungen des Grabmals bei Bertram, Bischöfe von Hildesheim, S. 236 und Taf. 5 (Nachzeichnung des ursprünglichen Zustandes); Bertram, Bistum Hildesheim 3, S. 167f. (mit Abbildung der Nachzeichnung auf S. 168) sowie Kat. Hildesheim 2000, Nr. G 62 S. 310f. (Christine Wulf).
Zu den Gobelins siehe zuletzt den Ausstellungskatalog: Tapestry in the Baroque. Threads of Splendor, hrsg. von Thomas P. Campell und Pascal François Bertrand, New York 2007, bes. Kat. Nr. 12 S. 140–147 (Isabelle Denis), ausgehend von der nicht zur Hildesheimer Folge gehörenden „Reitstunde" sowie den vorzüglichen Überblick von Isabelle Denis, The Parisian Workshop 1590–1650 (ebd., S. 123–139), jeweils mit umfangreicher Bibliographie. Vgl. ferner Sheila Folliott, Casting a Rival into the Shade. Catherine de'Medici and Diane de Poitiers, in: The Art Journal 48 (1989), S. 138–143. – Zur Textgeschichte und zur Interpretation der zugrundeliegenden Sage siehe Valérie Auclair, De l'exemple antique à la chronique contemporaine. L'„histoire de la Royne Arthemise de l'invention de Nicolas Houel", in: Journal de la Renaissance 1 (2000), S. 155–188. – Speziell zu den Hildesheimer Gobelins siehe Victor Curt Habicht, Die Gobelins im Rittersaale des Doms zu Hildesheim, in: Monatshefte für Kunstwissenschaft 10 (1917), S. 275–280 sowie jetzt vor allem die Angaben von Ulrich Knapp, in: Kat. Hildesheim 2000, S. 372f., der auch die von dieser Teppichserie erhaltenen sechs Stücke erstmals farbig abgebildet hat (ebd., S. 374–379 Abb. 388–393) und die ältere Literatur nachweist.

Jobst Edmund II. von Brabeck (1660–1732)
Aufschwörungsbuch fol. 39r

Jobst Edmundt von Brabeck zu Lettmate undt Hemmer

Eltern {2,3}: *Adrian von Brabeck zu Lettmate undt Hemmern* ⚭ *Christina Elisabeth, Fraw von Wachtendunck zu Germesel* – Großeltern väterlicherseits {4,5}: *Westhoff vonn Brabeck zu Lettmate* ⚭ *Anna Ursula von Landtsberg zu Erwitte* – Großeltern mütterlicherseits {6,7}: *Arnoldt Freyherr von Wachtendunck zu Germbsel* ⚭ *Anna Freyfraw von Neßelrodt zum Stein*

aufgeschworen am 29. April 1684

Accepit præbendam domini comitis de Löwenstein apostolice. Factus capitularis 25. novembris 1684. Factus cantor per resignationem sui domini patrui Ludolphi Walteri [siehe fol. 8], *31. decembris 1688. Accepit scholasteriam apostolice post promotionem domini scholastici de Weichs* [siehe fol. 19] *in decanum 16. iunii 1699. Resignavit scholasteriam in favorem domini Francisci Adolphi de Nagel* [siehe fol. 66], *die 19. septembris 1731.*

gestorben am 6. Februar 1732

Die Domkapitulare waren sowohl zur gemeinsamen Feier des geistlichen Chorgebets als auch zur regelmäßigen Teilnahme an den Kapitelssitzungen verpflichtet. Für den liturgischen Dienst stand die Kathedralkirche zur Verfügung. Ihre Ostteile, die noch die Vierung einschlossen, wurden als „Chor" bezeichnet (Abb. 4). Vom Hauptschiff des Doms trennte sie ein imposanter Renaissancelettner, den der Domkellerer Arnold Freidag († 1546) gestiftet hatte.[128] Zu seinen Sitzungen versammelte sich das Hildesheimer Kathedralkapitel der Neuzeit in einem eigenen Gebäude, dem Kapitelhaus südlich des Doms (Abb. 44).[129] „Privat" bewohnte jeder Domherr, der in Hildesheim residierte, eine eigene Kurie – die Zeiten der „vita communis" waren längst passé. Zwanzig Kurien des Domkapitels hat man für die Zeit nach dem Dreißigjährigen Krieg in Hildesheim gezählt. Die meisten lagen nahe bei der Kathedrale entweder auf der durch ihre erhöhte Lage und eine Mauer geschützten Domfreiheit oder unmittelbar unterhalb des Domhügels an dem Straßenzug, der bis heute den passenden Namen „Pfaffenstieg" trägt. Schon im Mittelalter – die ältesten Nachrichten reichen bis in die Mitte des 12. Jahrhunderts zurück – legten die Domkanoniker großen Wert auf eine standesgemäße Unterbringung.

Das galt auch für den im Jahre 1660 geborenen Jobst Edmund von Brabeck. Seine Familie, ursprünglich aus dem landsässigen westfälischen Adel stammend, war auch im Hochstift ansässig und besetzte während des 18. Jahrhunderts in Hildesheim nicht selten bis zu drei Domherrenstellen gleichzeitig. Nach dem Studium in Paris erhielt Jobst Edmund von Brabeck im Jahre 1684 sowohl in Hildesheim als auch in Münster eine Dompräbende. Im Hildesheimer Dom-

---

128 Den Lettner hat monographisch zuletzt Karin Heise, Der Lettner des Hildesheimer Domes, 2 Bde. (Der Hildesheimer Dom 2, 1–2), Hildesheim u. a. 1998, untersucht (mit vorzüglichen Abbildungen).

Sie setzt die Planungen bereits um 1537/1538 an; spätestens 1546 wurde der Lettner im Dom aufgestellt.

129 Zum Kapitelhaus siehe Ulrich Knapp, in: Kat. Hildesheim 2000, S. 354–358 (mit Abb. 351).

Abb. 43: Aufschwörungsbuch, fol. 39r. Ahnentafel des Jobst Edmund von Brabeck (Ausschnitt)

kapitel wurde er am 29. April 1684 aufgeschworen und am 25. November 1684 als Kapitular eingeführt. Als Neffe des Hildesheimer Fürstbischofs Jobst Edmund von Brabeck (1688–1702) machte er rasch Karriere und wurde mit der Domkantorei (1688–1699) und der Domscholasterei (1699–1731) betraut. Im Mittelalter ist der Kantor für die Gestaltung des Gottesdienstes im Chor und für den Chorgesang zuständig gewesen; darüber hinaus oblag ihm die Ausbildung der jungen Domherren. Seit dem späteren Mittelalter gingen die Funktionen mehr und mehr auf seine Gehilfen über, die von ihm beaufsichtigt wurden. Nur noch bei besonderen Gelegenheiten leitete der Kantor den Chor selbst.

Abb. 44: Hildesheim, Kapitelhaus südlich des Doms

Abb. 45: Hildesheim, Domhof 25, Ansicht um 1820

Jobst Edmund von Brabeck übernahm das Kantorenamt von seinem leiblichen Bruder Ludolph Walter von Brabeck, der 1656 im Hildesheimer Domkapitel aufgeschworen und 1661 zum Kantor bestellt worden war [siehe fol. 8].

Jobst Edmund von Brabeck blieb Kantor bis zum Jahr 1699. Dann resignierte er das Amt, um Domscholaster zu werden. Diese Aufgabe übernahm er wiederum von seinem Bruder Ludolph Walter, der 76-jährig im Januar 1699 gestorben war.[130] Dem Scholaster oblag die Aufsicht über die Domschule, die freilich längst nicht mehr die eminente Bedeutung besaß, die ihr während des hohen Mittelalters als bevorzugter Ausbildungsstätte zugekommen war. Gleichwohl galt der Scholaster im Hildesheimer Kathedralkapitel noch bis weit ins 18. Jahrhundert hinein als Dignität. Unterricht erteilte er zwar nicht mehr; gleichwohl war er weiterhin zur Residenz verpflichtet, musste sich also ständig in der Bischofsstadt aufhalten.[131] Im Jahre 1731, kurz vor seinem Tod, resignierte Jobst Edmund von Brabeck das Amt aus Altersgründen. Über seine Funktionen im Domkapitel hinaus wirkte er in der Fürstbischöflichen Regierung als Hof-, Kammer- und Kriegsrat, als Hofrichter und als Hofgerichtspräsident. Außerdem wurde er bereits im letzten Jahrzehnt des 17. Jahrhunderts zum Drosten des Amtes Hunnesrück bestellt und im Jahre 1715 in dieser Funktion, die er bis zu seinem Tode innehatte, nochmals bestätigt.[132]

---

130 Zu Ludolph Walter von Brabeck siehe Bertram, Bischöfe von Hildesheim, S. 202 sowie Kohl, Domstift zu Münster 2, S. 696 und ferner die ebd. im Register, S. 800 verzeichneten Einträge.

131 Dylong, Hildesheimer Domkapitel, S. 88.

132 Richtigstellung der Daten durch Klingebiel, Amtsträger, S. 428 Anm. 197 und S. 655. – Im Jahr 1716 erhielt von Brabeck, obwohl katholisch, Zugang zur Ritterschaft des Hochstifts (ebd., S. 397f. mit Anm. 27).

Abb. 46: Hildesheim, Dom. Epitaph für Jobst Edmund von Brabeck

Jobst Edmund von Brabeck zählte zweifellos „zu den führenden Dignitäten des Domkapitels" seiner Zeit.[133] Die zahlreichen Aufgaben und die Residenzpflicht des Domscholasters banden ihn an Hildesheim. Um die Wende vom 17. zum 18. Jahrhundert ließ er daher auf der Domfreiheit eine geräumige Kurie für sich errichten (Abb. 45). Das Gebäude steht im Nordwesten des Domhofes (heute Domhof 25) und schließt an das mächtige Gewölbe des Paulustores an, durch das man den Domhügel in westlicher Richtung verlassen und hinab zur Straße „Auf den Steinen" gelangen konnte. Dem Paulustor, das durchaus treffend auch als das „Düstere Tor" bezeichnet wurde, entspricht das Peterstor am nordöstlichen Ende des Domhügels. Die beiden Tortürme verdankten den Namen den Kapellen in ihren Obergeschossen und waren Teil der imposanten Befestigung, die Bischof Bernward von Hildesheim (993–1022) unter

---

133 Klingebiel, Amtsträger, S. 428; Braubach, Franz Wilhelm von Spiegel, S. 99f., zählt ihn zu den Aufklärern im Hildesheimer Domkapitel.

Abb. 47: Aufschwörungsbuch, fol. 39r (Ausschnitt)

erheblichen Anstrengungen zum Schutz seines Bischofssitzes nach einem einheitlichen Plan aufrichten ließ und die, folgt man den Zeitgenossen, damals in ganz Sachsen einmalig war. Was die schriftliche Überlieferung über den Bau und das Aussehen der von Bernward im Jahre seiner Bischofsweihe begonnenen „Bernwardmauer" berichtet, konnten die tüchtigen archäologischen Grabungen der letzten Jahrzehnte eindrucksvoll bestätigen.[134]

Jobst Edmund von Brabeck hat also einen bevorzugten Platz für den vollständigen Neubau seiner Kurie gewählt. Im Jahre 1701 war sie vollendet. An den Abschluss der Arbeiten und an den Bauherrn erinnerten dessen Wappen und die Inschrift, die einst über dem von einem Flachbogen abgeschlossenen Portal angebracht waren: „Jobst Edmund von Brabeck zu Lethmate, Scholaster des Hildesheimer und Domkanoniker des Münsteraner Domkapitels, hat mich von Grund auf errichtet und im Jahre 1701 [diesen Inschriftenstein] gesetzt."[135]

---

134 Hans Jakob Schuffels, Bernward Bischof von Hildesheim. Eine biographische Skizze, in: Bernward von Hildesheim, Bd. 1, S. 29–43, bes. S. 31; Karl Bernhard Kruse, Die Bernwardsmauer in Hildesheim. Befestigung von Domhügel und Stadt im Mittelalter, in: Stadtarchäologie in Norddeutschland westlich der Elbe, hrsg. von Heiko Steuer und Gerd Biegel (Zeitschrift für Archäologie des Mittelalters. Beiheft 14), Bonn 2002, S. 199–210; vergleichend Günther Binding, De extructione murorum civitatis. Repräsentativer „Stadt"-Mauerbau im ottonischen Sachsen, in: De re artificiosa. Festschrift für Paul von Naredi-Rainer zu seiem 60. Geburtstag,

hrsg. von Lukas Madersbacher und Thomas Steppan, Regensburg 2010, S. 153–164. – Bedeutende neue Einsichten in die Befestigung der Hildesheimer Domburg und interessante Befunde zur Bernwardmauer werden auch die derzeit unternommenen Grabungen unter der Leitung von Karl Bernhard Kruse erbringen.

135 „Jodocus Edmundus a Brabeck ex Lethmate, cathedralium ecclesiarum Hildesiensis et Monasteriensis respective scholasticus et canonicus capitularis, me ex fundamentis erectum posuit anno MDCCI." Die Inschrift ist im Zweiten Weltkrieg zerstört worden.

Abb. 48: Hildesheim, Dom-Museum, Inv. Nr. D 1978-53. Ziborium, Stiftung des Bischofs Jobst Edmund von Brabeck

Abb. 49: Hildesheim, Dom. Irminsul

Abb. 50: Hildesheim, Dom. Madonna auf der Irminsul

Infolge der Säkularisation des Fürstbistums und nach der Aufhebung des Hildesheimer Domkapitels nahm der Staat die Kurie in seinen Besitz. Im Jahre 1829 wurde sie dem Hildesheimer Bischof als Residenz zugewiesen, und als „Bischofshaus" dient sie noch heute.

Gut drei Jahrzehnte lang konnte sich Jobst Edmund von Brabeck seiner Residenz in unmittelbarer Sichtweite des Hildesheimer Doms erfreuen, an dem er tätig war. Am 6. Februar 1732 ist er gestorben und wurde in der Kathedralkirche bestattet. Von seinem Grab in der Barbarakapelle – sie liegt am westlichen Ende der südlichen Kapellenreihe des Doms – ist bis heute eine ovale, knapp 1 m hohe und 70 cm breite Metallplatte erhalten geblieben. Der von vier Blüten unterbrochene Blattkranz umrahmt sowohl das Wappen des Domherrn, das zusammen mit der Helmzier die oberen zwei Drittel der Fläche beansprucht, als auch die Inschrift, die an den Verstorbenen erinnert (Abb. 46): „Der hochwürdigste und erlauchte Herr Jobst Edmund von Brabeck zu Letmate, Scholaster, Senior und Kapitular des Hildesheimer beziehungsweise des Münsteraner Kathedralkapitels, Präsident des Hofgerichts des erhabensten Kölner Kurfürsten und Hildesheimer Bischofs, Kammer-, Schatz- und Kriegsrat, Drost in Hunnesrück, Herr auf Letmate, Hemmern, Soeder, Nienhagen, Clausnstein usw., ist im Jahre des Herrn 1732 am 6. Februar im Alter von 72 (Jahren) fromm gestorben. Er ruhe in Frieden."[136]

Die neunzeilige Inschrift im unteren Drittel der Metallplatte wirkt stark gedrängt. Um in ihr alle Amtstitel des Domherrn unterzubringen, mussten die Wörter zum Teil erheblich gekürzt werden. Trotzdem verzichtete man nicht darauf, als Schrift eine Kapitalis zu verwenden, deren Buchstaben erhaben über den eingetieften Zeilengrund emporstehen. Die Großbuchstaben am Wortanfang ragen nach oben in die Bänder zwischen den Zeilen empor. Größer gestaltet sind darüber hinaus das Todesjahr und die Altersangabe des Verstorbenen; sie fallen dem Betrachter daher sofort ins Auge.

Das Wappen des Epitaphs entspricht demjenigen der Ahnentafel des Domherrn im Aufschwörungsbuch (Abb. 43): Der Schild zeigt in Schwarz drei 2:1 geteilte goldene (dem Maler freilich leicht rötlich geratene) Doppelhaken (Wolfsangeln); als Helmzier dient ein schwarzer Turnierhut mit goldenem Aufschlag, besteckt mit einer schwarzen und einer goldenen Straußenfeder, Helmdecke schwarz-gold. Die Straußenfedern der Helmzier sind auf dem Grabmal heraldisch rechts gewendet, während sie der Maler dieser wie aller anderen von Brabeck'schen Ahnentafeln in die entgegengesetzte Richtung auslaufen lässt.

Interessant ist auch die oberste Reihe der Ahnenprobe, die, wie im Aufschwörungsbuch üblich, Rundschilde und Helmzier sowie – wo vorhanden – auch Schildhalter vor Augen führt (Abb. 47). Die vielfältigen verwandtschaftlichen Beziehungen der adligen Domherren des Hildesheimer Kapitels untereinander mag man unter anderem daran erkennen, dass allein unter den mütterlichen Vorfahren sich gleich zwei Mitglieder der Familie von Loë finden {25, 30}; sie sind leicht an ihrem Wappenbild zu erkennen: in Silber ein schwarzer Kesselhaken. Heraldisch interessant ist das Wappen der Adelsfamilie von Wachtendonk {24}, aus der Jobst Edmund von Brabecks Mutter stammte. Der Schild zeigt in Gold eine rote Lilie und wird von zwei fahnentragenden Mohren mit rotem Wams und schwarzen Beinlingen als Schildträgern flankiert. Die Helmzier besteht aus einer rot gekleideten gestümmelten Mohrenpuppe mit weißem Kragen und flatternder roter Kopfbinde.

Das von Brabeck'sche Wappen begegnet in Hildesheim des öfteren auch auf liturgischem Gerät – nicht als Besitzzeichen, sondern zur Erinnerung an den Stifter. So blieb dessen Name auch nach dem Tod des Domherrn immer noch dann der Nachwelt gegenwärtig, wenn die kunstvoll gefertigten Stücke in liturgischen Gebrauch ge-

---

136 „Reverendissimus et perillustris dominus Jodocus Edmundus de Brabeck ex Letmate, cathedralium eclesiarum [!] Hild(esiensis) et Monasteriensis respective scholasticus, senior et ‹canonicus› capitularis, serenissimi electoris Coloniensis, episcopi Hild(esiensis) iudicii aulici praeses et camerae, aerarii publici ac belli consiliarius, satrapa in Hunsbruck, dominus in Letmate, Hemmern, Söder, Nienhagen, Clausnstein etc. anno domini MDCCXXXII, VI. februarii aetatis LXXII pie obiit. Requiescat in pace."

nommen wurden. Schon im abendländischen Mittelalter verdankten die meisten Werke, die uns heute als Kunst gelten, dieser Idee der „Memoria" ihre Entstehung. Ende des 17. Jahrhunderts stiftete ein Mitglied der Familie von Brabeck unter anderem eine Situla mit Aspergill (einen Weihwasserkessel und einen Weihwedel, die ursprünglich für die Aspersion, das Besprengen der Gemeinde mit Weihwasser, vorgesehen waren) und zwei prächtige Ziborien für die Hostien bei der Kommunion. Das Wappen ist jeweils an markanter Stelle eingraviert: etwa bei dem einen Ziborium am Fuß (Abb. 48) und bei dem anderen Ziborium, in dessen Ornamentschmuck sogar rotfarbige Medaillons mit Szenen aus dem Leben Jesu eingefügt sind, an der Innenseite des Deckels, mit dem die Kuppa verschlossen wurde.[137] Die ebenfalls eingravierten Inschriften, die die Wappen jeweils ergänzten, weisen als Stifter nun freilich nicht den 1732 gestorbenen Scholaster des Hildesheimer Domkapitels aus, sondern dessen gleichnamigen Onkel, der von 1688/1689 bis 1702 dem Fürstbistum als Bischof vorstand und der die Reihe der Wittelsbacher auf dem Hildesheimer Bischofsstuhl unterbrach. Auch er hatte vom Jahr 1668 bis zu seiner Bischofswahl im Jahre 1688 dem Hildesheimer Domkapitel angehört und war seit 1673/1674 sogar dessen Dekan gewesen, nachdem Matthias Korff gen. Schmising, der Onkel von Dietrich Otto (von) Korff [siehe fol. 26], auf diese Würde verzichtet hatte.[138] Gleichwohl enthält das Aufschwörungsbuch von ihm keine Ahnenprobe – wahrscheinlich weil die Anlage der Handschrift beschlossen wurde, als er bereits zum Bischof geweiht war.

Im Hildesheimer Dom war einst ein weiteres, heute noch weithin sichtbares Kunstwerk mit dem Wappen des Fürstbischofs Jobst Edmund von Brabeck verbunden: die silberne Marienstatue auf der sogenannten „Irmensäule" (Abb. 5 und 49). Die Entstehung und die eigentliche Funktion dieser wahrscheinlich im 11. Jahrhundert für den Dom bestimmten Säule ist durch zahlreiche Legenden verunklärt.[139] Mitte des 17. Jahrhunderts wurde der Dorn auf der Säule durch ein hölzernes Marienbild ersetzt, das dann im Jahre 1741 gegen die im frühen 18. Jahrhundert geschaffene Silberstatue der Gottesmutter mit dem gekrönten Christuskind ausgetauscht wurde. Der Bildtypus ist geläufig: Maria steht auf der Schlange und der Sichel; eine Perlenkette schmückt ihren Hals und ihr gekröntes Haupt wird von einem Strahlenkranz hinterfangen (Abb. 50).[140] Aus den Archivstudien des tüchtigen Hildesheimer Privatgelehrten Johann Michael Krâtz (1807–1885),[141] dessen Ausführungen in der jüngeren Literatur zwar gerne benützt, aber vielfach nur verkürzt wiedergegeben werden, ist bekannt, dass im Jahr 1741 der Drost zu Liebenburg – auch er hieß Jobst Edmund von Brabeck († 1767) – dem Domkapitel das Standbild unter der Bedingung schenkte, an dem hölzernen Sockel der Statue das Wappen und den Namen des 1702 verstorbenen Fürstbischofs anbringen zu dürfen.[142]

---

137 Das zuerst genannte Ziborium: Hildesheim, Dommuseum, Inv. Nr. D 1978–53; siehe Kat. Hildesheim 1998, S. 83 Nr. 36 (Ulrich Knapp). – Das zuletzt genannte Ziborium: Hildesheim, Domschatz 59; siehe Elbern/Reuther, Hildesheimer Domschatz, S. 62 Nr. 59 und Kat. Hildesheim 1998, S. 8of. Nr. 34 (Ulrich Knapp). – Weihwasserkessel und Weihwedel: Hildesheim, Dommuseum, Inv. Nr. D 1978–31; siehe ebd., S. 125f. Nr. 68 (Elisabeth Scholz).

138 Zur vorbischöflichen Laufbahn Jobst Edmunds von Brabeck (1619–1702), der auch Domherr in Münster (aufgeschworen 1630, Emanzipation 1639) und dort seit 1655 Domdekan war, siehe vor allem Kohl, Domstift zu Münster 2, S. 149–151 (mit weiterer Literatur) sowie ferner Bertram, Bischöfe von Hildesheim, S. 193f., Bertram, Bistum Hildesheim 3, S. 86f., Hans-Georg Aschoff, in: Gatz, Bischöfe 1648 bis 1803, S. 38–40 (mit Literatur), Dylong, Hochstift Hildesheim, S. 14f. sowie Klingebiel, Amtsträger, S. 367f., S. 427f. und S. 727; zu seinem Wappen siehe Gatz, Wappen S. 210.

139 Den besten Überblick dazu bieten immer noch Berges/Rieckenberg, Hildesheimer Inschriften, Nr. 22 S. 130–144 und S. 203f. Die Inschrift auf dem Metallreifen der Säule wird jetzt auch von Wulf, In-

schriften der Stadt Hildesheim 2, Nr. 58 S. 276–278 wiedergegeben. Neuere Einsichten zur Inschrift (ebd., Taf. 21 Abb. 45) werden im Zusammenhang mit den epigraphischen und technischen Untersuchungen des großen Radleuchters Bischof Hezilos im Hildesheimer Dom zu erwarten sein, die demnächst durch Karl Bernhard Kruse herausgegeben werden sollen. – Die Säule stand früher auf den Stufen des Kreuzaltars am östlichen Ende des Mittelschiffs vor dem bereits erwähnten Lettner; heute befindet sie sich im Obergeschoss des Nordparadieses und ist vom Inneren des Doms aus zugänglich.

140 Siehe auch Kat. Hildesheim 2000, Nr. C 3 S. 470f. (Ulrich Knapp) mit Wiedergabe und Identifizierung der Beschau- und Meisterzeichen.

141 Zu Krâtz grundlegend ist Engfer, Kratz, passim.

142 Johann Michael Kratz, Der Dom zu Hildesheim 2, Hildesheim 1840, S. 96f. Nach Krâtz' Angabe ist das Silberblech mit dem Wappen Bischof Jobst Edmunds von Brabeck im Jahr 1818 gestohlen worden. – Zum Liebenburger Drosten Jobst Edmund von Brabeck († 1767) siehe Klingebiel, Amtsträger, S. 663. Das Amt Liebenburg war „das bei weitem ertragreichste Amt im Hochstift" (ebd., S. 427).

Der Liebenburger Drost und Oberstallmeister, der auf diese Weise an herausgehobener Stelle zur Ausstattung der Kathedralkirche beitrug, brachte drei seiner Söhne im Hildesheimer Domkapitel unter [siehe fol. 141, 143, 145]. Unter ihnen ragt der vielseitig gebildete Johann Friedrich Moritz von Brabeck (1742–1814) wegen seiner aufklärerischen Ideen, die er unter anderem mit Joseph Anton Sigismund von Beroldingen [siehe fol. 172] teilte, und wegen seiner – heute leider in alle Welt verstreuten – einstigen Gemäldesammlung auf Schloss Söder heraus.[143]

Christian Schuffels

Literatur

Biographische Angaben: Dylong, Hildesheimer Domkapitel, S. 309f. Nr. 23 (ausführlich); Klingebiel, Amtsträger, S. 397f. mit Anm. 27, S. 427f. mit Anm. 197 und S. 655 (mit Ergänzungen zu Dylong); Bertram, Bischöfe von Hildesheim, S. 236; Bertram, Bistum Hildesheim 3, S. 168; Keinemann, Domkapitel zu Münster, S. 240 Nr. 26; Kohl, Domstift zu Münster 2, S. 707. – Hersche, Domkapitel 1, Nr. HI132, PB102.

Zu Wappen und Familie: Hersche, Domkapitel 2, S. 150; Michels, Paderborner Domherren, S. 239; Adelslexikon 2 (1974), S. 48.

Zu den neuzeitlichen Kurien der Hildesheimer Domherren im Allgemeinen siehe Johann Michael Krâtz, Historische Nachrichten über die Kurien des hiesigen Domkapitels alter Stiftung, in: St. Bernwardus-Blatt (1885), S. 106–107; speziell zur Kurie Domhof 25 siehe Adolf Zeller, Die Kunstdenkmale der Stadt Hildesheim. Bürgerliche Bauten (Die Kunstdenkmäler der Provinz Hannover II, 4 ‹recte: 5› [12]), Hannover 1912, Nachdruck als Kunstdenkmälerinventare Niedersachsens 26, Osnabrück 1979, S. 155.

Zur Grabplatte: Bertram, Bischöfe von Hildesheim, S. 236; Kat. Hildesheim 2000, Nr. G 63 S. 310f. (Christine Wulf).

---

143 Zum Schloss Söder siehe von Reden-Dohna, Rittersitze des Fürstentums Hildesheim, S. 177–186. – Zu Moritz von Brabeck siehe demnächst Olaf Wittstock, Philanthrop und Kunstunternehmer. Der Hildesheimer Domherr Johann Friedrich Moritz von Brabeck 1742–1814 (Quellen und Studien zur Geschichte und Kunst im Bistum Hildesheim), Regensburg 2011.

Joseph Clemens von Bayern (1671–1723)
Aufschwörungsbuch fol. 41r

Joseph Clemens, in Ober undt Nieder Bayern, auch der Obern Pfaltz Hertzog, Pfaltzgraff bey Rhein, Landgraf zu Leuchtenberg etc.

Eltern {2,3}: *Ferdinandus Maria, in Ober- undt Nieder Bayern, auch der Obern Pfaltz Hertzog, Pfaltzgraff bey Rhein, des Heiligen Römischen Reichs Ertztruchseß undt Churfürst etc. ∞ Henrieta Adelheidt, in Ober undt Nieder Bayern, auch der Obern Pfaltz Hertzogin, Pfaltzgräffin bey Rhein etc.* – Großeltern väterlicherseits {4,5}: *Maximilianus, in Ober- undt Nieder Bayern, auch der Obern Pfaltz Hertzog, Pfaltzgraff bey Rhein etc. ∞ Maria Anna, in Ober- undt Nieder Bayern, auch der Obern Pfaltz Hertzogin, Pfaltzgräffinn bey Rhein etc.* – Großeltern mütterlicherseits {6,7}: *Victor Amedeus Hertzog in Savoyen undt Piemont ∞ Christina, königliche Princessin auß Franckreich*

aufgeschworen am 26. August 1684

Accepit a serenissimo archiepiscopo Coloniensi et episcopo Hildes(imensi) Maximiliano Henrico[a] [siehe fol. 1] vigore indulti pontificii præbendam per obitum serenissimi domini principis palatini[b] Rheni Wolfgangi Georgii vacantem. Denominatus coadjutor episcopalis 8. ianuarii 1694. Suscepit episcopatum 1702.

a) -o korr.   b) Pa- nach Korr.

In der Neuzeit wurden die Geschicke des Hochstifts Hildesheim weitgehend von den bayerischen Wittelsbachern bestimmt. Sieht man von der Regierungszeit des Fürstbischofs Jobst Edmund von Brabeck (1688–1702) ab, standen dem Bistum in den annähernd zwei Jahrhunderten von 1573 bis 1761 insgesamt fünf Fürstbischöfe aus der Sekundogenitur des bayerischen Herzogshauses vor. Als Hildesheimer Bischof trieb Ernst von Bayern (1573–1612) die katholische Reform unter anderem durch die Berufung der Jesuiten im Jahre 1587 und durch die kirchliche Visitation von 1608/1609 voran.[144] Sein Neffe und Nachfolger auf der Hildesheimer Kathedra, Ferdinand von Bayern (1612–1650), sicherte trotz der Verheerungen des Dreißigjährigen Krieges tatkräftig den Bestand des Bistums und gewann dem Hochstift noch vor dem Westfälischen Frieden die in der blutigen Hildesheimer Stiftsfehde (1518–1523) verlorenen Gebiete zurück. Gestützt auf die kaiserlichen Waffen ließ er im Jahre 1633 wiederum seinen Neffen Maximilian Heinrich von Bayern zum Koadjutor bestellen; dieser regierte Hildesheim dann von 1650 bis zu seinem Tode im Jahre 1688, richtete Pfarrstellen in den wiedergewonnenen Klöstern und Amtssitzen ein und ließ das Bistum im Jahr 1657 durch seinen Weihbischof Adamus Adami (1610–1663) visitieren.[145] Die Reihe der bayerischen Herzöge auf dem Hildesheimer Bischofssitz wurde

---

144 Zum Wirken der Jesuiten in Hildesheim siehe die umfassende Studie von Stillig, Hochstift Hildesheim in der Frühen Neuzeit, passim; Hermann Engfer, Die kirchliche Visitation von 1608–1609 im Bistum Hildesheim, in: Die Diözese Hildesheim 32/33 (1964/1965), S. 17–151.

145 Helmut Lahrkamp, Adam Adami, in: Rheinische Lebensbilder 15, Köln 1995, S. 81–99 (mit der älteren Literatur); Hermann Engfer, Weihbischof Adam Adami und sein Wirken im Bistum Hildesheim, in: Unsere Diözese in Vergangenheit und Gegenwart 32 (1963), S. 13–31 (verweist auch auf eigene ältere Arbeiten und Quellenpublikationen zur kirchlichen Visitation von 1657).

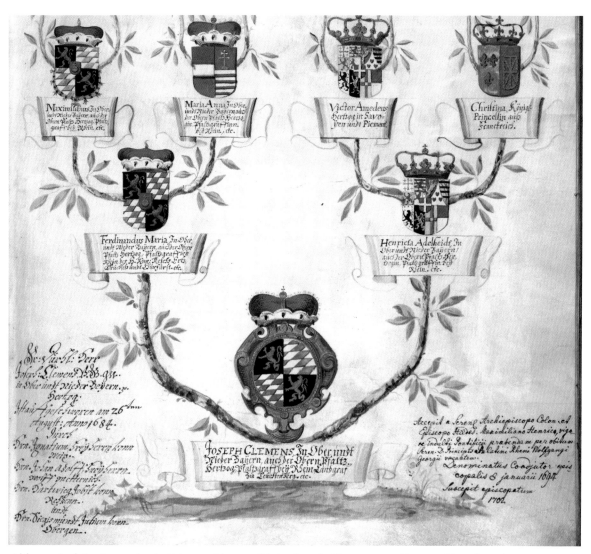

Abb. 51: Aufschwörungsbuch, fol. 41r. Ahnentafel des Joseph Clemens von Bayern (Ausschnitt)

durch die Fürstbischöfe Joseph Clemens (1702/1714–1723) und seinen Neffen Clemens August von Bayern (1724–1761) beschlossen. Alle fünf Wittelsbacher waren zugleich Kölner Erzbischöfe und als solche Kurfürsten des Reiches. (Seit die pfälzische Kurwürde 1620/1623 auf Maximilian I. von Bayern übertragen worden war, verfügte dieser Familienzweig der Wittelsbacher im Kurkollegium somit über zwei Stimmen.) Des öfteren besetzten die Kölner Erz- und Hildesheimer Fürstbischöfe darüber hinaus ein weiteres Bistum, manchmal sogar mehrere Diözesen im Nordwesten des Reiches; dazu zählten Osnabrück, Münster, Paderborn und Lüttich. Die bayerische Reichskirchenpolitik an der Wende vom 17. zum 18. Jahrhundert sollte, wie Manfred Weitlauff gezeigt hat, den engen Verwandten des Herzogs über die Besetzung kirchlicher Ämter den Zugang zum Reichsfürstenstand verschaffen. In Fortsetzung dieser Politik trieb Clemens August von Bayern die Ämterkumulation auf die Spitze und wurde deswegen schon von den Zeitgenossen als „Monsieur de Cinq Eglises", als der „Herr Fünfkirchen", bezeichnet.[146]

---

146 Clemens August von Bayern hatte die Fürstbistümer von Münster und Paderborn (seit 1719), das Erzbistum Köln (seit 1723) und die Fürstbistümer Hildesheim (seit 1724) und Osnabrück (seit 1728) inne und war darüber hinaus Hochmeister des Deutschen Ordens

Die Herrschaft der mächtigen Erzbischöfe von Köln, die eine herausragende Stellung unter den katholischen Reichsfürsten innehatten, sicherte dem kleinen Bistum und Hochstift Hildesheim sein Bestehen, war es doch von protestantischen Landen umgeben und im Inneren konfessionell gespalten und voll innerer Spannungen und Gegensätze. So fielen die Expansionsgelüste der welfischen Herzöge und später die Säkularisationsbestrebungen der Königreiche Hannover und Preußen da und dort im Bistum und vor allem in der Stadt Hildesheim durchaus auf fruchtbaren Boden. Sie ließen sich nur deshalb im Zaume halten, weil die Gegner einen Konflikt mit der katholischen Vormacht im Reich und letzten Endes – trotz aller Differenzen zwischen den Habsburgern und den Wittelsbachern – wahrscheinlich sogar mit dem Kaiser in Wien scheuten. Für das Hildesheimer Bistum erwies sich, so gesehen, das „Haus Bayern, […] einmal im Besitz des Stifts, in der Tat als dessen mächtige Stütze" (Manfred Weitlauff).[147] Obwohl das Kirchenrecht die Kumulation von Bischofssitzen eigentlich untersagte, erhielten die Wittelsbacher regelmäßig die päpstliche Dispens.

Der Schutz durch die wittelsbachisch-bayerische Sekundogenitur wurde freilich mit dem Nachteil erkauft, dass die katholische Enklave Hildesheim zum am weitesten östlich gelegenen Nebenland der Kölner Kurfürsten herabsank. Kaum einmal suchten sie ihr Bistum auf oder ließen sich in der traditionsreichen Bischofsstadt sehen, und eine feste Residenz für sich unterhielten sie dort schon gar nicht. Die Regierungs- und Verwaltungsgeschäfte im Fürstbistum Hildesheim wurden unter anderem durch Statthalter und Beamte wie den Kanzler Carl Paul Zimmermann erledigt, dem Joseph Clemens von Bayern, wie Manfred Weitlauff nachgewiesen hat, seine einstimmige Wahl zum Koadjutor des Bischofs im Jahre 1694 maßgeblich verdankt.[148] Diese Nachteile entfielen, als das Domkapitel nach einer von außen erzwungenen rund zweijährigen Sedisvakanz im Jahre 1763 die Personalunion mit Kurköln aufgab und stattdessen aus den eigenen Reihen Friedrich Wilhelm von Westphalen (1763–1789) zum Fürstbischof erhob.[149] Sobald die wissenschaftliche Literatur auf diese Zäsur der Hildesheimischen Geschichte zu sprechen kommt, ist ein deutliches Aufatmen darüber zu vernehmen, dass das Bistum seit 1763 nicht länger Kölner „Verfügungsmasse" geblieben und weiterhin Gefahr gelaufen sei, „in kriegerische Verwicklungen einbezogen zu werden".[150] Obwohl „dem Lande auf Dauer […] gewaltige Summen entzogen worden warcn", sei Hildesheim bloß „das von Köln aus vernachlässigte Hochstift" gewesen.

(seit 1732). – Zu ihm siehe vor allen Braubach, Kurfürsten von Köln, S. 41–78 und S. 143f. (mit der älteren Literatur); Wolfgang Seegrün, Clemens August von Bayern. Priester, Bischof, Politiker, in: Niedersächsisches Jahrbuch für Landesgeschichte 60 (1988), S. 15–32, hat die kritische Sicht der älteren Literatur durch den Hinweis auf den beschränkten politischen Handlungsspielraum des Erzbischofs und Kurfürsten relativiert. – Siehe ferner Anton Schindling, Kurfürst Clemens August, der „Herr Fünfkirchen". Rokoleoprälat und Reichspolitiker 1700–1761 und Hans-Georg Aschoff, Das Fürstbistum Hildesheim zur Regierungszeit Clemens Augusts, beide in: Clemens August. Fürstbischof, Jagdherr, Mäzen. Katalog [der] Ausstellung […] Schloß Clemenswerth in Meppen, Bramsche 1987, S. 15–28 bzw. S. 47–60 sowie zusammenfassend Dylong, Hochstift Hildesheim, S. 17f. und Erwin Gatz, in: Gatz, Bischöfe 1648 bis 1803, S. 63–66 (jeweils mit weiterer Literatur). – Kritisch im Urteil Raab, Bischof und Fürst, S. 340f.

147   Weitlauff, Reichskirchenpolitik des Hauses Bayern, S. 302.

148   Weitlauff, Reichskirchenpolitik des Hauses Bayern, S. 300–332. – Die Initiative ging von Zimmermann aus (ebd., S. 301). – Zur Verwaltung des Fürstbistums Hildesheim vor der Säkularisation siehe Manfred Hamann, Das Staatswesen der Fürstbischöfe von Hildesheim im 18. Jahrhundert, in: Niedersächsisches Jahrbuch für Landesgeschichte 34 (1962), S. 157–193. – Der Aufbau der fürstbischöflichen

Regierung und deren Verwaltungspraxis sind in jüngster Zeit Gegenstand grundlegender Studien geworden, so zum Beispiel von Dylong, Hildesheimer Domkapitel, S. 189–214 (in Hinsicht auf die Beteiligung des Domkapitels), von Klingebiel, Amtsträger, passim (ausgehend von den Drosten, Amtmännern, subalternen Beamten sowie weiteren Amtsträgern) und von Zachlod, Staatsfinanzen des Hochstifts Hildesheim, passim (unter dem Gesichtspunkt des Hildesheimischen Staatshaushaltes).

149   Zu den Leistungen Friedrich Wilhelms von Westphalen als Hildesheimer (und seit 1782 auch Paderborner) Fürstbischofs siehe zuletzt Armgard von Reden-Dohna, Das Fürstbistum Hildesheim in der Spätphase des Alten Reiches, in: Umbruch oder Übergang? Die Säkularisation von 1803 in Norddeutschland, hrsg. von Thomas Scharf-Wrede, Regensburg 2004, S. 25–46, bes. S. 28–41 (mit zahlreichen Hinweisen). – Zu seiner Wahl siehe Keinemann, Hildesheimer Fürstbischofswahlen, passim und Dylong, Hildesheimer Domkapitel, S. 230–241.

150   Die Zitate sind beliebig herausgegriffen: von Reden-Dohna, Fürstbistum Hildesheim, wie vorige Anm., S. 26 und Hans-Georg Aschoff, Das Bistum Hildesheim von seiner Gründung bis zur Säkularisation, in: Kat. Hildesheim 2000, S. 10–24, S. 18. – Die beiden folgenden Zitate bei von Reden-Dohna, Fürstbistum Hildesheim, S. 37 und S. 26.

Abb. 52: Aufschwörungsbuch, fol. 41r (Ausschnitt)

Doch stimmt das evozierte Bild? War den wittelsbachischen Erzbischöfen ihr Nebenland allen Ernstes gleichgültig? Kannten sie Hildesheim wirklich nicht? In der Tat – und dieser auffällige Zusammenhang wurde bisher noch nicht gesehen – sind just während der Herrschaft der bayerischen Herzöge endlose Wälzer in Hildesheim kompiliert worden, die ihnen die gloriose Vergangenheit und berühmten Denkmäler der Bischofsstadt vor Augen führten.[151] Fehlte den

---

151 Die umfangreichen Codices und Kompendien der Hildesheimer Geschichtsschreiber aus der vorwissenschaftlichen Zeit, die in mehreren Handschriftenbibliotheken und Archiven verstreut sind, wurden bisher noch nicht hinreichend gesammelt, geschweige denn eingehend untersucht. Auch wenn man ihre Bedeutung für die auf Quellen gestützten Geschichtswissenschaften als äußerst gering zu veranschlagen hat, so enthalten sie doch manchen wertvollen und von der mit Hildesheim beschäftigten Forschung bisher über-

Emanuel Philibert, Hertzog von Savoyen.

Margareta Königl. Prin-celsin aus Franckreich.

Philippus II König. in Hispanien.

Eliesabetha Königl. Prin-celsin aus Franckreich.

Antonius Hertzog von Borbon, Kö-nig in Na-varra.

Ioanna Königin in Navarra.

Franciscus Hertzog in Toscana.

Ioanna Ertzher-zogin von Österreich.

Carolus Emanu-el, Hertzog in Savoja.

Catharina Ertzher-tzoginn vonn Österreich.

Henricus IV. Kö-nig in Franckreich undt Navarra.

Maria Hertzogin von Florentz ..

Abb. 53: Aufschwörungsbuch, fol. 41r (Ausschnitt)

Wittelsbachern also die eigene Anschauung? Freilich sollte man sich nicht auf ihre fürstbischöfliche Zeit beschränken. Denn auch als Koadjutoren und vor allem als Domherren, wenn sie denn in Hildesheim aufgeschworen worden waren, hatten sie das Fürstbistum kennenlernen können. Selbst wenn sie ihre Residenzpflicht nicht erfüllt, sondern, wie man getrost annehmen darf, das Hildesheimer Kanonikat als Sinekure betrachtet haben sollten, waren sie Mitglieder des Domkapitels und zugleich des ersten Landstandes und daher in die Politik des Bistums einbezogen. Vor allem konnten

---

sehenen Hinweis etwa zur Rezeption mittelalterlicher Kunstwerke, die dem 18. Jahrhundert als „Merkwürdigkeiten" galten. Den ent-

sprechenden Nachweis wird der Verf. demnächst in anderem Zu-sammenhang führen.

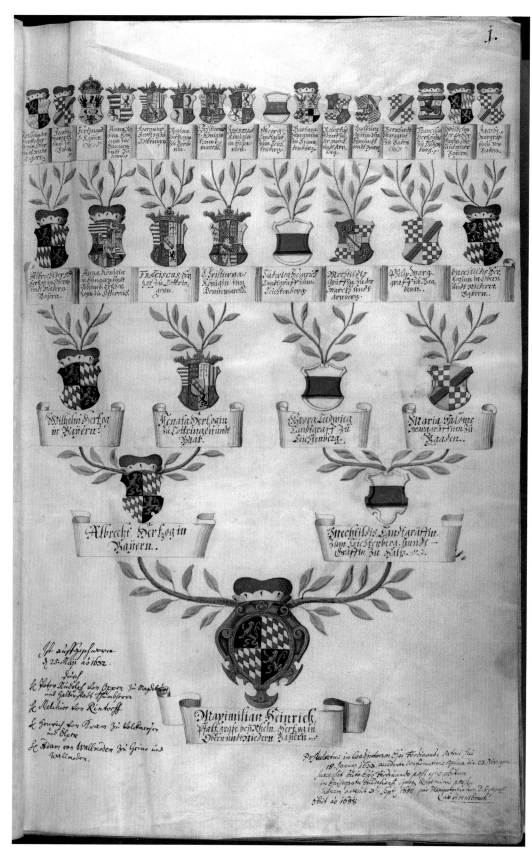

Abb. 54: Aufschwörungsbuch, fol. 1r. Ahnentafel des Maximilian Heinrich von Bayern

sie sich während ihrer vorbischöflichen Zeit einen eigenen Eindruck von dem in der Bischofsstadt wirkenden Personal verschaffen, das ihnen als Landesherren später zu Diensten stehen würde. Unter diesem Gesichtspunkt ist die bayerisch-wittelsbachische Herrschaft über das neuzeitliche Fürstbistum Hildesheim bisher noch nicht untersucht worden; das kann an dieser Stelle auch nicht geschehen.

Aufschlussreich ist immerhin: Joseph Clemens von Bayern, dessen Ahnentafel auf fol. 41r zum Anlagebestand des Aufschwörungsbuches gehört, bekleidete, noch bevor er zum Hildesheimer Koadjutor bestellt wurde, bereits Dompräbenden in Köln (seit 1679), in Münster (seit 1684), in Straßburg (seit 1686) und in Lüttich (seit 1690). Am 26. August 1684 wurde er im Hildesheimer Domkapitel aufgeschworen. Joseph Clemens war am 5. Dezember 1671 als fünfter Sohn des bayerischen Kurfürsten Ferdinand Maria († 1679) und seiner Gemahlin Adelaide von Savoyen († 1676) geboren worden. Die Eltern starben früh. Seitdem bestimmte sein Bruder, Kurfürst Max Emanuel von Bayern, maßgeblich den Lebensweg des Jungen, der schon früh und gegen seinen Willen zum Koadjutor des Fürstbischofs von Regensburg und Freising (1683 und 1684/1685) und des Fürstpropstes von Berchtesgaden (1684) gewählt wurde. Von 1685 bis 1694 stand er den genannten Bistümern und dem Bistum Regensburg wiederum von 1699 bis 1715 vor; seit 1688 war er darüber hinaus Propst von Berchtesgaden.

In demselben Jahr griff Joseph Clemens über den bayerischen Raum aus: Nach dem Tod des Kölner Erzbischofs Maximilian Heinrich von Bayern bewarb er sich um das Erzbistum und musste dabei gegen Wilhelm Egon von Fürstenberg antreten. Dessen Ambitionen wurden insbesondere von König Ludwig XIV. von Frankreich (1643–1715) rücksichtslos gefördert. Die Wahl fiel zwiespältig aus; trotzdem bestätigte Papst Innozenz XI. (1676–1689) den Wittelsbacher. Freilich musste ein kaiserliches Aufgebot die kurfürstliche Residenzstadt Bonn erst von der französischen Besatzung befreien, nachdem französische Truppen im Jahre 1689 sogar die berühmte Kaiserpfalz von Kaiserswerth zerstört hatten.

In der Folgezeit bauten die Wittelsbacher ihre Position im Nordwesten des Reiches aus. Ihnen gelang es, Joseph Clemens zum Bischof von Lüttich erheben zu lassen (1694). Nach mehrjährigen, zähen Vorbereitungen wählte ihn das Hildesheimer Domkapitel, wie bereits angedeutet, auf Empfehlung des Dekans Maximilian Heinrich Joseph von Weichs [siehe fol. 19] am 8./18. Januar 1694 schließlich einstimmig zum Koadjutor. Eigentlich hätte er nach dem Tod Bischof Jobst Edmunds von Brabeck (1688–1702) im Jahr 1702 dessen Nachfolge antreten können, aber er wurde erst 1714 ordiniert. Denn der Kölner Erzbischof und sein Bruder hatten sich im Streit um die spanische Erbfolge auf Frankreichs Seite geschlagen und mit der kaiserlichen Partei gebrochen, die im Gegenzug den Amtsantritt von Joseph Clemens in Hildesheim einstweilen zu verhindern wusste. Dieser „scheint [...] die Sache [...] nicht allzu tragisch genommen zu haben" (Max Braubach).[152] Gefährlich wurde die Lage dagegen für die katholische Enklave Hildesheim, deren Geschicke von 1702 bis 1714 allein in den Händen des Domkapitels lagen. So wurde die Stadt Hildesheim in den Jahren 1703 und 1711 denn auch von Truppen des Kurfürstentums Hannover besetzt. Dem Domkapitel nötigte man am 11. Juli 1711 den 24 Paragraphen umfassenden „Hildesheimer Religions-Rezeß" ab, der die Errichtung weiterer katholischer Kirchen ebenso zu unterbinden suchte wie umfangreiche katholische Prozessionen. Von 1711 an und bis zum Ende des Alten Reiches unterhielt Hannover eine Militärbesatzung in Hildesheim.[153]

Joseph Clemens von Bayern konnte sich im Erzbistum Köln und im Bistum Lüttich nicht halten und musste 1704 nach Namur und nach Lille und 1707 nach Valenciennes ausweichen. Im Exil empfing der Erz- und Fürstbischof die

---

152   Max Braubach, Die Politik des Kurfürsten Josef Clemens von Köln bei Ausbruch des spanischen Erbfolgekrieges und die Vertreibung der Franzosen vom Niederrhein (Rheinisches Archiv 6), Bonn u. a. 1925; das Zitat ebd., S. 182.

153   Zu den Vorgängen von 1703 und 1711 sowie dem „Hildesheimer Religions-Rezeß" ist grundlegend Georg Schnath, Geschichte Hannovers im Zeitalter der neunten Kur und der englischen Sukzession 1674–1714, Bd. 3 (Veröffentlichungen der Historischen Kommission für Niedersachsen und Bremen 18, 3), Hildesheim 1978, S. 563f. und S. 598–601. – Zu den Folgen für das Bistum Hildesheim siehe zuletzt Klingebiel, Amtsträger, S. 384f. und S. 395–399.

Abb. 55: Portrait von Joseph Clemens von Bayern

höheren Weihen und ließ sich 1707 zum Bischof weihen. Zur gleichen Zeit knüpfte er ein Verhältnis zur bürgerlichen Constance Desgroseilliers, die ihm zwei Söhne gebar und die ihn 1715 als Madame de Ruysbeck auch nach Bonn begleitete – ein Skandalon, das ihm noch unangenehme Scherereien bereiten sollte.[154] Max Braubach, der sich unter anderem auf Joseph Clemens' Briefe stützt, beschreibt diesen als das einerseits „spaßhafte, naive Weltkind", das sich aus Lust am Leben „über alle Etikette hinwegsetzt" und „Freude am Lachen und am Schabernack" hat,[155] andererseits machte sich der in seinen Stimmungen schwankende Kurfürst Gewissensbisse wegen der „Unvereinbarkeit [seines] Lebens mit dem Priestertum", von dessen „Bedeutung und Verantwortung [… er] eine sehr hohe Vorstellung hatte".[156] Außerdem wurden seine Entscheidungen häufig durch den von ihm bewunderten Bruder Max Emanuel beeinflusst, dessen Begabung sich Joseph Clemens gerne unterordnete. Darüber hinaus vertrug sich, wie jüngst betont wurde, seine von absolutistischen und zentralistischen Vorstellungen geprägte Staatsauffassung offenbar nicht mit den Mitspracherechten, die in den geistlichen Staaten die Domkapitel für sich beanspruchten.[157] Joseph Clemens „bleibt, auch

154 Siehe dazu Braubach, Kurfürsten von Köln, S. 10 und vor allem S. 36f.

155 Die Zitate ebd., S. 10 (ähnlich S. 34), S. 9 und S. 21.

156 Die Zitate ebd., S. 11 und S. 16.

157 Dieser Aspekt wird besonders von Erwin Gatz, in: Gatz, Bischöfe 1648 bis 1803, S. 211 und ihm folgend von Dylong, Hochstift Hildes-

heim, S. 16 betont. Zu den Verhältnissen im Kölner Erzstift siehe Willi Paetzer, Das Verhältnis des Kölner Domkapitels zu den beiden letzten Kurfürsten aus dem Hause Wittelsbach, Josef Clemens und Clemens August, vornehmlich nach den Protokollen des Kapitels (Diss. phil. Bonn 2000), passim.

nach der Bischofsweihe, der ebenso genießerische wie eitle, unselbständige, angstvoll schwankende und in trotzigen Reaktionen aufbegehrende Kur- und Kirchenfürst, bei dem sich naive Frömmigkeit mit tändelnder Lebensauffassung verbindet"; und man hat ihm vorgeworfen „den Pflichten seines bischöflichen Amtes ist er in seinen Diözesen nur beschämend nachlässig nachgekommen."[158]

Aufgrund des Friedens von Rastatt (1714) wurde Joseph Clemens wieder in seine Rechte eingesetzt; bei den Verhandlungen hatte er sich unter anderem durch Ernst Friedrich von Twickel vertreten lassen [siehe fol. 72]. Am 31. Dezember 1714 nahm der exilierte Wittelsbacher das Bistum Hildesheim offiziell in Besitz; Ende Februar 1715 konnte er in das Kurfürstentum Köln und in die von ihm ausgebaute Residenz nach Bonn zurückkehren, die er nach Vertreibung holländischer Truppen am Jahresende endlich wieder für sich allein hatte. Acht Jahre später, am 11. Dezember 1723, ist er dort gestorben.

Während die meisten Ahnentafeln des Aufschwörungsbuches – entsprechend der sozialen Zusammensetzung des Hildesheimer Domkapitels – die Wappen des landsässigen und freiherrlichen, zuweilen auch des gräflichen Adels zeigen, versammelt Joseph Clemens' Aufschwörtafel die Spitzen des europäischen Hochadels der Frühen Neuzeit und zeigt damit zugleich, wie weit die verwandtschaftlichen Verbindungen der Wittelsbacher reichten. Unter den Wappen seiner Vorfahren (Abb. 52 und 53) finden sich der Reichsadler Kaiser Ferdinands II. {10}, zweimal die „Palle" der Medici {15, 30} wie bei Maria de'Medici {15}, der Gemahlin König Heinrichs IV. von Frankreich {14}, ebenfalls zweimal das französische Lilienwappen allein im Schild {25, 27}, davon einmal bei Elisabeth {27}, der Gemahlin König Philipps II. von Spanien {26}, sowie schließlich der österreichische Bindenschild – in Rot ein silberner Balken – sowohl auf der väterlichen {17, 20} als auch auf der mütterlichen Seite {13, 31} des Neoprovisus. Dessen Mutter führte das komplizierte Wappen des Herzogtums Savoyen-Piemont {3, 6, 12, 24}; andere Wappenverschränkungen sind einfacher {5, 7, 14 u. a.}. Auf die Wappen Lothringens {18, 23} und der Prinzessin Christina von Dänemark {19} sei nur hingewiesen. Alle Wappen tragen Herzogs- bzw. Kur(fürsten)hüte[159] oder unterschiedlich gestaltete Königskronen; am prächtigsten ist die Kaiserkrone Ferdinands II. gestaltet {10}.

Das Wappen des Neoprovisus (Abb. 51) verbindet zwei Elemente, die für bayerische Wappen bis heute verbindlich geblieben sind: Löwe und Raute. Der gevierte Rundschild zeigt in Feld 1 und 4 in Schwarz den steigenden goldenen Löwen und in Feld 2 und 3 die silber- bzw. weiß-blauen Rauten. Diese beiden Wappenbilder gehen auf eine lange Tradition zurück.[160] Die Rauten, die schon im späten Mittelalter zum Symbol des „Landes" Bayern werden sollten, übernahmen die Wittelsbacher von den Grafen von Bogen, in deren Erbe sie seit 1242 eintraten. Zumeist ist die Zahl der Rauten auf 21 fixiert; doch weicht das Aufschwörungsbuch davon ab. Der goldene Löwe mit roter Krone vor schwarzem Grund wurde zunächst von den Pfalzgrafen bei Rhein (seit 1229) und später dann vom gesamten Haus Wittelsbach geführt. Seit der Mitte des 14. Jahrhunderts ist die Vierung mit Löwen und Rauten belegt. „Die Reihenfolge der Bilder im gevierten Wappen wechselt bei den Altbayern wie bei den Pfälzern ohne erkennbares System; erst seit dem 17. Jahrhundert, in Bayern seit der Übernahme der Kurwürde durch Maximilian I., bürgert sich die Übung ein, daß die Altbayern an erster Stelle die Rauten, die Pfälzer an erster Stelle den Löwen in das Wappen mit der Vierung setzen."[161] Warum die Hildesheimer Aufschwörtafeln von Maximilian Heinrich [siehe fol. 1] und von Joseph Clemens von Bayern dieser Regel nicht gefolgt sind, muss einstweilen offenbleiben (Abb. 54 und 51).

Darüber hinaus sind im Schild von Joseph Clemens die Löwen ungekrönt geblieben; das mag auf einem Versehen beruhen, denn die Wappen von Ur-Ur- und Urgroßvater {8, 16} weisen an den entsprechenden Stellen noch Kronen

---

158 Raab, Bischof und Fürst, S. 340.

159 Die Unterscheidung scheint (noch) nicht so sauber durchgeführt, wie man es im 18. Jahrhundert erwarten würde; siehe Scheibelreiter, Heraldik, S. 110f.

160 Die folgenden Ausführungen beruhen auf Wilhelm Volkert, Die Bilder in den Wappen der Wittelsbacher, in: Die Zeit der frühen Herzöge. Von Otto I. zu Ludwig dem Bayern, hrsg. von Hubert Glaser, Bd. 1 (Wittelsbach und Bayern I/1), München u. a. 1980, S. 13–28.

161 Ebd., S. 16f.

auf (Abb. 52). Gleiches gilt für das Wappen Maximilian Heinrichs von Bayern, in dem die Kronen freilich farblich nicht abgesetzt worden sind (Abb. 54). Dessen Wappen teilt mit dem von Joseph Clemens auch die runde Schildform, die von einer kartuschenartigen Ornamentierung umrahmt wird; sonst begegnet diese Form im Aufschwörungsbuch nur sehr selten.[162] Während Maximilian Heinrichs Ahnentafel zahlreiche variierende Schildformen aufweist, hat der Maler die Schilde der Vorfahren von Joseph Clemens allesamt halbrund gebildet (Abb. 52 und 53).

Zu Raute und Löwe tritt als drittes Element in den Wappen des Vaters und des Großvaters von Joseph Clemens {2, 4} der Herzschild hinzu: in Rot der goldene, gekrönte Reichsapfel. Es handelt sich um das heraldische Zeichen des Erztruchsessen, eines der Erzämter des Heiligen Römischen Reiches, die von den Kurfürsten wahrzunehmen waren. Durch diese Wappenbesserung wies Herzog Maximilian I. von Bayern, der Großvater des Hildesheimer Neoprovisus, nachdrücklich auf seinen „Erwerb" der Kurfürstenwürde von der pfälzischen Linie der Wittelsbacher hin.[163] Weniger bedeutsam dürfte die „Ergänzung" der Wappen von Joseph Clemens' Großvater und Urgroßvater sein {4, 8}. Den Unterrand ihrer Schilde umzieht ein fransenbewehrtes Band, von dem unterhalb der Schildspitze ein Tier abhängt. Ob sich der Maler an dieser Stelle eine Drôlerie erlaubt hat?

Christian Schuffels

Literatur

Biographische Angaben: Dylong, Hildesheimer Domkapitel, Nr. 25 S. 310–312; Dylong, Hochstift Hildesheim, S. 16f.; Hans-Georg Aschoff, Der Katholizismus zwischen Reform und Säkularisation, in: Geschichte Niedersachsens 3/2 (Veröffentlichungen der Historischen Kommission für Niedersachsen und Bremen 36, 3, 2), Hildesheim 1983, S. 217–259, S. 242f.; Hans-Georg Aschoff, Die „bischofslose Zeit". Sedisvakanz, „sedes impedita" und Koadjutorie im Bistum Hildesheim während der Frühen Neuzeit, in: Die Diözese Hildesheim in Vergangenheit und Gegenwart 72 (2004), S. 19–77, bes. S. 43–50; Bertram, Bischöfe von Hildesheim, S. 203–215; Bertram, Bistum Hildesheim 3, S. 103–130; Max Braubach, in: NDB 10 (1974), S. 622f.; Erwin Gatz, in: Gatz, Bischöfe 1648 bis 1803, S. 210–212 (mit Literatur); Raab, Bischof und Fürst, S. 328f. und S. 337–340 (mit sehr kritischer Beurteilung); Braubach, Kurfürsten von Köln, S. 9–40 (ein abgewogenes Lebensbild) und S. 142f. (Hinweise auf die ältere Literatur); Willi Paetzer, Das Verhältnis des Kölner Domkapitels zu den beiden letzten Kurfürsten aus dem Hause Wittelsbach, Josef Clemens und Clemens August, vornehmlich nach den Protokollen des Kapitels (Diss. phil. Bonn 2000), S. 8–136 (für die Kölner Verhältnisse); Max Braubach, Die Politik des Kurfürsten Josef Clemens von Köln bei Ausbruch des spanischen Erbfolgekrieges und die Vertreibung der Franzosen vom Niederrhein (Rheinisches Archiv 6), Bonn u. a. 1925. – Hersche, Domkapitel 1, Nr. HI137, KO148, LT206, MS138, ST062.
Zum Wappen der Wittelsbacher siehe (statt vieler Nachweise) die anschauliche und gut illustrierte Darstellung von Wilhelm Volkert, Die Bilder in den Wappen der Wittelsbacher, in: Die Zeit der frühen Herzöge. Von Otto I. zu Ludwig dem Bayern, hrsg. von Hubert Glaser, Bd. 1 (Wittelsbach und Bayern I/1), München u. a. 1980, S. 13–28 und Taf. 1–4. Zum persönlichen Wappen siehe Gatz, Wappen, S. 211 (mit Abbildung des Schildes als Erz- und Fürstbischofs).
Zu den Ambitionen der Wittelsbacher siehe Manfred Weitlauff, Die Reichskirchenpolitik des Hauses Bayern im Zeichen gegenreformatorischen Engagements und österreichisch-bayerischen Gegensatzes, in: Um Glauben und Reich. Kurfürst Maximilian I., hrsg. von Hubert Glaser, Bd. 1 (Wittelsbach und Bayern II/1), München u. a. 1980, S. 48–76.
Zur Koadjutorenwahl von 1694 und deren Vorgeschichte siehe Weitlauff, Reichskirchenpolitik des Hauses Bayern, S. 300–332.

---

162 Siehe zu dieser Schildform Galbreath/Jéquier, Heraldik, S. 85. – Weitere Beispiele: Landgraf Friedrich von Hessen, dort verbunden mit Galero und je sechs seitlichen Quasten [fol. 25], Wolfgang Georg Friederich, Pfalzgraf bei Rhein [fol. 35], Johann Ernest Graff zu Löwenstein [fol. 36].

163 Siehe Volkert, Wappen der Wittelsbacher, wie Anm. 160, S. 18 und Taf. 2 Abb. 13.

Johannes Sigismund Wilhelm von Reuschenberg († 1703)
Aufschwörungsbuch fol. 53r

Iohan Siegismundt Wilhelm Freyherr von Reuschenberg zu Setterich undt Kendenich

Eltern {2,3}: *Ambrosius Alexander Joannes Freyherr von Reuschenberg zu Setterich* ⚭ *Maria Elisabeth(?) von undt zu Frenß undt Kendenich* – Großeltern väterlicherseits {4,5}: *Jobst Edmundt Freyherr von Reuschennberg zu Setterich* ⚭ *Catharina Maria Anthonett von Virmundt, Tochter zur Nerßenn undt Anradt* – Großeltern mütterlicherseits {6,7}: *Johann Siegismundt Freyherr von undt zu Frenß und Kendenich* ⚭ *Anna Adriana vonn Zweiffell zu Wahn*

aufgeschworen am 1. Dezember 1697

Accepit præbendam vacantem per obitum domini Nicolai Eberhardi a Schnettlage apostolice.

gestorben am 21. September 1703

Als der aufgeklärte Bibliotheksreisende Zacharias Conrad von Uffenbach Anfang Januar 1710 bei schlechtem Wetter Hildesheim und die Büchersammlungen am Domhof besichtigte, war seine Reserviertheit gegenüber kirchlichem Buchbesitz deutlich spürbar. Die Dombibliothek immerhin vermochte ihn zu beeindrucken und besonders eine nachgelassene Bibliothek, die erst wenige Jahre zuvor übernommen worden war: „Es mögen drey bis vier tausend Stück Bücher seyn, davon die meiste und beste von einem Herrn von Reuschenberg hieher vermacht worden."[164] Der leidenschaftliche Frankfurter Büchersammler ahnte in dem Erblasser eine verwandte Seele und fragte seinen Hildesheimer Gastgeber aus. Nun nimmt Uffenbach es nicht allzu genau mit dem, was er in und über Hildesheim hört, was er aber über den Freiherrn von Reuschenberg notiert, ist noch immer die klarste Auskunft, die wir über den Hildesheimer Domherrn finden: „Dieser ist ein reicher von Adel gewesen, und, wie mich Herr D. Behrens, welcher ihn als Medicus bedienet, versicherte, so hat er jährlich bey sechs tausend Thaler Einkünfte gehabt, und ganz Europa, und so gar Norwegen durchreiset. Auf diesen Reisen, sonderlich in Frankreich und Italien hat er bis zehen tausend Reichsthaler an Bücher verwendet, so alle in Französischen Band gebunden sind, und in gläsernen Schränken stehen. Er soll die Studien und Bücher gar sehr geliebt haben; das aber hat ihm eine schwächliche Leibes-Beschaffenheit verursacht; Hiezu ist ein Unfall gekommen, daß er einst aus einem Kahn in das Wasser gefallen, darüber ihn ein langwieriges Fieber überfallen, und ihm endlich A. 1703. in seinem 28. Jahre den Tod gebracht." Das war am 21. September.[165]

---

164 Zacharias Conrad von Uffenbach, Merkwürdige Reisen durch Niedersachsen Holland und Engelland. Bd 1, Frankfurt/Leipzig 1753, S. 395.

165 Vgl. insges. Bertram, Bischöfe von Hildesheim, S. 216; Dylong, Hildesheimer Domkapitel, S. 320; Neues allgemeines Deutsches Adels-Lexicon, hrsg. von Ernst Heinrich Kneschke, Bd. 7, Leipzig 1867, S. 365/366; www.baesweiler.de/tb/0312_reuschenberg.asp (7. 7. 2009);

Hermann Engfer, Die Dombibliothek und die Beverinsche Stiftung, in: Alt-Hildesheim 44 (1973), S. 5–6. Das Familienwappen mit drei schwarzen Vögeln und das geviertete freiherrliche Wappen mit zusätzlichen Löwen ist abgebildet in: J. Siebmacher's grosses und allgemeines Wappenbuch, neu hrsg. von Otto Titan von Hefner, Bd. 3.1, Nürnberg 1857, Taf. 77; vgl. ebd., S. 60.

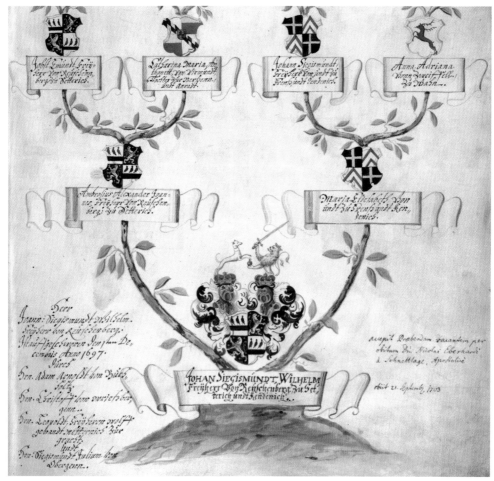

Abb. 56: Aufschwörungsbuch, fol. 53r. Ahnentafel des Johann Sigismund Wilhelm von Reuschenberg (Ausschnitt)

In das Aufschwörungsbuch wurde Johannes Sigismund von Reuschenberg mit seinem freiherrlichen Wappen eingetragen (Abb. 56): Der gevierte Schild übernimmt in Feld 1 und 4 das Stammwappen der von Reuschenberg und zeigt in Silber einen schwarzen Balken, oben von drei schwarzen Vögeln begleitet. In Feld 2 und 3 – für die von Reuschenberg zu Setterich – in Schwarz einen silbernen Löwen, begleitet oben von drei und unten von zwei silbernen Münzen. Auf den gekrönten Helmen mit schwarz-silberner Decke ein springender silberner Hund (linksgewendet) und ein silberner, gold gekrönter Löwe mit roter Zunge, der Schwert und Reichsapfel in seinen Pranken hält.

Geboren wurde Johannes Sigismund von Reuschenberg zu Setterich und Kendenich im Januar 1675[166] in eine Familie des katholischen rheinischen Adels, eine der bedeutendsten Familien im Herzogtum Jülich-Cleve-Berg. Die Mitglieder der Familie machten geistliche oder militärische Karrieren.[167] Sie spielten eine herausragende Rolle im

---

166 Vermutlich war es der 8. Januar, denn in einem mit Tagesdatum versehenen Bucheintrag 1679 zählt er sein Lebensalter nach Jahr und Monat auf, ohne den Tag noch zusätzlich zu erwähnen. Vgl. Dombibliothek Hildesheim, Sign.: 2 Jb 1368c.

167 Gelegentlich wird der Hildesheimer Bischof Konrad II. (1221–1246) als Spross der Familie Reuschenberg genannt. Die Chronistik des 16.

Jahrhunderts nennt als Herkunft des Bischofs das Geschlecht derer von Reifenberg in der Wetterau, Irene Crusius hingegen vermutet mit guten Gründen in ihm ein Mitglied der Familie der Schenken von Erbach, die auch mit der Burg Reichenberg begütert waren. Vgl. Irene Crusius, Bischof Konrad II. von Hildesheim: Wahl und Herkunft, in: Institutionen, Kultur und Gesellschaft im Mittelalter.

Deutschen Orden, eine ganze Reihe der weiblichen Familienmitglieder lebte als Klosterfrauen, einige wurden Äbtissinnen in einem der niederrheinischen Klöster. Eine sichere Verbindung der Familie mit dem Bistum Hildesheim ist spätestens mit Johannes von Reuschenberg zu Setterich nachweisbar, der am Karfreitag 1660 verstarb. Er gehört der Generation der Großväter Johannes Sigismunds an; die Hildesheimer gelehrte Überlieferung kennt ihn als Großonkel.[168] Gewiss war er der Stolz der Familie. Das in der Dombibliothek erhaltene Ölgemälde des Johannes von Reuschenberg zeigt ihn in der wuchtigen Korpulenz der ihm zugemessenen Bedeutung und bescheinigt ihm in der Bildunterschrift eine im Machtgefüge des Hildesheimer Doms angemessen ausgedrückte Marienfrömmigkeit.[169] Als Oberst, später Generalwachtmeister in bayerischem und im Dienst der katholischen Liga hielt er während des Dreißigjährigen Krieges zwischen 1627 und 1643 die Festung Wolfenbüttel und behauptete sie trotz lang anhaltender Belagerungen. Umsichtig, beharrlich und hart sei er gewesen, so heißt es, und schließlich als kaiserlicher Generalfeldmarschall an einem falsch behandelten Hühnerauge gestorben. In kriegerischer wie diplomatischer Verwendung war er gelegentlich auch dem Hildesheimer Bischof, zugleich Kurfürsten von Köln, bei der Restitution des Hochstifts 1643 nützlich, wofür der ihm 1647 das Amt Vienenburg verpfändete. Zwischen 1652 und 1659 bekleidete er, zumindest nominell, das Amt des Drosten und es blieb als Pfandschaft in seiner Familie, bis sie 1751 abgelöst wurde.[170] Im Amt des Drosten rückte Ambrosius Alexander Johann von Reuschenberg nach, als dessen Nachfolger wiederum die beiden Söhne Jobst Edmund und Johann Sigismund geführt werden. Ob Johann Sigismund das Amt führte oder ganz seinem Bruder überließ, ist ungewiss.[171] Aus seinen Bucheinträgen wissen wir aber zumindest, dass es Johann Sigismund sogar in Vienenburg gelang, im April 1698 mehrere Schriften zu erwerben, die er sich anschließend in dem Stil binden ließ, wie er ihn zu dieser Zeit bevorzugte, nämlich in kräftigem hellen, blindgeprägtem Schweinsleder über Pappdeckeln, die zumeist mit grünen Gewebebändern oder Lederriemchen am Vorderschnitt zusammengehalten wurden.[172]

Die Kombination aus dem weißen Leder und den grünen Bändern war in der Zeit nicht selten, vielleicht schon ein wenig konservativ, gern kombiniert mit dem Goldzierrat einer fürstlichen oder adligen Bibliothekseinrichtung. Es drängt sich auf, einen Büchersammler, zumal einen ebenso gelehrten wie leidenschaftlichen wie Johann Sigismund von Reuschenberg, über seine Bibliothek zu charakterisieren (Abb. 57). Sie war im Grunde genommen dazu angelegt. Nicht nur die einheitlichen, rhythmisch aufgereihten Buchrücken bezeugen den Sammler.[173] In aller Regel schrieb der Freiherr auch seinen Namen und das Jahr, manchmal auch den Tag und den Ort der Erwerbung ins Buch, auf den Schrifttitel oder, besonders häufig, am Innendeckel. Dass viele Bände doppelt beschriftet sind, sowohl am Innendeckel wie auf oder hinter dem Schrifttitel, zeigt, dass er weniger antiquarisch interessiert war, vielmehr beim Buchhändler oder Drucker zunächst, wie es üblich war, die losen Bogen des aktuellen Angebots erwarb, sie bereits mit seinen verschlungenen Initialen kennzeichnete und sie anschließend, vermutlich in größeren Partien, zum Buchbinder gab. Kehrten die Schriften dann gebunden zurück, nahm er sie mit dem ausführlichen Eintrag erneut in Besitz. Zeit, Ort

Festschrift für Josef Fleckenstein, Sigmaringen 1984, S. 431–468. Da aber Johann Heinrich Zedlers Grosses vollständiges Universallexicon, Bd. 30, Sp. 1150 noch 1741 den Bischof zu den Ahnen der Reuschenbergs zählt, kann angenommen werden, dass dies für die innerfamiliäre Überlieferung und das Selbstverständnis Johann Sigismunds eine Rolle spielte.

168 Beiträge zur Hildesheimischen Geschichte, Bd. 3, Hildesheim 1830, S. 79 Anm. 2. – Klingebiel, Amtsträger, S. 709f.

169 Vgl. die zum Porträt von Johann Michael Kratz festgehaltene Überlieferung in: Dombibliothek Hildesheim, Sign.: HS C 1391.

170 Braunschweigisches Biographisches Lexikon 8. bis 18. Jahrhundert, Braunschweig 2006, S. 584–585; vgl. ADB 28, Berlin 1889, S. 296–298. – Klingebiel, Amtsträger, S. 709f.

171 Klingebiel, Amtsträger, S. 710; vgl. Dylong, Hildesheimer Domkapitel, S. 203.

172 Das waren aktuelle und historisch-politische Werke. Ein Band zum Frieden von Rijswyk von 1697 (Dombibliothek Hildesheim, Sign.: 2 Kb 57), mit dem Tagesdatum vom 20. April versehen eine kleinformatige Weltbeschreibung, Mundus Chartaceus, in Nürnberg 1696 gedruckt (ebd., Sign.: 2 N 809c), die reich ausgestattete Türckische und Ungarische Chronica, die in Nürnberg bei Paul Fürst 1663 in 2° erschienen war (ebd., Sign.: 2 Mc 32) und Johann Jannssonius' Atlas minor aus Amsterdam 1651 (ebd., Sign.: 2 N 218).

173 Die Bände Reuschenbergs waren zwar häufig mit einem farbigen oder gesprenkelten Buchschnitt versehen, die regelhafte Beschriftung auf dem Buchrücken und nicht auf dem Buchschnitt belegt aber ihre Aufstellungsform.

und vielleicht auch noch manche zugehörige Notiz in den Besitzeinträgen festzuhalten, war in der Zeit nicht unüblich. Die Büchersammlung wuchs mit der ablaufenden Lebenszeit, die sie dokumentiert.

Die Bucheinträge Reuschenbergs machen wie bei anderen Sammlern die eingeklebten Exlibris oder die dem Einband aufgeprägten Supralibros deutlich, dass der Sammler einer solchen Bibliothek mit all denen, die die Bücher aufschlagen würden, in einen gelehrten Dialog eintritt. Die Büchersammlungen waren immer auch gedacht zur Nutzung durch die begrenzte Öffentlichkeit eines privaten, oft ausgedehnten Freundeskreises, mit dem man sich über die Inhalte austauschen konnte. Schließlich auch durfte man in dieser Zeit der Ledereinbände und des Hadern-Papiers davon ausgehen, dass die Bücher die Lebensspanne ihres ersten Besitzers bei Weitem übertreffen würden, so dass der Dialog mit den Lesern über die Zeiten gehen konnte. Neben einem solchen Dialog treten zwei weitere konstitutive Gesichtspunkte hinzu, die die Sammler in ihren ausführlichen Bucheinträgen bestärkte: Die Sammlung funktioniert wie ein Tagebuch als Rechenschaftslegung über eine nach biblischem Anspruch sinnvoll und ausgefüllt verbrachte Lebenszeit und darüber hinaus zur Pflege der Memoria, des Gedächtnisses, ihres Besitzers.[174] Der Gesichtspunkt der Rechenschaftslegung wird bei Reuschenberg sehr konkret, wenn er vor allem in seinen frühen Erwerbungen den Eintrag von Ort und Zeit mit der Notiz der Kosten für das Buch ergänzt. Der Gedanke der Memoria muss ihn erst im erwachsenen Alter stärker beschäftigt und mitunter auch bedrängt haben. Gegen Ende des Jahrhunderts fügt er seinen Bucheinträgen stets die Bitte um Gebetshilfe bei: „Ora pro me" (Abb. 60 und 61); mehr noch: Er unterzieht sich sogar der Mühe, dies bei vielen der früheren Erwerbungen nachzutragen.

Die Sammlung des Freiherrn erreichte in vergleichsweise wenigen Jahren einen außerordentlichen Umfang und Wert. Bei fortschreitender Erschließung des Altbestandes wurden bislang fast 660 Titel in mehr als 1000 Bänden im Bestand der Dombibliothek aufgefunden. Ein zeitgenössischer Kurzkatalog der Sammlung zählt, nach Formaten getrennt, sogar 2291 Bände auf.[175]

In seinem Testament berichtet er, dass Experten den Wert der Sammlung auf 7000 Reichstaler geschätzt hätten.[176] So hatte der einleitend aus dem Munde Uffenbachs zitierte Arzt Conrad Berthold Behrens mit seiner Schätzung wohl etwas hoch gegriffen, was aber seiner besonderen Verbundenheit mit Reuschenberg geschuldet ist, sicher auch den weitgereisten Gast beeindrucken sollte.

Dabei brauchte dieser Doktor sein eigenes Licht nicht unter den Scheffel zu stellen. Schon sein Vater war Arzt und Ratsherr, sein Vetter war Leibarzt in Wolfenbüttel und brachte ihn bei günstiger Gelegenheit bei Hof immer wieder ins Gespräch. Von der Mutterseite her war er mit dem Hildesheimer Geschichtsschreiber Conrad Jordan verwandt und seine Tochter verheiratete er in die Familie Weinhagen. Anlässlich seiner Beerdigung 1736 wird der Prediger nicht müde, all die Studienreisen, die gelehrten Bekanntschaften aufzuzählen, mit Meibom in Helmstedt etwa oder mit Leibniz, der ihn in die Berliner Akademie aufnimmt, oder mit dem Wittenberger Professor Georg Franke von Frankenau, der ihm die Aufnahme in die Naturforschende Gesellschaft, die Leopoldina, verschafft. Er rühmt dem Verstorbenen sogar einen prominenten Gegner nach, nämlich den Helmstädter Professor Polycarp Leyser, mit dem er in „gelehrten Zanck" geriet. In der Umschreibung des gelehrten Netzwerks wird auch des Freiherrn von Reuschenberg gedacht: „Ein Herr, der sich durch seine Gelehrsamkeit, zehenjährige Reisen durch gantz Europam, und kostbare Bibliothec (welche noch heutiges Tages zum gemeinen Gebrauch alltäglich geöffnet wird,) einen grossen Nachruhm erworben, hatte ein besonder Vergnügen mit gelahrten Männern sich zu unterreden." Behrens war Protestant. Gerade aber gegenüber der ärztlichen Kunst werden Konfessionsgrenzen leichter überwunden, denn er diente als Arzt nicht nur Reuschenberg,

---

174 Zum bibliographischen Zusammenhang von Memoria und Provenienz mit einem Beispiel auch aus der Sammlung Reuschenberg vgl. Christoph Schreckenberg, Eine Bibel als Gästebuch, in: Kirchliches Buch- und Bibliothekswesen 3 (2002), S. 133–149.

175 Dombibliothek Hildesheim, Sign.: HS 1031.

176 Testament des Domherrn Johann Sigismund Freiherr von Reuschenberg, Dombibliothek Hildesheim, Sign.: HS C 598.

Abb. 57: Portrait von Johannes Sigismund Wilhelm von Reuschenberg

sondern viele Jahre ebenso dem Dompropst Franz Theodor von Landsberg [siehe fol. 34] wie dem Weihbischof und Generalvikar Maximilian Heinrich Joseph von Weichs [siehe fol. 19].[177]

Allerdings kann man dem Freiherrn von Reuschenberg Desinteresse oder sonderliche Nachlässigkeit in Glaubensdingen gewiss nicht nachsagen. Seine Bibliothek spricht da in vielen Bänden. Uffenbach ist sogar ein wenig enttäuscht, weil er so wenig Historisches findet, dem seine eigentliche Leidenschaft gilt. Das meiste ist theologisch. Die Aufteilung ist fast klassisch, am monastischen Vorbild geschult: eingeleitet von Bibelausgaben, polyglotten Bibeln und Bibeln in den verschiedensten Sprachen. Darunter ist auch die von Uffenbach so identifizierte „Chinesische Bibel", die sich als puritanische Missionsbibel in einem nordamerikanischen Indianerdialekt erweist, 1685 in Cambridge/Mass. gedruckt und von Reuschenberg 1699 in Paris erworben.[178] Gekauft hat er sie als Ausdruck seiner bibliophilen Neigung und als verweisungsmächtige Kuriosität, gewiss nicht um darin zu lesen. So vergisst er denn auch in diesem Fall, den möglichen Leser vor dieser akatholischen und damit bereits von Rechts wegen indizierten Bibelübersetzung durch den entsprechenden Eintrag zu warnen. In anderen Fällen verfährt er darin sorgfältiger; beispielsweise bei einer von Theodor Beza mitverantworteten Bibelausgabe, 1633 in Amsterdam gedruckt, auf deren Innendeckel unübersehbar ein handschriftliches „Cave lector" prangt.[179] Für ihn war es sicher ohne allzu große Schwierigkeiten möglich, sich von den Einschränkungen des Index dispensieren zu lassen. Er war damit allerdings verpflichtet, verbotenes Schriftgut besonders sorgfältig aufzubewahren und zu sichern. Dem kam er nach, indem er seinen jeweiligen Besitzeintrag mit der Warnung vor dem häretischen Gift[180] oder der Ermahnung zu vorsichtiger Lektüre[181] ergänzte. Freilich ereiferte er sich nicht, hatte den Index nicht stets zur Hand und manches entging ihm auch. In Paris erwarb er 1699 die zweibändige Wittenberger Lutherbibel von 1584 und begnügte sich, darauf hinzuweisen, dass die Bibel nicht aus bloßer Neugier durchgeblättert werden dürfe und man eine „specialem licentiam" benötige.[182] Gelegentlich kommt sogar etwas wie Bedauern auf, wenn er 1700 in ein Werk von Petrus Ravanellus hineinschrieb: „Author heterodoxus quidem sed excellens."[183]

Der vergleichsweise souveräne Umgang des Buchmenschen mit dem römischen Index bedeutet freilich nicht, dass er damit hadert. Reuschenberg hatte seine Jugend in Köln verbracht,[184] einem Zentrum der kirchlichen Zensur, und auf all seinen Reisen hat er bei den Bucherwerbungen den Druckort Köln stets wahrgenommen und beachtet. Er war, wie sein Vater zuvor, bei den Jesuiten am Gymnasium Tricoronatum erzogen worden nach der „Grundlinie unbedingter Kirchlichkeit".[185] Vielleicht auf Betreiben seines Großonkels und vorsorglich erscheint sein Name 1686 im Schülerverzeichnis des Hildesheimer Jesuitengymnasiums. Seine Haltung wird später, 1701, im Briefwechsel mit Leibniz, im Zusammenhang mit dessen Reunionsplänen deutlich. Dort verteidigt er den Reformkatholizismus des Tridentinums und fertigt den von Zeitgenossen nach dem griechischen Philosophen Pyrrhon von Elis „Pyrrhonismus" genannten Skeptizismus ab: „Je deteste le Pyrrhonisme, il faut croire tout ou

177 Justus Martin Gläsener, Ehren-Gedächtniß Des Weyland Hoch-Edelgebohrnen […] Herrn Conrad Berthold Behrens, Hildesheim 1736, S. 46.
178 Dombibliothek Hildesheim, Sign.: 2 Ja 2913.
179 Dombibliothek Hildesheim, Sign.: 2 Ja 2677.
180 Henri Louis Chasteiner de LaRoche-Pozai, Celeberiorum Distinctionum tum Philosophicarum tum Theologicarum Synopsis, Groningen 1658; Dombibliothek Hildesheim, Sign.: 2 F 164.
181 Ludwig Elias Du Pin, De Antiqua Ecclesiae Disciplina Dissertationes Historicae, Paris 1686; Dombibliothek Hildesheim, Sign.: 2 Kd 543.
182 Dombibliothek Hildesheim, Sign.: 2 Ja 2751.
183 Bibliotheca Sacra seu Thesaurus Scripturae Cononicae Amplissimus, Genf 1650. Dombibliothek Hildesheim 2, Ja 2083. Ein Beispiel für durchaus rigide Umsetzung der kirchlichen Zensurvorgaben in sei-

nen Bucheinträgen gibt um die Mitte des 17. Jahrhunderts Otto d. J. von Nostitz. Vgl. Richard Šipek, Rekatholisierung und Lesernotizen in den Büchern von Otto d. J. von Nostitz. Vortrag gehalten auf der Wolfenbütteler Tagung „Sammeln, Lesen, Übersetzen" vom 25. bis 27. 9. 2008. Der Vortrag erscheint demnächst in den Wolfenbütteler Arbeiten zur Barockforschung.
184 Seine bislang erste nachweisbare Bucherwerbung datiert er, offenbar nachträglich, auf 1685 in Köln, wo der Zehnjährige Johann Amos Comenius' Orbis Sensualium Pictus, Nürnberg 1664, in Besitz nahm. Dombibliothek Hildesheim, Sign.: 2 G 53.
185 Joseph Kuckhoff, Religiöse Erziehung der Gebildeten in deutschen Jesuitenschulen des 17. Jahrhunderts, in: Zeitschrift für Aszese und Mystik 16 (1941), S. 197.
186 Zitiert nach Stillig, Hochstift Hildesheim in der Frühen Neuzeit, S. 330.

rien".[186] Von den Jesuiten beeinflusst ist vielleicht auch die Einrichtung seiner Bibliothek, zumindest in der sorgfältigen Beschriftung des Rückens der hellen Schweinslederbände (Abb. 58) und der Verpflichtung, einen fortlaufenden alphabetischen Katalog zu führen.[187]

Da die Oberklassen des Gymnasiums Teil der Artisten-Fakultät der Kölner Universität waren, war ein nahtloser Übergang zu universitären Studien gegeben.[188] Entsprechend verzeichncn die Matrikel der Universität Johann Sigismund von Reuschenberg 1691.[189] Seit 1688 lässt sich die Sammlerfreude des nun 13-Jährigen in den Bucheinträgen nachvollziehen. Jetzt lassen sich auch die Fortschritte der Ausbildung an den Selbstbezeichnungen seiner Besitzeinträge ablesen. 1688 unterschreibt er als „syntaxista",[190] 1688/89 als „poeta",[191] 1690 als „rhetor",[192] und „humanista".[193] 1692 bezeichnet er sich noch einmal auf diese Weise als „physicus",[194] dann versiegen diese Einträge, denn im Sommer dieses Jahres bezieht er die Universität Salzburg. Die Matrikel verzeichnen ihn am 8. Juli 1692 als Student der Rechte.[195] Die Matrikel nennen auch sein Trierer Kanonikat. Nachdem er gerade das Mindestalter überschritten hatte, war er dort als Achtjähriger aufgeschworen worden und hatte sich damit die Anwartschaft auf Sitz und Stimme im Trierer Domkapitel mit der Vollendung seines 22. Lebensjahres gesichert.[196] Reuschenberg bleibt bis Ende des Jahres 1694 in Salzburg, hört private Collegia bei Antonius Lindner und als „Pandectarum auditor" bei Joseph Bernhard Gletle, nimmt auch Gelegenheit zu disputieren.[197] Dann bricht er, wie es sich für einen wohlhabenden jungen Adligen gehört, zu seiner Kavalierstour auf. Wo immer er sich lange genug aufhält, kauft er eines oder mehrere Bücher und vermerkt darin sogleich oder später, nachdem die Bände gebunden sind, den Ort der Erwerbung. Dabei hat er nicht den Ehrgeiz die jeweils einheimische Buchproduktion zu prüfen und womöglich repräsentative, gar „typische" Druckwerke zu kaufen. Aus Prag und Brüssel bringt er Kölner, aus Amsterdam Pariser Drucke mit. Er sucht das gute, das wichtige und ihm hilfreiche Buch, gleichgültig wo es gedruckt wurde.

Er kauft 1695 bei den Buchhändlern in Wien und Prag ein, dann wendet er sich nach Italien. Aus den Bucheinträgen wissen wir, dass er 1696 zumindest Venedig, Livorno und Rom gesehen hat. Bucherwerbungen, die er in Siena getätigt haben könnte, sind bislang nicht aufgetaucht. Gleichwohl verzeichnet ihn das Matrikelbuch der deutschen Nation in Siena 1696. Die Stadt war wohl berühmt für ihre Kunstschätze und das dort gesprochene reine Italienisch; die Universität freilich hatte ihre Bedeutung im 17. Jahrhundert verloren. In dem Maß, in dem der Zuzug deutscher Studenten abnahm, nahmen die Einträge der Adligen zu, die sich auf ihrer Bildungsreise nur kurz in Siena aufhielten. Die Matrikel wurden nun mehr und mehr in der Weise eines vornehmen Gästebuches geführt, in dem sich auch der Freiherr von Reuschenberg, wie es seiner Art entsprach, gebührend „verewigte".[198]

---

187 Vgl. u. a. die Regeln von 1582 bei Ernst Manfred Wermter, Studien und Quellen zur Geschichte der Jesuitenbibliothek in Mainz 1561–1773, in: De Bibliotheca Moguntina, hrsg. von Jürgen Busch (Veröffentlichungen der Stadtbibliothek und der städtischen Volksbücherei Mainz 34), Mainz 1963, S. 67f. Von der Sammlung Reuschenberg existieren drei handschriftliche Kataloge. Der ausführlichste, von ihm selbst geführte Hauptkatalog ist noch ganz im „deutschen" Stil gebunden und beschriftet. Dombibliothek Hildesheim, Sign.: HS 1032.

188 Josef Koch, Gymnasium und Universität, in: Tricoronatum. Festschrift zur 400-Jahr-Feier des Dreikönigsgymnasiums, Köln 1952, S. 183.

189 Die Matrikel der Universität Köln, Bd. 5 (Publikationen der Gesellschaft für rheinische Geschichtskunde 8), Düsseldorf 1981, S. 130, Nr. 441.

190 Vgl. u. a. Dombibliothek Hildesheim, Sign.: 2 F 691.

191 U. a. Dombibliothek Hildesheim, Sign.: 2 F 715 oder 2 C 1210.

192 U. a. Dombibliothek Hildesheim, Sign.: 2 F 709 oder 2 F 711.

193 U. a. Dombibliothek Hildesheim, Sign.: 2 F 749

194 Dombibliothek Hildesheim, Sign.: 2 F 204 oder 2 B 70.

195 Die Matrikel der Universität Salzburg 1639–1810, Bd. 1, Salzburg 1933, S. 195 (Salzburger Abhandlungen und Texte aus Wissenschaft und Kunst 5).

196 Ulrich Bongertmann/Jürgen Stillig, Ein Hildesheimer Epilog zur Reunionskorrespondenz zwischen Leibniz und Bossuet. Der Briefwechsel des Domkapitulars Johann Sigismund von Reuschenberg mit Leibniz 1702, in: Konfession, Recht und Stadtpolitik im frühneuzeitlichen Hildesheim, hrsg. von Herbert Reyer/Jürgen Stillig (in Vorbereitung), S. 2. Ich danke den Herausgebern für die Möglichkeit der Einsichtnahme. – Vgl. Dylong, Hildesheimer Domkapitel, S. 320.

197 Vgl. die Einträge in Dombibliothek Hildesheim, Sign.: 2 Ka 7 und 2 Ka 10.

198 Die Matrikel der deutschen Nation in Siena, hrsg. von Fritz Weigle (Bibliothek des Deutschen Historischen Instituts in Rom 22), Tübingen 1962, S. 371, Nr. 9371. Vgl. die Einleitung ebd., S. 11.

Abb. 58: Hildesheim, Dombibliothek. Schweinslederbände aus v. Reuschenbergs Sammlung

Abb. 59: Hildesheim, Dombibliothek. Lederbände aus v. Reuschenbergs Sammlung

Vermutlich von Köln aus, wohin er noch 1696 zurückkehrt, besucht er Brüssel und Liège. In Köln zieht der 22-Jährige am 8. Juni 1697 in einem Besitzeintrag eine selbstbewusste Bilanz und kündigt in gelehrter lateinischer Wendung seine Weiterreise nach Norden an: „Philosophia, jure civili, canonico, feudali et publico cum parte theologiae absolutis, et Germaniae, Poloniae, Hungariae, Bohemiae Italiaeque Regnis cum Belgio et Hollandia visis, faventibus superis, movi Septentrionem versus."[199] Vielleicht weil er nun wohl zum ersten Mal zur See reisen muss, hinterlegt er in der Abtei in Deutz vorsichtshalber ein Testament.[200]

Für die Rekonstruktion der folgenden Reisen können die Besitzeinträge in den Büchern nicht alle Lücken der Überlieferung schließen. Einerseits wird der Freiherr nicht jeden Aufenthalt auf diese Weise dokumentiert haben, andererseits muss damit gerechnet werden, dass seine Bibliothek nicht ohne Verluste auf uns gekommen ist. Da seine Bucheinträge überdies nur ausnahmsweise mit einem Tagesdatum versehen sind, lassen sich auch seine Reiserouten nicht sicher festlegen. Er reist 1697 jedenfalls, offenbar von Köln aus über Amsterdam, nach Kopenhagen und Stockholm, wo er den schwedischen Thronfolger Karl kennenlernt, der zu diesem Zeitpunkt im April 1697 im Begriff ist, als der XII. seines Namens König zu werden.[201] Über Hamburg und Brüssel kehrt er nach Köln zurück (Abb. 60). Im Dezember wird er in Hildesheim aufgeschworen[202] und bleibt wohl noch bis ins Frühjahr des folgenden Jahres in der Region, denn 1698 erwirbt er in Hildesheim eine französische Ausgabe der Metamorphosen des Ovid von 1619.[203] Schon im Juni 1698 aber finden wir ihn in Danzig, wo er sich eben anschickt, mit einem Freund und zwei Bediensteten zu Schiff nach Holland überzusetzen.[204] Eine Reihe von Bucherwerbungen in Amsterdam wird dann im Oktober dieses Jahres durch Ankäufe in London ergänzt.[205] Er kehrt noch einmal nach Köln zurück, ausweislich der Bücher zum letzten Mal. Schon am 7. Januar 1699 unterschreibt er eine Notiz in einem mitgeführten Buch in Paris, wo er sich die nächsten fast drei Jahre aufhalten wird (Abb. 61).

---

199 Dombibliothek Hildesheim, Sign.: 2 Jb 1368c.

200 Die Angabe ist dem Testament (Dombibliothek Hildesheim, Sign.: HS C 598) zu entnehmen.

201 So berichtet er in einem Brief an Leibniz 1702. Bongertmann/Stillig, wie Anm. 196, Hildesheimer Epilog, S. 24.

202 Dylong, Hildesheimer Domkapitel, S. 320.

203 Dombibliothek Hildesheim, Sign.: 2 C 1372n.

204 Dombibliothek Hildesheim, Sign.: 2 Ja 1541m.

205 Es charakterisiert die Internationalität des Buchaustauschs, wenn der junge deutsche Adlige in London eine in Basel 1568 gedruckte spanische Bibelausgabe erwirbt, die nicht nur den 1622 eingetragenen Besitz eines Christopher Cary, sondern auch in einer handschriftlichen Notiz am Ende des Buchs als Vorbesitzer den Sekretär des holländischen Botschafters ausweist. Dombibliothek Hildesheim, Sign.: 2 Ja 2861.

Unter dem Einfluss des weltstädtischen Angebots und des dicht besiedelten gelehrten Netzwerks gewinnen seine bibliophilen Neigungen schon äußerlich eine neue Dimension. Die harten, eng gebundenen Schweinslederbände kommen nun nicht mehr in die Sammlung (Abb. 58). Die Bücher werden jetzt in den modischen weichen, dunklen Ledern französisch gebunden mit reichen Vergoldungen am Rücken und zumeist gesprenkeltem Buchschnitt (Abb. 59). In den knapp drei Jahren seines Aufenthalts wächst die Zahl seiner Bucherwerbungen sprunghaft an. Gut möglich, dass er bald den Überblick verliert und darum in einer Art Kladde, die er vielleicht zur Vermeidung von Doppelerwerbungen mit sich führt und grob alphabetisch ordnet, am 24. November 1700 einen neuen Abschnitt für die Pariser Erwerbungen einrichtet.[206] Überwogen bislang die normalen Formate mit einem, manchmal auch zwei oder drei Bänden, so drängen sich jetzt die Folioformate auf und die Ausgaben in vielen Bänden. Ein Beispiel gibt etwa die polyglotte Bibel, die in Paris zwischen 1629 und 1645 in Regalfolio-Format gedruckt wurde und auf dem Rückentitel entsprechend als „Biblia Regia" ausgewiesen ist, zehn Bände dickes, festes Papier und jeder Band 250 oder 300 Seiten stark,[207] oder die „Biblia Maxima", kaum kleiner im Format und in 19 stattlichen Bänden 1660 in Paris erschienen.[208] Die Kölner gelehrte Tradition lautet noch an, wenn der rheinische Freiherr 1700 die Pariser Thomas-Ausgabe von 1660 in 20 prächtigen Großfolio-Bänden[209] erwirbt oder 1701 die Ausgabe der Werke von Albertus Magnus, in 21 mächtigen Bänden in Lyon 1651 gedruckt.[210]

Waren in früheren Zeiten auch historische, politische und natürlich juristische Bücher gut vertreten, so drängt jetzt die Theologie ganz in den Vordergrund. Reuschenberg nimmt an den Lehrangeboten der Seminare teil, schreibt Vorlesungen eifrig mit[211] und verfasst eigene Traktate, deren Reinschriften er binden lässt und seiner Bibliothek einverleibt.[212] Natürlich bilden die Besitzeinträge auch persönliche Bekanntschaften ab, die der gerade 25-Jährige aufgreift. Ein Wörterbuch französischer und lateinischer Heiligennamen macht er mit seinem Eintrag am 8. Mai 1700 zum nachgerade überschwenglichen Denkmal der Freundschaft mit einem Kanoniker des Pariser Metropolitankapitels: „C'est Mr. le Abbé de Chatelain, Chanoin de la Metropolitain de Paris, un de mes meilleurs amis du monde qui m'a bien voulu régaler du present livre; il en est l'Autheur et m'a toujours honoré de son amitié. Je lui en suis étérnelement rédévable étant sans relâche son veritable ami et soteur de tout mon cœur."[213]

Natürlich ungleich ehrerbietiger dokumentiert er seine Bekanntschaft mit Jacques Bénigne Bossuet, der seinen Zeitgenossen als der führende französische Theologe galt. Zu dieser Zeit war Bossuet schon deutlich über 70, seit 1681 Bischof von Meaux, berühmter Kanzelredner und kämpferischer, oft grober Kontroverstheologe, auch gern gesehener Gast in Pariser Salons, wo ihn Reuschenberg kennengelernt haben mag. Die zweibändige „Histoire des variations des églises protestantes" von 1688 kauft er selbst, anderes, wie die Verteidigung dieses Werks von 1691, erhält er als Geschenk: „Ex dono Illustrissimi et Celeberrimi authoris".[214] Vielleicht ist es der Einfluss Bossuets, der ihn in die Nähe des Augustinismus bringt, über dessen Gnadenlehre er sich wenig später mit Leibniz auseinandersetzt.[215] Jedenfalls teilt er mit Bossuet dessen Gegnerschaft vor allem zum Calvinismus, von dem er literarische Zeugnisse dennoch oder wohl gerade

206 Catalogus librorum emendorum Parisiis 1700. Dombibliothek Hildesheim, Sign.: HS 1030

207 Erworben 1700. Dombibliothek Hildesheim, Sign.: 2 Ja 2460.

208 Erworben 1700. Dombibliothek Hildesheim, Sign.: 2 Ja 2682.

209 Dombibliothek Hildesheim, Sign.: 2 Ja 1522.

210 Dombibliothek Hildesheim, Sign.: 2 Jc 1316c.

211 Traite de la Charité pat Mr. Blanlo Mort au sem. de Saint Sulpice en odeur de sainteté. 1701. Dombibliothek Hildesheim, Sign.: HS 949

212 Dombibliothek Hildesheim, Sign.: HSS 939–952, 962–965. Eigene, im Druck erschienene Schriften Reuschenbergs konnten bislang nicht nachgewiesen werden. Sein Katalog, Dombibliothek Hildesheim, Sign.: HS 1032, Bl. 191r, nennt unter seinem Verfassernamen und seinen Initialen in der Titelaufnahme „Abbregé du Devoir d'un

Jeune Cavalier Vojageur" von 1698 in 8°. Auf dem fliegenden Blatt der Schrift von Christian Georg von Bessel, Neuvermehrter Politischer Glücks-Schmid, Frankfurt am Main 1697, Dombibliothek Hildesheim, Sign.: 2 L 84, entwirft er das Titelblatt eines „Aulicus Christiano Politicus" als Übersetzung aus dem Deutschen, Rom 1700, ebenfalls mit seinen Initialen in Verfasserposition. Beide Angaben zeigen jedenfalls die nachhaltige (theologische) Reflexion seiner Reisetätigkeit.

213 Dombibliothek Hildesheim, Sign.: 2 Jc 3413.1.

214 Dombibliothek Hildesheim, Sign.: 2 Jc 2379. Vgl. ebd., Sign.: 2 Ja 3257.

215 Zu diesem Zusammenhang vgl. ausführlich Bongertmann/Stillig, Hildesheimer Epilog, wie Anm. 196, passim.

deshalb erwirbt und studiert. Ein erklärter Verfechter der tridentinischen Reform, hat Reuschenbergs Gelehrsamkeit nicht viel mit intellektueller Freizügigkeit zu tun; seine Bibliothek bietet ihm in ganz klassischem Sinn Rüstzeug für die konfessionelle Auseinandersetzung.

Die theologische Diskussion der Metropole steht im Bann der Aufklärung. In einem handschriftlich überlieferten Traktat vom Juli 1700 findet der Freiherr ungewöhnlich heftige Worte für einen von ihm als eitel und modisch empfundenen Rationalismus. Er beklagt die Anmaßung eines Skeptizismus, der sich herausnimmt „douter de tout, et ne rien croire" und fährt fort, „ce qui est le crime le plus horrible, et une impiété infiniment plus detestable, que tous les blasphemes."[216]

Die Richtschnur der Beschlüsse des Konzils von Trient wendet er auch auf seine unmittelbare Umgebung und sich selbst an. Bald nach seiner Rückkehr nach Hildesheim kurz vor Weihnachten 1701 betreibt er die Aufgabe seines Trierer Domkanonikats, das ihm zwar beträchtliche Einkünfte beschert, ihn aber als klarer Verstoß gegen das tridentinische Verbot der Anhäufung von Pfründen erheblich belastet zu haben scheint. Unter dem Datum des 4. August 1703 erfolgte die Resignation zugunsten von Jobst Adolf Edmund Hermann Raitz von Frentz [siehe fol. 71],[217] einem Verwandten aus der mütterlichen Linie.

Reuschenberg wird am 19. Dezember 1701, gerade noch im geforderten 25. Lebensjahr, als Domkapitular aufgenommen.[218] Aus der kurzen Lebensspanne, die ihm in Hildesheim noch bleibt, sind nur wenige Bucherwerbungen nachweisbar, zumeist jesuitische Schriften in Kölner Drucken mit einer kontroverstheologischen Ausrichtung.[219] Ist aus der geringen Zahl überhaupt etwas zu schließen, dann, dass er die neue Diaspora-Situation offensiv aufgreift und die gelehrte Auseinandersetzung sucht. So jedenfalls zeigt er sich im Briefwechsel mit Leibniz.[220] In dessen 1700 in Hannover gedruckter Frucht der Tätigkeit als Wolfenbütteler Bibliothekar, „Mantissa codicis juris gentium diplomatici", trägt er 1702 ein: „Ex dono Authoris possidet J(ohannes) S(igismundus) L(iber) B(aro) d(e) Reuschenberg".[221] Und er beachtet die möglichen Verbündeten der nächsten Umgebung wie den Fürstbischöflichen Hof- und Regierungsrat Daniel Lossius († 1718), der sich auch unter dem bezeichnenden Pseudonym „Pacificus Lügenfeind" mit Glaubensgegnern anlegt.[222]

Der Zeitpunkt seines folgenreichen Unfalls ist nicht bekannt. Spätestens im September 1703 spürt er trotz seiner Jugend und kämpferischen Stimmung den nahen Tod, denn er bittet P. Crispen um seinen Besuch. P. Theodor Crispen, 1656 in Werl geboren, begeisterter Musiker und Domkapellmeister, vertritt am Hildesheimer Domhof und im Kreis des Jesuitenkollegs die musikalischen Interessen beharrlich und durchaus wenig sanftmütig. Neben der Musik aber ist ihm die Aufgabe zugeteilt, die zum Tode Verurteilten zu betreuen und zur Hinrichtung zu begleiten. In 32 Jahren bis zu seinem Tod 1722 hat er diesen Beistand 72-mal geleistet. In der existenziellen Not von Krankheit und Sterben bitten ihn auch andere, namentlich Domkapitulare und auch der Freiherr von Reuschenberg um seine Begleitung.[223]

216 Dissertation contre les Irreligionaires; Dombibliothek Hildesheim, Sign.: HS 944.

217 Bongertmann/Stillig, Hildesheimer Epilog, wie Anm. 196, Anm. 11. Der Begünstigte, Freiherr von Frentz, hatte offenbar keine vergleichbaren Skrupel. Nachdem er sein Kanonikat in Worms aufgegeben hatte, half ihm die Resignation des Freiherrn von Reuschenberg aus einer Versorgungslücke. In den folgenden Jahren erwarb er Dompräbenden in Hildesheim und Münster hinzu. Vgl. Dylong, Hildesheimer Domkapitel, S. 332. Wohl um sich nicht der Simonie schuldig zu machen, erwartet Reuschenberg gewissermaßen als Gegengeschenk für die überlassene Präbende in seinem Testament von der Familie von Frentz die Stiftung von zwei silbernen Schemeln im Wert von 1000 Reichstalern für die Ausstattung des Doms. Dabei legt er keinen Wert darauf, dass diese Stiftung mit seinem Namen verbunden wird.

218 Excerpta ex protocollis Cathedralis Ecclesiae Hildesiensis 1700–1708, Bl. 65v/66r. Dombibliothek Hildesheim, Sign.: HS 250.

219 Darunter auch: Via veritatis et vitae in unitate fidei salvificae, Köln 1696 von Bartholomaeus Fibus († 1706), der lange Jahre in Köln Theologie lehrte und vielleicht Reuschenberg unter seinen Schülern hatte. Dombibliothek Hildesheim, Sign.: 2 Ja 845h.

220 Vgl. dazu Bongertmann/Stillig, Hildesheimer Epilog, wie Anm. 196, passim.

221 Dombibliothek Hildesheim, Sign.: 2 Kd 506.

222 Apologia veritatis. Schutzschrift der Wahrheit. Hildesheim 1697. Dombibliothek Hildesheim, Sign.: 2 Jb 491.

223 Reinhard Müller, Beiträge zur Geschichte des Schultheaters am Gymnasium Josephinum in Hildesheim (Wissenschaftliche Beilage zum Programm 335 der Anstalt), Hildesheim 1901, S. 42.

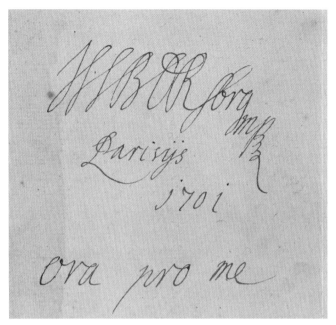

Abb. 60: Hildesheim, Dombibliothek. Besitzvermerk von Reuschenbergs (1697)

Abb. 61: Hildesheim, Dombibliothek. Besitzvermerk von Reuschenbergs (1701)

Am Donnerstagmorgen um 8 Uhr siegelt er sein Testament und in der folgenden Nacht zum Freitag, den 21. September 1703, stirbt Johann Sigismund von Reuschenberg.[224] Der bevorstehende Tod hat den jungen Domkapitular nicht milde gestimmt. Vielmehr nutzt er die Gelegenheit, dass sein Testament im Domkapitel verlesen werden würde, um seinen Mitbrüdern im Kapitel gehörig die Meinung zu sagen und jedem von ihnen sarkastisch in direkter Anrede als „amantissime confrater" die rechtliche und moralische Verwerflichkeit der Pfründenhäufung vorzuhalten. Zwar vermacht er seine reiche Bibliothek dem Domkapitel, will aber all diejenigen vom Gebrauch der Bibliothek ausgeschlossen wissen, die mehr als eine Pfründe besetzen. Ebenso sollen diejenigen behandelt werden, die in offenbar häufiger liturgischer Nachlässigkeit vorzeitig das gottesdienstliche Jahresgedächtnis „pro animae meae [remedio]" verlassen. Es erscheint nur konsequent, wenn Reuschenberg seine Bibliothek, die so sehr im Sinne der Memoria konzipiert ist, dem Domkapitel übereignet, das als geistliche Institution Pietät und vor allem Dauer garantiert;[225] konsequent auch, wenn er diese Bibliothek als Gegenleistung einsetzt für das vom Domkapitel dafür aufzubringende Kapital von 2000 Reichstalern, aus deren Zinsen sein gottesdienstliches Seelengedächtnis bestritten werden soll. Freilich hat der Freiherr kein sonderliches Vertrauen in das gelehrte Streben seiner Mitbrüder und beschwört seinen leiblichen Bruder, im Fall einer Ablehnung seines Nachlasses, selbst für das nötige Kapital aufzukommen.[226]

---

224 Excerpta ex protocollis Cathedralis Ecclesiae Hildesiensis 1700–1708, Bl. 182v/183r. Dombibliothek Hildesheim, Sign.: HS 250. Dass der Tod Reuschenbergs im Totenbuch der Pfarrei Vienenburg verzeichnet ist, deutet wohl eher auf die pietätvolle Pflicht gegenüber der Familie des Drosten, nicht auf die Sterbeort. Reuschenberg unterzeichnet sein Testament am Tag vor seinem Tod „in curia quam conductitie inhabito". Es wird von den Vertretern des Domkapitels auch „in desselben Curia" aufgefunden. Vgl. Bongertmann/Stillig, Hildesheimer Epilog, wie Anm. 196, S. 1f.

225 Der Freiherr hatte offenbar schon früher die Bibliothek mit Geschenken bedacht. Sein Testament (Dombibliothek Hildesheim, Sign.: HS

C 598) spricht von „machina mea", die nicht von ihm sondern einem anderen erdacht worden sei und von der sein Wappen, im Fall es als Zeichen der Eitelkeit gewertet würde, entfernt werden könne. Uffenbach, Merkwürdige Reisen, wie Anm. 164, S. 397, hat in der Bibliothek ein Bücherrad gesehen und schon den naheliegenden Ursprung vermutet: „Es war auch ein beweglicher Bücher-Pult, dergleichen wir zu Wolfenbüttel gesehen hatten, allhier."

226 Der Freiherr Franz Wilhelm von Spiegel [siehe fol. 181], der in der zweiten Hälfte des 18. Jahrhunderts Hildesheimer Domherr ist und ziemlich genau dem antizipierten aufgeklärten Feindbild Reuschenbergs entspricht, fällt aus dieser Position heraus ein vernichtendes

Die Dinge gehen einen langsamen Gang. Streitigkeiten mit der Familie um den Besitz des Amtes Vienenburg kommen dazwischen. Beim Testament liegt ein Aktenvermerk schließlich vom 9. Dezember 1704: „Demnach E. hochw. ThumbCapitel zu Hildesheim die von hiesigem vormahligen ThumbCap(itu)larherrn, von Reuschenberg hinterlassene Bibliothec für 2000 rhtl currenter müntz übernommen, und dieselbe biß zu ablage des Capitals zu behueff der iärlichen memorien zu verzinsen, gesinnet, so wird dem Schuldschreiber Sonneman anbefohlen, die Zinsen als 5 pro cento und in gesampt 100 rthl. iärlich dem bursario Lüdgers biß davon das Capital der 2000 rthl. bezahlet oder sonst anderwerte Verordnung ergehen wird, verabfolgen zu lassen."[227]

Als es zu Anfang des 19. Jahrhunderts darum geht, in den Nachwehen der Säkularisation die rechtliche Selbständigkeit der Dombibliothek als „Beverinsche Stiftung" gegenüber dem Domkapitel und damit die politische Berechtigung ihres Weiterbestehens nachzuweisen, berichtet der Bibliothekar und Domkanoniker Josef Rockar 1839 an den Minister der geistlichen und Unterrichts-Angelegenheiten und der Justiz in Hannover, das Domkapitel habe die Bibliothek an die Stiftung abgegeben, die dafür die Zinspflicht für die jährlichen Anniversarien übernommen habe. „Im Jahre 1814 hat selbe [Stiftung] indeß diese Capital-Schuld von 2000 rtl. durch Abtretung zweier ihr gehörenden Obligationen […] an die damalige Stiftsgüter Administration zu Hildesheim, unter Authorisation der Königlichen Regierungs-Commission zu Hannover vorzüglich wohl aus dem Grunde, weil die Einziehung dieser 2000 rtl. vom westphälischen Finanz-Minister Malchus bereits am 12ten August 1812 verfügt und ein desfalliges Arrangement zwischen dem damaligen Domainen-Administrator Osthaus und der General-Direction des öffentlichen Unterrichts zu Cassel geschlossen worden, tilgen müssen und unter dem 19ten September 1814 wirklich getilgt."[228]

Seit dem Tod Reuschenbergs sind Säkularisation, Inflation und Weltkriege über seinen Nachlass hinweggegangen. Bislang aber hat es den Anschein, als sei seine Sammlung im Wesentlichen erhalten geblieben. Das Gedächtnis ihres Stifters tragen vor allem die Bücher. Jeder, der sie aufschlägt, wird von seinem Besitzeintrag unmissverständlich angesprochen: „Ora pro me".

Jochen Bepler

Literatur

Biographische Angaben: Dylong, Hildesheimer Domkapitel, S. 320 Nr. 38; Bertram, Bischöfe von Hildesheim, S. 216; Klingebiel, Amtsträger, S. 710. – Hersche, Domkapitel 1, Nr. HI156, TR138.

Zu Wappen und Familie: Michels, Paderborner Domherren, S. 282; Adelslexikon 11 (2000), S. 340f. (mit weiterer Literatur); Neues allgemeines Deutsches Adels-Lexicon, hrsg. von Ernst Heinrich Kneschke, Bd. 7, Leipzig 1867, S. 365f.; Jürgen Huck, Allgemeine Geschichte von Neuss-Reuschenberg, in: 50 Jahre Neuss-Reuschenberg 1932–1982, Neuss 1982, S. 1–119, bes. S. 2–9; siehe auch die Abbildung in J. Siebmacher's grosses und allgemeines Wappenbuch, neu hrsg. von Otto Titan von Hefner, Bd. 3/1, Nürnberg 1857, Taf. 77 mit S. 60.

Urteil über den aktuellen Bildungsdrang seiner Mitbrüder. Vgl. Hermann Engfer, Die Aufklärung im Hildesheimer Domkapitel, in: Alt-Hildesheim 29 (1958), S. 29–42 und Braubach, Franz Wilhelm von Spiegel, passim.

227 Testament Hildesheimer Dombibliothek, Sign.: HS C 598.

228 Übersicht der Entstehung der Beverinschen Stiftung. Dombibliothek Hildesheim, Sign.: HS C 1601. Vgl. Bernhard Gallistl, Die Dombibliothek zu Hildesheim und ihre Geschichte, in: Die Dombibliothek Hildesheim: Bücherschicksale, Hildesheim 1996, bes. S. 86–90.

Maximilian Heinrich Joseph von Weichs († 1711)
Aufschwörungsbuch fol. 59r
Johann Bernhard Joseph von Weichs († 1732)
Aufschwörungsbuch fol. 60r

[fol. 59r:] *Maximilian Heinrich Joseph Freyherr von undt zu Weichs, Roesberg und Weyer* aufgeschworen am 7. Mai 1703

Accepit præbendam vacantem per obitum domini Henrici Wilhel(mi) de Wendt [siehe fol. 23] *apostolice. Mortuus*[a] *maii 1711.*

[fol. 60r:] *Joannes Bernardus Josephus Freyherr von und zu Weichs, Roesberg und Weyer* aufgeschworen: *eodem die, iidem nobiles.*

Accepit præbendam vacantem per obitum domini Stephani Theod(ori) de Schüngel [siehe fol. 43] *per collationem sui domini patrui decani de Weichs* [siehe fol. 19] *turnarii. Factus capitularis 8. novembris 1713. Accepit possessionem cantoriæ 7. aprilis 1723. Mortuus 16. septembris 1732.*

[fol. 59r / 60r:]
Eltern {2,3}: *Diederich Adolph Freyherr von undt zu Weichs, Herr zu Roesberg undt Weyer* ⚭ *Amelia Sophia von Hompesch zu Bulheimb*[b] – Großeltern väterlicherseits {4,5}: *Ferdinandt Freyherr von undt zu Weichs, Herr zu Roesberg undt*[c] *Weyer* ⚭ *Juliana Adolpha Sophia gebohrne Freiinn von*[d] *Morian*[d] *zu Nordtkirchen* – Großeltern mütterlicherseits {6,7}: *Wilhelm Degenhardt von Hompesch zu Bulheimb* ⚭ *Elisabeth Christina von Leick, Dochter zu Gritteren*

a) danach für das Tagesdatum vor *Maii* eine nicht ausgefüllte Lücke gelassen fol. 59.
b) *Bulheim* fol. 59.   c) *und* fol. 60.   d–d) korr. fol. 59 und fol. 60.

Am 7. Mai 1703 nahm das Hildesheimer Domkapitel gleich zwei neue Mitglieder auf: Maximilian Heinrich Joseph und Johann Bernhard Joseph von Weichs-Roesberg. Sie waren leibliche Brüder, so dass die beiden Ahnentafeln, sieht man von den Vornamen der Domherren ab, inhaltlich einander entsprechen. Eigentlich hätte man sich also mit lediglich einer Ahnentafel begnügen und damit die Praxis fortsetzen können, die im Anlagebestand des Codex beachtet wurde, also in dem Teil des Aufschwörungsbuches, den Johann Adolph von Loë am 22. November 1702 dem Hildesheimer Domkapitel vorgelegt hatte.[229] Seit das Amtsbuch jedoch in Dienst gestellt worden war, wurde jeder Domkanoniker gesondert einge-

229 Zum Anlagebestand des Codex siehe Schuffels, Aufschwörungsbuch, S. 98–103.

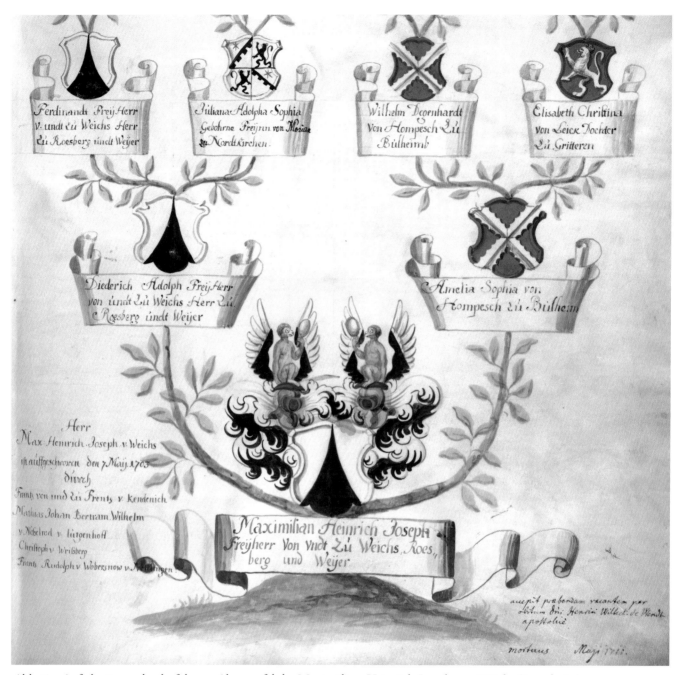

Abb. 62: Aufschwörungsbuch, fol. 59r. Ahnentafel des Maximilian Heinrich Joseph von Weichs (Ausschnitt)

tragen, selbst wenn sich, was des öfteren vorkam, unter den Kapitularen bereits ein Bruder befand. Die ersten Neoprovisi, auf die das zutraf, waren im Jahre 1703 die Brüder Maximilian Heinrich und Johannes Bernhard von Weichs. Ihr Beispiel ist auch deswegen besonders eindrücklich, weil die beiden an demselben Tag und sogar von denselben Adligen aufgeschworen wurden. Dennoch erhielt jeder eine eigene Ahnentafel im Aufschwörungsbuch: Maximilian Heinrich von Weichs auf fol. 59 (Abb. 62), sein Bruder Johann Bernhard auf fol. 60 (Abb. 63). Auf dem zuletzt genannten Blatt wurden lediglich die Angaben über das Datum und über die Einschwörer verkürzt: „Herr Iohan Bernhard v. Weichs eodem die iidem nobiles" (Herr Johann Bernhard von Weichs [wurde] an demselben Tag [aufgeschworen]; dieselben Adligen [haben

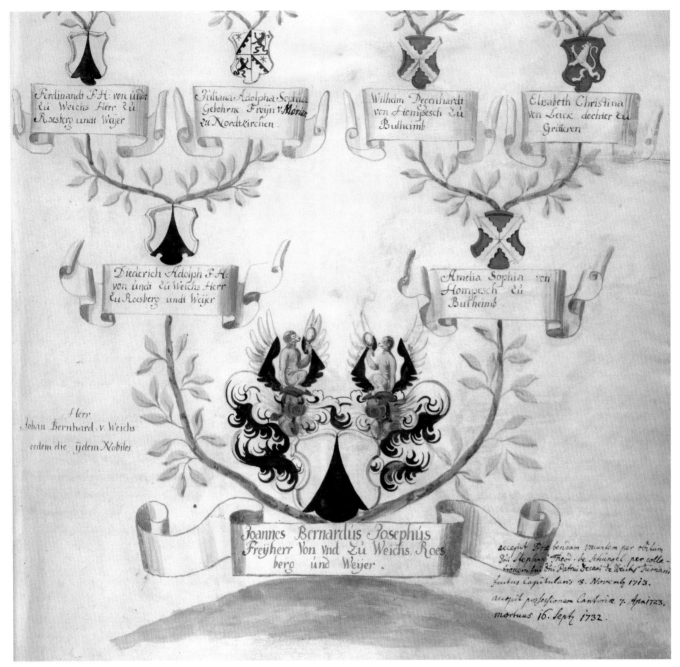

Abb. 63: Aufschwörungsbuch, fol. 60r. Ahnentafel des Johann Bernhard Joseph von Weichs (Ausschnitt)

die Aufschwörung vorgenommen]). Ebenfalls mit einer eigenen Ahnentafel ist ein weiterer leiblicher Bruder der beiden Domherren, Johann Friedrich von Weichs (1696–1756), vertreten [fol. 113: Abb. 72]. Er wurde allerdings erst rund drei Jahrzehnte später, im Mai 1732, in Hildesheim aufgeschworen und im September desselben Jahres dort installiert.

Die Aufschwörung von Maximilian Heinrich und Johann Bernhard von Weichs fiel zwar auf denselben Tag; ihre Kanonikate hatten sie freilich auf unterschiedlichen Wegen erlangt.[230] Wie die anderen Kathedralkapitel der

---

230 Die nachfolgenden Ausführungen über die Vergabe der Hildesheimer Domkanonikate orientieren sich an Beschreibungen der Ka-

pitelsverfassung, die erst im Zuge der Säkularisation verfasst wurden;
siehe dazu Dylong, Hildesheimer Domkapitel, S. 35–37. Die Unter-

Abb. 64: Hildesheim, Domhof. Fassade des Gymnasium Josephinum

Abb. 65: Hildesheim, Domhof. Fassade des Gymnasium Josephinum (Ausschnitt)

„Germania sacra" besaß das Hildesheimer Domkapitel das Recht der Selbstergänzung, so dass die durch Tod oder Resignation eines Domherrn freigewordenen Kanonikate von den übrigen Domherren wiederbesetzt werden durften. Allerdings galt diese Regelung nur in den sechs „geraden" Monaten Februar, April, Juni, August, Oktober und Dezember. Um unnötige Debatten und langwierige Abstimmungen zu vermeiden, hatten sich die Domherren überdies darauf verständigt, jeweils einem von ihnen, dem sogenannten Turnarius, die Auswahl des Neoprovisus zu überlassen. Wer Turnarius werden wollte, musste freilich in Hildesheim residieren. Außerdem wechselte der Amtsinhaber wöchentlich. Als am 10. Februar 1703 der Domherr Stephan Theodor (Dietrich) Franz von Bockenförde starb [siehe fol. 43], amtierte gerade der Domdekan Maximilian Heinrich von Weichs [siehe fol. 19] als Turnarius. Er war der Onkel der beiden Neoprovisi und nutzte die Gelegenheit, seinen Neffen Johann Bernhard ins Hildesheimer Kapitel nachzuziehen. Auf dessen Aufschwörtafel fol. 60 wurde deshalb notiert: „Er empfing die durch den Tod des Herrn Stephan Theodor von Schüngel freie Präbende auf Vorschlag des Turnarius, seines Onkels väterlicherseits, des Herrn (Dom-)Dekans von Weichs."

Der andere Neffe des Domdekans, der gleichnamige Maximilian Heinrich von Weichs, folgte dem Hildesheimer Domherrn Heinrich Wilhelm von Wendt [siehe fol. 23] nach, der am 7. Januar 1703 gestorben war – also nicht in einem „geraden", sondern vielmehr in einem „ungeraden" Monat. Seit dem Wiener Konkordat von 1448 stand in diesen Monaten das Kollationsrecht dem Papst zu; nur wenn der Heilige Stuhl verwaist war, durfte das Domkapitel die freigewordene Stelle wiederbesetzen.[231] Im Jahre 1703 machte der amtierende Papst Clemens XI. (1700–1721) von seinem Kollationsrecht Gebrauch. Unterhalb der Ahnenprobe des Maximilian Heinrich von Weichs (fol. 59) fügte man deshalb das Adverb „apostolice" hinzu; der Name des Papstes spielte für den Eintrag im Aufschwörungsbuch in diesem wie in den meisten anderen vergleichbaren Fällen keine Rolle. Übrigens verfügte Papst Clemens XI. nach dem Tod des Domherrn im Mai 1711 erneut über das Kanonikat, das diesmal Gottfried Conrad Gaudenz von Bocholtz erhielt [siehe fol. 76].

suchung der Frage, ob und inwiefern die retrospektiven Beschreibungen aus dem beginnenden 19. Jahrhundert mit der frühneuzeitlichen Verfassungswirklichkeit übereinstimmen, wäre wünschenswert, steht aber noch aus.

231 Zum Wiener Konkordat von 1448 siehe Hartmut Boockmann und Heinrich Dormeier, Konzilien, Kirchen- und Reichsreform 1410–1495 (Gebhardt. Handbuch der deutschen Geschichte, 10. Auflage, Bd. I/8), Stuttgart 2005, S. 93 und S. 151 (mit weiterer Literatur).

Abb. 66: Hildesheim, Domhof 24. Portal (Ausschnitt)

Abb. 67: Hildesheim, Domhof 24. Wappen des Domherrn Johann Bernhard von Weichs

In der Neuzeit wurden die meisten Neoprovisi dem Hildesheimer Domkapitel entweder wie Johann Bernhard von Weichs durch den amtierenden Turnarius oder wie Maximilian Heinrich von Weichs vom Papst vorgeschlagen. Darüber hinaus gab es noch zwei weitere Möglichkeiten, ein Kanonikat zu erlangen: Der Kaiser durfte bei seinem Regierungsantritt jeweils eine freie Präbende in den Dom- und anderen Stiftskapiteln besetzen („primae preces"), während Domherren, die ihren Nachfolger selbst bestimmen wollten, gezwungen waren, ihre Präbende zu resignieren und einer bestimmten Person – meistens wiederum dem Papst – die Neubesetzung zu übertragen. Einer „Ersten Bitte" Kaiser Karls VII. (1742–1745) verdankte der jüngere Bruder der beiden Domherren, der bereits erwähnte Johann Friedrich von Weichs [siehe fol. 113], sein Kanonikat im Osnabrücker Domkapitel. Dort war der Prezist im Übrigen der erste Vertreter seiner Familie, so dass manche Wappen seiner Ahnenprobe unbekannt waren und vom Hildesheimer Domkapitel bestätigt werden mussten (von Boeselager). Das Aufschwörungsbuch des Hildesheimer Domkapitels stellte dafür, wie man mit gutem Recht vermuten darf, die rechtlich verbindliche Grundlage der Beweismittel bereit, die Johann Friedrich von Weichs in Osnabrück vorzulegen hatte, bevor er im Jahre 1747 sein Kanonikat in Besitz nehmen konnte.[232]

Während die in der ersten Hälfte des 17. Jahrhunderts in den Reichsfreiherrenstand aufgerückte Familie von Weichs erst spät und selten Zugang in das neuzeitliche Osnabrücker Domkapitel fand, besetzte sie im benachbarten Hildesheimer Kathedralkapitel, sofern man die vier Zweige Koertlinghausen, Roesberg, Sarstedt und Wenne zusammennimmt, von allen Adelsfamilien mit Abstand die meisten Domherrenstellen. Allein während des 18. Jahrhunderts verschaffte sie nicht weniger als 16 Familienmitgliedern ein Kanonikat in der Bischofsstadt. Mehrfach hielten die kurkölnischen Zweige der ursprünglich aus dem bayerischen Adel stammenden Familie wichtige Schaltstellen der Macht in ihren Händen. In Hildesheim sind ihre Spuren nicht zu übersehen. Das gilt vor allen für den Onkel der beiden Neoprovisi des Jahres 1703, den bereits erwähnten Domdekan Maximilian Heinrich Joseph von Weichs (1651–1723).[233] Maßgeblich trug er dazu bei, dass das seit 1595 von den Jesuiten geführte und im Jahre 1643 wieder

---

232 Zu einem vergleichbaren Vorgang siehe Schuffels, Aufschwörungsbuch, S. 91 und S. 112–114 Anh. 8.

233 Maximilian Heinrich Joseph von Weichs (1651–1723) wurde im Jahre 1670 in Hildesheim aufgeschworen und 1674 dort installiert [siehe

fol. 19]. Seit 1682 amtierte er als Domscholaster und seit 1689 bis zu seinem Tod 1723 als Domdekan. Als nach dem Tod des Fürstbischofs Jobst Edmund von Brabeck (1688–1702) der bereits im Jahre 1694 zum Koadjutor bestellte Joseph Clemens von Bayern (1671–1723)

Abb. 68: Hildesheim, Domhof 24. Inschrift auf dem Türsturz

eröffnete Gymnasium ein neues Gebäude auf der Domfreiheit südlich der Kathedrale erhielt.[234] Die Namen der heute als „Josephinum" bekannten Schule – „Gymnasium Mariano-Josephinum Societat(is) Jesu" – und des „höchst freigebigen Mäzens" („mecoenatis munificentissimi") sind in der zweigeteilten Inschrift aus Goldbuchstaben festgehalten worden, die unübersehbar an der Fassade des Gebäudes prangt (Abb. 64) und die darüber hinaus auch das Baujahr 1694 überliefert („Gymnasium […] a fundamentis erectum anno MDCXCIV"). Hinzu kommt das Wappen des Domdekans Maximilian Heinrich Joseph von Weichs über dem von Säulen gerahmten Schulportal. „Anderer Beschützer" der Einrichtung („aliorum patronorum") gedenkt die übergroße Tafel auf rotem Grund, die den größten Teil der Inschrift enthält und zwischen dem zweiten und dritten Obergeschoss angebracht ist, dagegen nur knapp und pauschal (Abb. 65). Zu derselben Zeit betrieb Maximilian Heinrich Joseph von Weichs die Wahl des Herzogs Joseph Clemens von Bayern (1671–1723) zum Koadjutor des Hildesheimer Fürstbischofs Jobst Edmund von Brabeck (1688–1702), so dass er – nach den Untersuchungen von Manfred Weitlauff über die Reichskirchenpolitik des Hauses Bayern – als „gewiß der rührigste Vorkämpfer für eine bayerische Koadjutorie cum spe futurae successionis" im Hildesheimer Domkapitel zu gelten hat.[235] Nach mehrjähriger Vorbereitung durch den Geheimen Rat und Hofkanzler Jobst Edmunds von Brabeck, Carl Paul von Zimmermann, einen „glühenden Bewunderer des Hauses

daran gehindert war, sein Bischofsamt in Hildesheim anzutreten, übte von Weichs für ein gutes Jahrzehnt die geistliche Jurisdiktion in Hildesheim aus (Stillig, Hochstift Hildesheim in der Frühen Neuzeit, S. 347) und wurde darüber hinaus von Papst Clemens XI. im Jahre 1703 zum „Vicarius in spiritualibus (sede impedita)" und im Jahr darauf zum Hildesheimer Weihbischof und Titularbischof von Rhodopolis in partibus infidelium ernannt. Biographische Angaben nach: Hans-Georg Aschoff, in: Gatz, Bischöfe 1648 bis 1803, S. 563; Aschoff, Weihbischöfe in Hildesheim (1989), S. 36; Aschoff, Weihbischöfe in Hildesheim (1995), S. 80; Bertram, Bischöfe von Hildesheim, S. 218f.; Bertram, Bistum Hildesheim 3, S. 130; Dylong, Hildesheimer Domkapitel, S. 300 Nr. 10; Weitlauff, Reichskirchenpolitik des Hauses Bayern, S. 307 Anm. 105.

234 Die Bedeutung des gegen den Widerstand der protestantischen Landstände von Maximilian Heinrich Joseph von Weichs maßgeblich geförderten Neubaus des Gymnasium Josephinum für das katholische Unterrichtswesen der Stadt und des Bistums Hildesheim belegt Stillig, Hochstift Hildesheim in der Frühen Neuzeit, S. 363. – Siehe im übrigen Dylong, Hildesheimer Domkapitel S. 300, ferner Bischöfliches Gymnasium Josephinum Hildesheim. 400 Jahre. Festschrift zur Geschichte der Schule, Hildesheim 1995, S. 57 sowie Bertram, Bischöfe von Hildesheim, S. 201.

235 Zur Koadjutorenwahl Joseph Clemens' von Bayern siehe die ganz aus den Akten gearbeitete Darstellung von Weitlauff, Reichskirchenpolitik des Hauses Bayern, S. 300–332; das Zitat ebd., S. 307.

Abb. 69: Hildesheim, Domhof. Wappen des Domdekans Maximilian Heinrich von Weichs über dem Portal des Gymnasium Josephinum

Abb. 70: Aufschwörungsbuch, fol. 59r (Ausschnitt)

Bayern",[236] wählte das Hildesheimer Kathedralkapitel auf Empfehlung seines Domdekans am 8./18. Januar 1694 Joseph Clemens schließlich einstimmig zum Koadjutor.

Hinter ihrem Onkel scheinen die drei Neffen, die 1703 bzw. 1732 den Weg ins Hildesheimer Kathedralkapitel gefunden haben, doch etwas zurückgestanden zu haben. Der jüngste von ihnen, Johann Friedrich von Weichs, bekleidete immerhin mehrere Ämter und stieg im Jahre 1749 sogar zum Dompropst auf. Maximilian Heinrich starb bereits im Mai 1711, offenbar ohne endgültig im Domkapitel installiert worden zu sein. Dagegen war der wohl 1686 oder 1687 geborene Johann Bernhard von Weichs seit dem 8. November 1713 vollberechtigtes Mitglied des Hildesheimer Domkapitels. Im Jahre 1723 übertrug ihm der regierende Fürstbischof Joseph Clemens von Bayern das Amt des Domkantors.[237] Im Gegenzug wurde dessen Neffe Clemens August bei den Bischofswahlen im Jahr darauf von Johann Bernhard von Weichs unterstützt. Ebenfalls im Jahr 1723 folgte dieser seinem am 20. September 1723 verstorbenen Onkel Maximilian Heinrich als infulierter (das heißt zum Tragen der Mitra berechtigter) Propst des Kollegiatstiftes Sankt Cassius und Florentius in Bonn. Wie Dietrich Höroldt festgestellt hat, war die Bonner Propstei eine „Ehrenstelle mit erheblichen Einkünften": „Der Anreiz für viele Bewerber […] lag wahrscheinlich in den hohen Erträgen, die das Amt abwarf und denen nur sehr wenige Verpflichtungen gegenüberstanden".[238] Maximilian Heinrich von Weichs wurde bereits im Jahre 1694 auf Empfehlung des Kanzlers Zimmermann von Joseph Clemens zum Koadjutor in Bonn bestellt und hatte das Amt seit 1715 inne. Nach dem Tod seines Nachfolgers und Neffen Johann Bernhard ging das Amt im Jahre 1733 an dessen jüngeren Bruder Johann Friedrich von Weichs über.[239] An

---

236 Weitlauff, Reichskirchenpolitik des Hauses Bayern, S. 301. Der promovierte Carl Paul von Zimmermann amtierte von 1688 bis 1717 als Kanzler in Hildesheim.

237 Zu den Aufgaben des Kantors siehe oben S. 74 im Abschnitt über Jobst Edmund von Brabeck [siehe fol. 39].

238 Dietrich Höroldt, Das Stift St. Cassius zu Bonn von den Anfängen der Kirche bis zum Jahre 1580 (Bonner Geschichtsblätter 11), Bonn 1957, 2. Aufl. 1984, bes. S. 81–88 zur Propstei; die Zitate ebd., S. 81 und S. 86 (es wird nach der 1. Auflage zitiert).

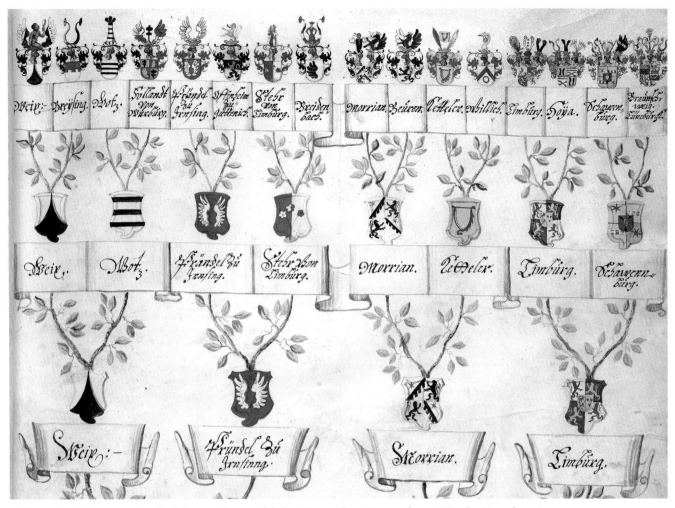

Abb. 71: Aufschwörungsbuch, fol. 19r. Ahnentafel des Maximilian Heinrich von Weichs (Ausschnitt)

Johann Bernhards Amtszeit als Bonner Propst erinnern sowohl die Bauinschrift an der Hildesheimer Kurie des Domkantors, auf die noch zurückzukommen sein wird, als auch seine (heute verlorene) Grabinschrift in der Kathedrale der Bischofsstadt.[240] Zur Restaurierung des Dominneren stiftete er im Jahre 1727 die erhebliche Summe von 3000 Talern. Im Alter von 45 Jahren ist Johann Bernhard von Weichs am 6. September 1732 gestorben und wurde im südlichen Querhaus des Doms bestattet; das Kantorenamt übernahm Jobst Edmund von Brabeck [siehe fol. 39], der Neffe des gleichnamigen Hildesheimer Fürstbischofs.

Weit weniger als die barocke Fassade des Josephinum wird auf dem Hildesheimer Domhof das Gebäude südlich des bereits erwähnten Paulustors[241] beachtet. Nur selten verirrt sich ein Besucher auf das Grundstück der einstigen Domherrenkurie des Domkantors Johann Bernhard von Weichs (heute Domhof 24), die etwas versteckt von der Straßenfront zurückliegt. Die Mauer, die das Grundstück umschließt, wird nur von einem oben offenen Tor durchbrochen.

239 Höroldt, St. Cassius zu Bonn, wie vorige Anm., S. 213; Weitlauff, Reichskirchenpolitik des Hauses Bayern, S. 307 Anm. 105; von Boeselager, Osnabrücker Domherren, S. 335f. mit Anm. 14.

240 Johann Bernhard von Weichs wurde von der heute verlorenen Grabinschrift im Hildesheimer Dom ausdrücklich als „archidiaconalis

ecclesiae Bonnensis praepositus infulatus" bezeichnet (Bertram, Bischöfe von Hildesheim, S. 237).

241 Zum Paulus- bzw. „Düsteren" Tor siehe oben S. 77f. im Abschnitt über Jobst Edmund von Brabeck [siehe fol. 39].

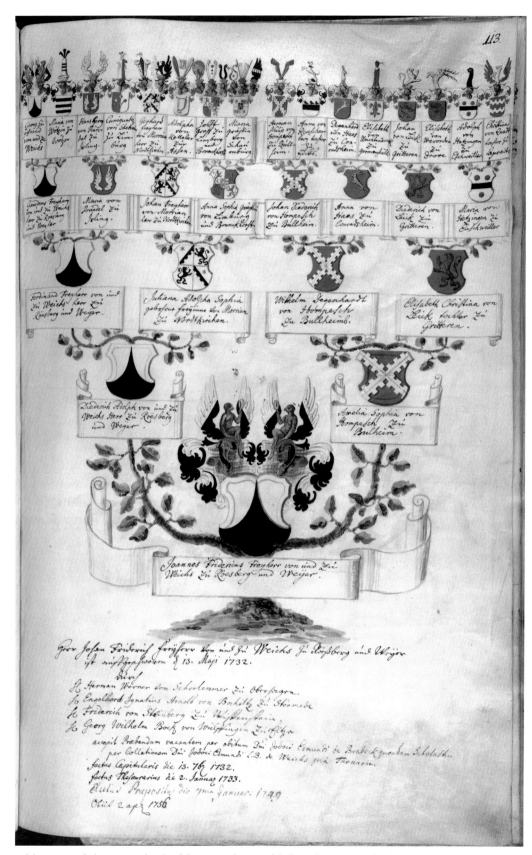

Abb. 72: Aufschwörungsbuch, fol. 113r. Ahnentafel des Johann Friedrich von Weichs

Zwei mächtige Pfeiler rahmen das Tor. Sie erheben sich auf einem viereckigen und, da der Straßenflucht angepasst, parallelogrammartig verschobenen Grundriss[242] und tragen eine etwas klobig ausgefallene urnenartige Bekrönung. Erst wer das Tor passiert, entdeckt das Portal der Kurie und das Wappen der Familie von Weichs (Abb. 66). Die in einem elliptischen Bogen auslaufende Doppelflügeltür wird von einem wulstartig profilierten Türpfosten umschlossen. Vom Türsturz grüßt den Besucher ein wohlgenährter, ziemlich breit geratener Engelskopf. Während der Eingang zum Josephinum von Säulen gerahmt wurde (Abb. 64), dienen an der Kurie Pilaster als Portalrahmung. Der barock gesprengte Konvexbogen des Giebelfeldes wird vollständig durch das Wappen der Familie von Weichs gefüllt (Abb. 67). Es erinnert an den Domherrn, der die Kurie im 18. Jahrhundert umbauen ließ. Doch dessen Namen gibt erst die Inschrift aus drei zentrierten Zeilen zwischen Giebel und Türsturz preis (Abb. 68): „Johann Bernhard Freiherr von und in Weichs zu Roesberg, Kantor und Kapitular der Hildesheimer Kathedralkirche und Propst [des Kollegiatstiftes Sankt Cassius und Florentius] zu Bonn, [im Jahr] 1729."[243]

Für die Inschrift wurden goldene, in den Grund eingetiefte Kapitalisbuchstaben verwendet. Von der Jahreszahl abgesehen dienen Doppelpunkte als Worttrenner. Das auffällige Wappenbild zeigt die in Silber – an der Kurie wurde dafür wie im Aufschwörungsbuch die weiße Farbe verwendet – eingebogene aufsteigende schwarze Spitze. Das ovale Wappenbild der Kurie steckt in einem reich ornamentierten goldenen Rahmen, in dem auch die beiden Bügelhelme Platz gefunden haben; als Helmzier dienen zwei einander zugewandte Affen mit jeweils einem Spiegel. Allerdings sind diese Figuren stark verwittert. Anders als die Wappen der von Weichs im Aufschwörungsbuch und das Wappen im Giebelfeld der Kurie Johann Bernhards wird das ältere Gegenstück über dem Portal des Josephinum übrigens lediglich von einer Adelskrone, aber nicht von einem Helm bekrönt (Abb. 69).[244]

Im Aufschwörungsbuch lassen sich die Tinkturen und die Helmzier weit besser erkennen als an der Kurie (Abb. 62 und 63): Die in Silber eingebogene aufsteigende schwarze Spitze wird ergänzt um die Helmzier aus zwei Bügelhelmen mit schwarz-silbernen Decken; auf viereckigen roten Kissen hocken zwei einander zugewandte natürliche Affen, von denen jeder in seiner Pfote einen ovalen Spiegel hält, in den er hineinschaut. Wohl aus Platzgründen hat man in der obersten Reihe der Ahnenprobe die Helmzier auf jeweils einen Affen reduziert; das gilt für die beiden Tafeln von 1703 (Abb. 70) ebenso wie für die ältere Aufschwörtafel von Maximilian Heinrich von Weichs (Abb. 71). Diese musste sich noch auf die Familiennamen der Vorfahren beschränken; im Anlagebestand der Handschrift begegnen des öfteren unvollständige Ahnenreihen. Dagegen sind auf fol. 59, auf fol. 60 und auf fol. 113 sämtliche verzeichnete Vorfahren mit ihren Vornamen eingetragen worden. Darüber hinaus gibt die Aufschwörtafel von Johann Friedrich von Weichs auf fol. 113 die Helmzier auch in der fünften Generation vollständig mit zwei Affen wieder (Abb. 72).

Der Hildesheimer Domkantor und Bonner Propst Johann Bernhard von Weichs, der nach Auskunft der Inschrift seine Kurie im Jahre 1729 erneuern ließ, stand am Ende einer langen Reihe prominenter Vorbesitzer, die sich wahrscheinlich bis in die Mitte des 12. Jahrhunderts zurückverfolgen lässt; doch kann die Frühgeschichte der Kurie an dieser Stelle nicht weiter ausgebreitet werden.[245] Nach der Säkularisation des Bistums Hildesheim wurde

---

242 Grund- und Aufriss der Torpfeiler des Anwesens Domhof 24 sind wiedergegeben bei Adolf Zeller, Die Kunstdenkmale der Stadt Hildesheim. Bürgerliche Bauten (Die Kunstdenkmäler der Provinz Hannover II, 4 ‹recte: 5› [12]), Hannover 1912, Nachdruck als Kunstdenkmälerinventare Niedersachsens 26, Osnabrück 1979, S. 155 Abb. 108.

243 „Johan(nes) Bern(hardus) liber baro de et in Weichs de Reusberg, cathedralis ecclesiae Hild(esheimensis) cantor et capitularius, praepositus in Bonn, MDCCXXIX."

244 Geistliche Würdenträger nutzten statt des Helms offenbar gerne die Adelskrone als Helmzier (Handbuch der Heraldik, S. 88).

245 Die Namen von zwei Besitzern der Kurie Domhof 24 aus dem späten Mittelalter und der frühen Neuzeit sind sogar in einer weiteren Inschrift überliefert, die einst in die Mauer eines Seitengebäudes der Kurie eingelassen war; Text bei Wulf, Inschriften der Stadt Hildesheim 2, Nr. 209 S. 503f. Nach freundlich erteilter Auskunft von Herrn Professor Dr. Ing. Karl Bernhard Kruse befindet sich die Inschriftentafel seit 1994 beim Restaurator. – Der Verf. bereitet eine Abhandlung über die Geschichte der Kurie vor, in der auch die beiden Inschriften und die weitere, bislang unberücksichtigt gebliebene Überlieferung berücksichtigt werden.

die Kurie durch den preußischen Staat verkauft, ehe in der zweiten Hälfte des 19. Jahrhunderts der Hildesheimer Bischof Eduard Jakob Wedekin (1849–1870) sie erwarb und in ihr das Bischöfliche Knabenkonvikt unterbrachte, das bis 1979 bestand.

Christian Schuffels

Literatur

Biographische Angaben zu Maximilian Heinrich Joseph von Weichs: Dylong, Hildesheimer Domkapitel, S. 323 Nr. 43. – Hersche, Domkapitel 1, Nr. HI162.

Biographische Angaben zu Johann Bernhard Joseph von Weichs: Dylong, Hildesheimer Domkapitel, S. 323f. Nr. 44; Bertram, Bischöfe von Hildesheim S. 237. – Hersche, Domkapitel 1, Nr. HI163.

Zu Wappen und Familie: Adelslexikon 16 (2005), S. 7–9 (mit weiterer Literatur); Genealogisches Handbuch 127 = Freiherrliche Häuser 22 (2002), S. 595–619, bes. S. 600; Adalbert Freiherr von Pechmann, in: Genealogisches Handbuch des in Bayern immatrikulierten Adels 23, Neustadt an der Aisch 2000, S. 536–562.

Zur Kurie Domhof 24: Wulf, Inschriften der Stadt Hildesheim 2, Nr. 309 S. 503f.; Helga Assenmacher, Haus Domhof Nr. 24. Eine Kurie und ihre Geschichte, Hildesheim 1999 (freundlicher Hinweis von Herrn Professor Dr. Ing. Karl Bernhard Kruse).

Zur Ahnenprobe des Johann Friedrich von Weichs siehe die Nachweise bei von Boeselager, Osnabrücker Domherren, S. 335–337 Nr. 123 und bei Dylong, Hildesheimer Domkapitel, S. 362f. Nr. 97.

Ernst Friedrich von Twickel (1683–1734)
Aufschwörungsbuch fol. 72r

Ernst Friederich Freyherr von Twickell zu Havixbeck

Eltern {2,3}: *Christoff Bernard Freiherr von Twickell zu Havixbeck* ⚭ *Anna Francisca Sibilla Droste von Senden* – Großeltern väterlicherseits {4,5}: *Joan(nes) Beveren von Twickell zu Havixbeck* ⚭ *Wilmina von der Recke zu Steinfurt* – Großeltern mütterlicherseits {6,7}: *Jobst Mauritz Droste zu Senden* ⚭ *Anna Petronella Raitz von Frentz zu Gustorff*

aufgeschworen am 16. Juli 1708

Accepit præbendam vacantem per obitum domini Maxim(iliani) Henrici de Gymnich [siehe fol. 49] *per collationem pontificiam. Factus capitularis 17. decembris 1708. Electus a reverendissimo capitulo in præpositum 14. octobris 1727. Accepit possessionem præposituræ 24. decembris 1727. Mortuus circa medium noctis inter 17. et 18. ianuarii 1734.*

Bereits im Mittelalter haben die Hildesheimer Domherren wesentlich zur kunstvollen Ausstattung ihrer Kathedralkirche beigetragen. Die erste sicher bezeugte und annähernd datierte Altarstiftung eines Domkanonikers reicht bis in das ausgehende 12. Jahrhundert zurück und steht am Beginn einer langen Reihe von Kapellen-, Altar- und Vikariestiftungen, die während des späteren Mittelalters die Domkirche in ihrer liturgischen Struktur veränderten und ihr durch den Anbau von Kapellen an die Seitenschiffe zumindest in der Außenansicht ein gotisches Gepräge gaben. Diesen gotischen Seitenschiffskapellen galt seit dem Ende des Dreißigjährigen Krieges das besondere Augenmerk der adligen Hildesheimer Domkanoniker. Sie ließen sie, wo notwendig, instand setzen und dem barocken Zeitgeschmack entsprechend neu ausstatten – sicherlich auch in der Absicht, eine würdige Grablege für sich selbst und für ihre Verwandten zu schaffen, die später noch ins Domkapitel aufgenommen werden würden.

Im 18. Jahrhundert hat vor allen Ernst Friedrich von Twickel eine überaus glückliche Hand bewiesen, als er die (von Westen aus gerechnet) vierte Kapelle am südlichen Seitenschiff der Hildesheimer Kathedrale erneuern und dabei auf eigene Kosten den Altar ersetzen ließ. Denn von Twickel beauftragte den kurpfälzischen Bildschnitzer Paul Egell (1691–1752). Seit Klaus Lankheits mustergültigen Untersuchungen gilt Egell zu Recht als „seltsam geniale Persönlichkeit […] innerhalb des deutschen Barock", die „meteorhaft" unter den Künstlern des 18. Jahrhunderts hervorragt.[246] Die Kapelle, zu deren Altarausstattung auch Dietrich Otto Korff genannt Schmising [siehe fol. 26] beigetragen hatte,[247] war damals unter anderem Mariä Empfängnis und – etwa seit der Mitte des 17. Jahrhunderts – dem heiligen Bernward geweiht.[248] Das Patrozinium bestimmte auch das Bild- und Figurenprogramm des rund sechs Meter hohen Altars aus

---

246 Klaus Lankheit, Der kurpfälzische Hofbildhauer Paul Egell 1691–1752, 2 Bde., München 1988, Bd. 1, S. 15.

247 Nähere, bisher unveröffentlichte Einzelheiten dazu oben in der biographischen Skizze zu fol. 26 (Dietrich Otto Korff genannt Schmising).

248 Hermann Engfer, Die Patrozinien des Domes, in: Der Hildesheimer Dom. Architektur, Ausstattung, Patrozinien, hrsg. von Victor H. Elbern, Hermann Engfer und Hans Reuther (Die Diözese Hildesheim in Vergangenheit und Gegenwart 41/42), Hildesheim 1974,

Abb. 73: Aufschwörungsbuch, fol. 72r. Ahnentafel des Ernst Friedrich von Twickel

Abb. 74: Hildesheim, Dom. Kapelle Mariä Empfängnis und des heiligen Bernward (Vorkriegszustand)

Mensa, Reliquienschrein, Retabel und Schnitzfiguren, den Egell äußerst geschickt dem schmalen und spitzbogig zulaufenden östlichen Wandfeld der gotisch gewölbten Kapelle einpasste (Abb. 74). Drei annähernd lebensgroße und freiplastisch aufgestellte Figuren stellen die Gottesmutter Maria und ihre Eltern Anna und Joachim dar. Die Marienfigur wurde von einem gemalten Altarblatt hinterfangen, auf dem ein Engel in Anbetung der Gottesmutter zu sehen war. Deutlich hervorgehoben wurde die Statue darüber hinaus durch den zugleich als Reliquienschrein genutzten Sockel, auf dem ein Relief den heiliggesprochenen Hildesheimer Bischof Bernward zeigt, der vom Stifter des Altars fußfällig verehrt und um den Schutz der Armen und Kranken angefleht wird (Abb. 75).

Den Zweiten Weltkrieg haben lediglich das Reliefbild und die drei Statuen überstanden.[249] Der künstlerische Stil und die Entstehung des Altars wurden von Klaus Lankheit vorbildlich untersucht; er hat auch den in Hildesheim am 6. April 1729 zwischen dem Domherrn und dem Künstler geschlossenen und von ihnen eigenhändig unterzeichneten Vertrag aufgefunden und veröffentlicht. Daraus geht hervor, dass Egell bei diesem Auftrag das wirtschaftliche Risiko des Unternehmers ganz alleine trug. Die handschriftlichen Ergänzungen der Vertragsurkunde lassen den durch Abschlagszahlungen honorierten Fortgang der Arbeiten erkennen und belegen zugleich, dass der Hildesheimer Altar am 16. Dezember 1731 vollendet gewesen ist.[250] Damals aber waren die übrigen Arbeiten an der Kapelle offenbar noch nicht abgeschlossen; jedenfalls wurde sie erst im Jahre 1733 geweiht. Dieses Datum ergibt sich aus der Inschrift an einer leider nicht erhalten gebliebenen Darstellung der Gottesmutter mit dem Christuskind und des vor ihnen knienden Ernst Friedrich von Twickel. Eine dem Domherrn zugeordnete „Schriftrolle" oder „Votivtafel" verzeichnete das Weihejahr 1733, die zahlreichen Patrone des Altars sowie den Namen und die Amtstitel des Stifters.[251]

S. III–I3I, S. I26f. Engfers Aufstellung gibt den immer noch gültigen Kenntnisstand wieder, der sich jedoch durch mehrere in der Zwischenzeit neu aufgefundene Quellen des hohen und späten Mittelalters sowie der frühen Neuzeit erheblich erweitern lässt; daher werden die Altäre, ihre Patrozinien und der Reliquienschatz der Hildesheimer Kathedrale derzeit von einer Arbeitsgruppe (unter Beteiligung des Verf.) in Göttingen, Leipzig und Kiel erneut untersucht.

249 Die Statuen und das Relief befinden sich heute nicht mehr an ihrem ursprünglichen Bestimmungsort in der Kapelle Mariä Empfängnis und des heiligen Bernward, sondern wurden nach dem Zweiten Weltkrieg in der westlich anschließenden Elisabethkapelle des Hildesheimer Doms aufgestellt. Da die Altarmensa und das Altarblatt verloren sind, behalf man sich mit in die Wand eingelassenen Marmorsockeln, deren schwarz-melierter Farbton Egells Skulpturen kaum gerecht wird. Im Übrigen rücken die Figuren in ihrer heutigen Aufstellung zu nah aneinander; das gilt für Joachim und Anna ebenso wie für die Marienstatue, die ursprünglich rund 50 cm höher angebracht war (Elisabeth Epe). Besonders „unzweckmäßig" (Klaus Lankheit) ist das Alabasterrelief aufgestellt: Es dient als Antependium. Angesichts der vorzüglichen Photographien aus der Vorkriegszeit, auf die bereits Lankheit aufmerksam gemacht hat (Lankheit, Paul Egell, wie Anm. 246, Bd. 1, S. 247 Anm. 119 und ebd., Bd. 2, Abb. 112) und die jüngst noch einmal abgebildet wurden (Kat. Hildesheim 2000, S. 80f. Abb. 81f.), wäre es eigentlich ein leichtes, den Skulpturen und dem Relief durch eine geschicktere Anordnung an ihrem ursprünglichen Aufstellungsort die vom Künstler beabsichtigte Wirkung zurückzugeben. Die Restaurierung des Hildesheimer Doms böte dafür die gute Gelegenheit.

250 Haus Havixbeck bei Münster, Familienarchiv der Freiherrn von Twickel. – Der Vertragstext wurde bekanntgemacht und erstmals

abgedruckt von Klaus Lankheit, Der Vertrag zum Hildesheimer Altar des Johann Paul Egell, in: Beiträge zur Kunstgeschichte. Eine Festgabe für Heinz Rudolf Rosemann zum 9. Oktober 1960, hrsg. von Ernst Guldan, München 1960, S. 221–230, S. 227f.; nochmals ediert und zusätzlich faksimiliert von Lankheit, Paul Egell, wie Anm. 246, Bd. 2, Dokumente Nr. 47 S. 538 und S. 577–580.

251 Zur Darstellung an der Westwand der Kapelle siehe Friedrich Bleibaum, Bildschnitzerfamilien des Hannoverschen und Hildesheimischen Barock (Studien zur Deutschen Kunstgeschichte 227), Straßburg 1924, S. 181f. mit Wiedergabe der Inschrift in Anm. 5. Die Inschrift überliefert auch Johann Michael Krâtz in seiner unvollendeten und nicht publizierten Beschreibung des Hildesheimer Doms, in: Hildesheim, Dombibliothek, Sign.: C 31a, S. 108 mit Anm. 178: „Deo optimo maximo eiusque virgineae sine labe matri, sacrae ipsius familiae, magnis sanctis sancto Josepho, sancto Joachimo, sanctae Annae, sancto Bernwardo, sancto Godehardo episcopis reliquisque patronis tutelaribus altare huius capellae seque una aeterno affectu donat, dicat, consecrat Ernestus Fridericus episcopus Botrensis, liber baro de Twickel ex Havixbeck, cathedralium ecclesiarum Hildesiensis et Monasteriensis respective praepositus, canonicus et archidiaconus, per civitatem et dioecesin Hildesiensem in spiritualibus et temporalibus vicarius generalis et officialis, ordinis sancti Michaelis archangeli magnus commendator etc. Anno MDCCXXXIII." – Krâtz' Manuskript geht auf eine eigene kürzere und ältere Fassung zurück, die den Text der Inschrift ebenfalls enthält (Hildesheim, Dombibliothek, Sign.: C 31, S. 96). Wie an dieser Stelle nicht weiter ausgeführt werden kann, liegen dieser älteren Fassung wiederum Konzepte von Krâtz zugrunde, die sich an verschiedenen Stellen in den sogenannten C-Akten der Dombibliothek erhalten haben, so dass sich insgesamt d r e i Fassungen rekonstruieren lassen. Zu Krâtz grundlegend ist Engfer, Kratz, passim.

Abb. 75: Hildesheim, Dom. Altar von Paul Egell für die Kapelle Mariä Empfängnis und des heiligen Bernward, Relief

Bei Abschluss des Vertrages im Jahre 1729 hatte Egell seinem Auftraggeber zugesichert, er werde den Altar „auff dem newesten und besten gusto" und „nach allem Fleiß" so „verfertigen, daß Ehr und Reputation damit einzulegen ich mich getrawe" – er also seine Ehre und seinen Ruf als Künstler einsetzen wollte. Was mit dem neuesten und besten Geschmack gemeint war, lehrt noch heute der Blick auf alte Photographien (Abb. 74) und vor allem auf die drei Statuen und auf das Relief. Egell spielte mit der Vielfalt der tatsächlich und vermeintlich verwendeten Materialien: So kombinierte er das Flachrelief aus Alabaster, die Malerei auf Leinwand und die aus Holz gefertigten Statuen. Die konstruktiven Teile des Altars bestanden aus Eichenholz. Das galt auch für den Rahmen des Retabels, dessen Fassung aber Buntmarmor und Halbedelsteine imitierte und teilvergoldet wurde. Besonders grandios verfuhr der Künstler bei den Figuren: Er schnitzte sie aus Lindenholz, täuschte aber, indem er eine Kupferlegierung auftrug, einen Gelb- bzw. Bronzeguss vor und stellte sie damit in eine Reihe mit den „epochemachenden Großbronzen des römischen Hochbarock". Die Übereinstimmung betraf sowohl die äußere Erscheinung der Statuen als auch den Aufbau des gesamten Altars, der auf Elemente der Kleinarchitektur völlig verzichtete und selbst in den rahmenden Teilen starre Geraden zugunsten flacher Bogenlinien zu vermeiden sucht. Klaus Lankheit hat darüber hinaus den Nachweis geführt, dass Egells Hildesheimer Altar „mit den monumentalen Figuren der großen Dekoration von Gianlorenzo Bernini in St. Peter wetteifern" konnte.[252]

Allerdings strebte der Bildschnitzer, wie Lankheit deutlich gemacht hat, nicht die simple Nachahmung des italienischen Lehrmeisters seines eigenen Lehrers Balthasar Permoser (1651–1732) an. Egell, der sein Handwerk auf gotische

---

252 Den Nachweis im einzelnen führt Lankheit, Paul Egell, wie Anm. 246, Bd. 1, S. 87; ebd. auch die Zitate. – Von Lankheits eindrucksvollen Gegenüberstellungen sei nur der Vergleich der Figur des Joa- chim vom Hildesheimer Altar mit Berninis Bronzestatue des heiligen Augustinus (Rom, Sankt Peter) erwähnt.

Abb. 76: Hildeheim, Dom. Altar von Paul Egell, Statue der heiligen Maria

Traditionen zurückführen konnte, nahm den sinnlichen Ausdruck, der Berninis Figuren auszeichnet, zugunsten einer expressiven Gestaltung der Gesichter und mehr noch der Gewänder zurück und fand auf diesem Wege zu einem ihm eigenen Stil, der sich deutlich vom römischen Barock unterscheidet. Die jugendliche Maria des Hildesheimer Altars ist keine püppchenhaft gezierte Prinzessin (Abb. 76 und 78). Ihr Antlitz strahlt vielmehr hoheitsvolle Ruhe aus; es wird geprägt durch markante Gesichtszüge und die niedergeschlagenen Augenlider. Dass Maria konzentriert und wie in sich versunken wirkt, liegt zudem an den vor der Brust verschränkten Händen. Zu Füßen der Gottesmutter hat Egell einen muskulösen Engel angeordnet. Dieser trägt einen faltenreichen Mantel, der mehr entblößt als er verhüllen würde (Abb. 77). So bleiben der gesamte sich vorbeugende Oberkörper und das rechte Bein völlig unbekleidet. Der Engel bildet einen reizvollen Kontrast zu dem eher geschlossenen Umriss der Marienfigur: Sein Flügel und sein erhobener rechter Arm greifen weit nach hinten aus; das nach vorne gestreckte Bein, ergänzt um den seitlich über den Sockel fallenden Zipfel des Mantels, fängt die Bewegung geschickt auf. Dem Engel gegenüber und beinahe von der Wolke unter Mariens Füßen verdeckt erkennt man den Kopf des getöteten Drachen, auf dem die Blicke sowohl der Gottesmutter als auch des Himmelsboten ruhen. Sie triumphieren aber nicht über ihn; ihre Gesichter drücken eher Mitleid und Vertrauen in die göttliche Vorsehung aus.

Um Annas Mutterrolle zu betonen, hat Egell ihre Figur in Gestalt und Gebärde deutlich der Tochter angeglichen (Abb. 79). Wie Maria schlägt auch Anna die Augenlider nieder und hat die Hände vor der Brust verschränkt. Auf ihr fortgeschrittenes Alter weisen die knöchrigen Finger und die verhärteten Gesichtszüge hin. Gleichwohl lässt sich die Familienähnlichkeit sogar im Antlitz etwa anhand des geraden, beinahe breiten Nasenrückens erkennen. Egell hat die Statuen von Mariens Eltern auf schräggestellten Sockeln seitlich der Altarmensa und damit erheblich tiefer als die ihrer Tochter angeordnet. Anna rückte dadurch allerdings in die südwestliche Ecke der Kapelle; dies fing der Künstler auf, indem er sie als „figura serpentinata" bildete und ihren Oberkörper zur Altarmitte hin drehte. Hinzu kommt das kleine, in einem Buch blätternde Marienkind am Rockschoß der Mutter.

Auf den ersten Blick wirkt die Figur des Joachim wegen ihrer Gestik und Mimik als vollständiger Gegensatz zu Anna (Abb. 80). Bei genauerem Hinsehen erkennt man freilich, dass die beiden Statuen spiegelbildlich konstruiert sind. Mit seiner geöffneten rechten Hand – einem von Bernini übernommenen Motiv – scheint Joachim den Gläubigen aufzufordern, die Kapelle zu betreten; folgt man der Aufforderung, dann wird die Andacht des Besuchers schon durch den emporgeworfenen Kopf und den verzückten Blick des Heiligen unmittelbar auf Maria gelenkt. Während sich in dem Gesichtsausdruck von Anna und ihrer Tochter gesammelte Ruhe spiegelt, ist alles an Joachim ekstatische Begeisterung: die grandios geschnitzten Locken seines Haupthaares und seines Bartes, der geöffnete Mund, das summarisch gearbeitete, aber heftig bewegte Gewand und vor allem die Hände mit ihren sorgsam ausgebildeten Fingern.

Noch höher als bei den Figuren hat Egell seine Meisterschaft bei dem leicht gewölbten und rund 50 cm hohen Sockelrelief aus Alabaster getrieben, dessen Breite sich nach oben hin von 86 auf rund 70 cm verjüngt (Abb. 75). Gearbeitet „in meisterhaften Abstufungen" ist die Ikonographie des Reliefs, worauf zuletzt Elisabeth Epe hingewiesen hat, ganz ungewöhnlich.[253] Im Mittelpunkt des Geschehens steht der Hildesheimer Bischof Bernward (993–1022), der alle anderen Figuren überragt. Egell schildert ihn als Kirchenfürsten des 18. Jahrhunderts, der mit seinem Gefolge erhöht auf zwei extrem geschwungenen Treppenstufen steht, als sei er soeben aus einem Palast getreten. Kannelierte Pilaster zu Seiten der Treppe rhythmisieren das Bildfeld und geben der Szene etwas Bühnenartiges. Für die Komposition sind sie unentbehrlich, verdeutlichen sie doch die Raumflucht. Daher ist der rechte, als vorderer zu verstehende Pilaster sehr viel exakter ausgearbeitet – man beachte nur die Füllungen in den Kanneluren! – und steht deutlicher aus dem Reliefgrund vor als sein Pendant links, das gleichsam in den Hintergrund rückt. Vor der

253 Elisabeth Epe, Immaculata-Altar, in: Bernward von Hildesheim, Bd.
        2, Kat. Nr. IX–41 S. 644; dort auch das Zitat.

großen Gestalt des bärtigen Heiligen, die in prachtvolle Gewänder gehüllt ist und eine mächtige Mitra trägt, ist der Stifter des Altars, Ernst Friedrich von Twickel, auf die Knie gesunken und hat Bernwards rechte Hand ergriffen, die dieser seinem Besucher huldvoll entgegenstreckt: „der Empfang wird als eine Audienz gewährt".[254] Von Twickel hat ein Gebetbuch neben sich auf den Boden gelegt und wird von einem Engel begleitet. Die Szene steht aber nicht um ihrer selbst willen im Mittelpunkt des Geschehens. Während das Relief nach rechts durch einen sorgsam drapierten und gerafften Vorhang abgeschlossen wird, hat Egell im unteren linken Drittel eine Figurengruppe auffällig ins Bild gesetzt. Unter den abgerissenen Gestalten, die der Künstler mit sichtlicher Anteilnahme schildert, ohne ihre Gebrechen zur Schau zu stellen, befinden sich ein Greis, der auf das Strohbündel einer Schubkarre gelagert worden ist, daneben eine Frau, die demütig bittend auf den Stifter weist, sowie dahinter ein weiterer Mann auf Krücken und der Kopf einer vierten Figur. Den Schutz dieser Armen und Gebrechlichen erbittet von Twickel bei dem großen heiliggesprochenen Bischof des Bistums. Thematisch wie kompositionell ist die Bettlergruppe also von entscheidender Bedeutung für die Darstellung. Daher bildet sie den Ausgangspunkt der Diagonalen, die sich durch das Relief ziehen lässt, und wurde von Egell darüber hinaus fast vollrund ausgearbeitet – sogar noch mehr als die „Audienz" im Mittelgrund, die wiederum deutlicher als die Assistenzfiguren um Bischof Bernward hervortritt, während die übrige Architektur im Hintergrund nur in Umrissen zu erkennen ist und sich zum Teil kaum einen Millimeter vom Reliefgrund abhebt.

Der ausgesprochen malerische Reiz des Kunstwerks wirft die Frage auf, warum für den Altar ausgerechnet diese Szene ausgewählt wurde, obwohl sie in der Bernward-Ikonographie, wie bereits bemerkt, ihresgleichen sucht. Es wurde von der wissenschaftlichen Literatur bislang noch nicht beachtet, dass die Darstellung offenkundig an die „Vita Bernwardi", die Lebensbeschreibung Bischof Bernwards von Hildesheim, anknüpft. Denn in ihr berichtet Thangmar, Bernwards zeitgenössischer Biograph, über den Bischof, dieser habe die Menge der Armen „tagtäglich zu hundert oder mehr durch überreichliche Nahrung erquickt; viele unterstützte er auch durch Geldzahlung oder andere Hilfsmittel, wie es die Gelegenheit erlaubte."[255]

Die durchaus eigenwillige Idee, Bernward, den Mitpatron der Kapelle, gerade als den karitativen Wohltäter vor Augen führen zu lassen, als den ihn die „Vita Bernwardi" schildert, wird kaum vom Künstler aus Mannheim stammen, sondern geht ohne Zweifel auf den Stifter des Altars selbst zurück, der sich sehr gut in Bernwards Heiligenvita ausgekannt haben muss. Um die Einzelheiten des Auftrags abzusprechen, hat von Twickel den Künstler im April 1729 übrigens eigens nach Hildesheim kommen lassen, wie aus dem Vertrag zu erfahren ist („und deßhalber mich [...] anhero kommen zu laßen"). Wahrscheinlich wollte er sich selbst einen Eindruck von Egell verschaffen, denn dieser war damals noch keineswegs ein weithin bekannter und etablierter Meister. Der Hildesheimer Altar war vielmehr der erste große Auftrag, den der damals gerade 40-jährige Egell von auswärts erhielt. Doch woher wusste man in Hildesheim überhaupt von dem kurpfälzischen Hofbildhauer, der damals in Mannheim unter dem Kurfürsten Karl III. Philipp von der Pfalz-Neuburg († 1742) wirkte? Klaus Lankheit hat wahrscheinlich machen können, dass sowohl dynastische Verbindungen der Fürsten als auch die persönlichen Beziehungen der adligen Domherren zu ihren in weltlichen Diensten stehenden Verwandten entscheidend waren. So stammte Karl Philipp ebenso wie der seit 1724 in Hildesheim als Bischof regierende Kurfürst und Kölner Erzbischof Clemens August aus dem Hause Wittelsbach, freilich aus einem anderen Zweig der Familie.[256] Darüber hinaus gehörte dem Hildesheimer Domkapitel damals Franz Adam Anton von Weichs [siehe fol. 86] aus der Sarstedter Linie der weitverzweigten Freiherren-

---

254 Lankheit, Paul Egell, wie Anm. 246, Bd. 1, S. 88.

255 Vita Bernwardi episcopi Hildesheimensis auctore Thangmaro, ed. Georg Heinrich Pertz, in: Monumenta Germaniae Historica. Scriptores in Folio 4, Hannover 1841, ND 1982, S. 754–786, cap. 5 S. 760: „pauperibus [...] quorum multitudinem, centenos videlicet vel eo

amplius, [scil. Bernwardus] diatim habundantissime victu refecit; plerosque etiam vel argento vel caeteris subsidiis, prout facultas concessit, sublevabat."

256 Lankheit, Paul Egell, wie Anm. 246, Bd. 1, S. 83.

Abb. 77: Hildesheim, Dom. Altar von Paul Egell, Statue der heiligen Maria, Engel

Abb. 78: Hildesheim, Dom. Altar von Paul Egell, Statue der heiligen Maria (Ausschnitt)

familie an,[257] während sein um ein Jahr älterer Bruder Ignaz Anton Franz Friedrich von Weichs († 1758) an den kurpfälzisch-wittelsbachischen Höfen zu Heidelberg und Mannheim bzw. Schwetzingen eine herausgehobene Rolle spielte; beide Brüder vermittelten Mannheimer Hofkünstlern Aufträge aus der norddeutschen Bischofsstadt und förderten insbesondere Paul Egell, den sie später mit der Ausstattung ihrer gemeinsamen Residenz in Sarstedt betrauten und der dafür im Jahre 1744 unter anderem sechs in Lindenholz geschnitzte Reliefs lieferte.[258]

Die Wahl des Künstlers, die Hinweise in der Vertragsurkunde und die ikonographische Eigenheit des Altars lassen einen gebildeten und geschmackvollen Auftraggeber erkennen, der sich weit mehr für die künstlerischen Einzelheiten seiner Stiftung interessierte, als man das in Zeiten des höfischen Absolutismus von einem adligen Gönner vielleicht erwarten würde. Mit gutem Grund hat von Twickel denn auch mehrfach auf sich selbst als den Auftraggeber des Altars hingewiesen. Vor allem ist er, wie gesagt, auf dem Alabasterrelief dargestellt (Abb. 75). Darüber hinaus ließ er sein Wappen unter anderem ganz oben im Auszug des Altarblattes anbringen (Abb. 74). Das Wappenbild des Altars unterscheidet sich freilich von dem Wappen, das in das Aufschwörungsbuch eingetragen wurde (Abb. 73). Wie bereits bei

257 Franz Adam Anton von Weichs (1679–1766) wurde 1715 im Hildesheimer Domkapitel aufgeschworen und dort 1720 installiert; im Jahre 1716 erhielt er auf Kaiserliche Erste Bitte eine Präbende im Osnabrücker Domkapitel. Zu ihm siehe die biographischen Angaben bei von Boeselager, Osnabrücker Domherren, S. 340f. Nr. 127 und bei Dylong, Hildesheimer Domkapitel, S. 342 Nr. 69 sowie ergänzend

Lankheit, Paul Egell, wie Anm. 246, Bd. 1, S. 141f. und Klingebiel, Amtsträger, S. 698 (Drost im Amt Steuerwald).

258 Zu den Reliefs siehe Lankheit, Paul Egell, wie Anm. 246, Bd. 1, S. 141f. und S. 158–164 sowie ebd., Bd. 2, Kat. Nr. 91–96 S. 306f. und Abb. 233–240. Zum „Weichsschen Hof" in Sarstedt siehe von Reden-Dohna, Rittersitze des Fürstentums Hildesheim, S. 289f.

Abb. 79: Hildesheim, Dom. Altar von Paul Egell, Statue der heiligen Anna

Abb. 80: Hildesheim, Dom. Altar von Paul Egell, Statue des heiligen Joachim

Franz Theodor Joseph von Landsberg [siehe fol. 34] erklärt sich diese Wappenänderung aus von Twickels Karriere im Hildesheimer Domkapitel.

Ernst Friedrich von Twickel wurde am 26. September 1683 auf dem westlich von Münster gelegenen Haus Havixbeck[259] geboren, das sich seit 1601 und bis heute im Besitz der freiherrlichen, seit 1708 reichsfreiherrlichen Familie befindet. Noch während seiner Studienzeit am Collegium Germanicum in Rom wurde er 1707 zum Priester geweiht und erhielt durch Provision Papst Clemens' XI. (1700–1721) eine Präbende im Hildesheimer Domkapitel. Dort wurde er am 16. Juli 1708 aufgeschworen und gut fünf Monate später, am 17. Dezember 1708, installiert. Zwar war von Twickel auch in Speyer (1695–1725) und in Münster (1719–1728 und 1729–1734) präbendiert, doch vollzog sich sein Aufstieg im Hildesheimer Kapitel. Dabei wurde er durch die beiden Hildesheimer Fürstbischöfe Joseph Clemens (1714–1723) und Clemens August (1724–1761) von Bayern entscheidend gefördert. Den zuerst genannten [siehe fol. 41], der sich als Kölner Erzbischof im Streit um die spanische Erbfolge gegen den Kaiser in Wien auf Frankreichs Seite geschlagen und nach Frankreich ins Exil hatte gehen müssen, hat von Twickel auf den Friedenskongressen von Utrecht (1712/1713) und von Rastatt (1714) vertreten; zum Dank dafür wurde er von ihm 1715 zum Kammerpräsidenten in Hildesheim[260] und 1723 zusätzlich zum dortigen Generalvikar ernannt. Eine gute Figur scheint von Twickel auch bei seinen diplomatischen Missionen an die Höfe nach Hannover (1716, 1719 und 1723) und nach Berlin (1730) gemacht zu haben. Im Hildesheimer Domkapitel hatte er die prominenten Archidiakonate von Goslar (1709–1718), Elze (1715–1732) und Hildesheim (1732–1734) inne. Im Jahre 1722 zog er seinen älteren Bruder Jobst Matthias von Twickel in das Domkapitel nach [siehe fol. 97].[261] Für diesen wie für zwei weitere Brüder der beiden wurden inhaltlich gleichlautende Ahnentafeln in das Aufschwörungsbuch eingetragen [siehe fol. 90, fol. 97 und fol. 105].

Nach dem Tod seines Förderers Joseph Clemens († 1723) hoffte Ernst Friedrich von Twickel, selbst dessen Nachfolge als Bischof von Hildesheim anzutreten, setzte dann aber im dortigen Domkapitel die Wahl von dessen Neffen Clemens August von Bayern (1724–1761) durch,[262] der ihn umgehend in seinen Hildesheimer Ämtern bestätigte. Der neue Oberhirte, wegen der Ämterkumulation bereits von den Zeitgenossen als „Monsieur de Cinq Eglises", als der „Herr Fünfkirchen", bezeichnet, tat darüber hinaus das Seine, dass Ernst Friedrich von Twickel noch im Jahr 1724 von Papst Benedikt XIII. (1724–1730) zum Titularbischof von Botri und zum Weihbischof in Hildesheim erhoben wurde, und ernannte ihn im Jahre 1727 darüber hinaus zum Hildesheimer Regierungspräsidenten sowie zu seinem Statthalter.[263] Daraufhin wählten die Domherren noch in demselben Jahr ihren Mitbruder zum Dompropst.[264] Mit einem Gehalt von 800 Reichstalern ist von Twickel übrigens der am besten bezahlte Hildesheimer Weihbischof des Alten Reiches gewesen.[265] In den rund zehn Jahren als Generalvikar und Weihbischof nahm von Twickel immerhin je rund 200 Subdiakonats-, Diakonats- und Priesterweihen in Hildesheim vor.[266] Clemens August hielt seinen Statthalter auch nach

---

259 Zum Haus Havixbeck siehe Dehio Westfalen, München 1969, S. 205.

260 Die Hildesheimer Hofkammer war eine von drei Kassen, die im 17./18. Jahrhundert die landesherrlichen Einnahmen verwalteten. Ursprünglich ein Teil der fürstbischöflichen Regierung wurde sie noch in der zweiten Hälfte des 17. Jahrhunderts von der Regierungskanzlei getrennt und im Jahre 1682 als eigenständige Behörde eingerichtet. Siehe dazu jüngst Klingebiel, Amtsträger, S. 364f. und Zachlod, Staatsfinanzen des Hochstifts Hildesheim, S. 74 und S. 95f. Seit Ernst Friedrich von Twickel wurden ausschließlich Domherren zu Kammerpräsidenten berufen; siehe dazu Dylong, Hildesheimer Domkapitel, S. 196–198.

261 Zu Jobst Matthias von Twickel siehe Dylong, Hildesheimer Domkapitel, S. 350f. Nr. 81.

262 Zur Wahl von 1724 siehe Keinemann, Hildesheimer Fürstbischofswahlen, passim. – Zu Clemens August von Bayern siehe die Nach-

weise oben in der biographischen Skizze zu fol. 41 (Joseph Clemens von Bayern).

263 Das in München am 4. September 1727 ausgestellte Bestallungspatent für Ernst Friedrich von Twickel als Statthalter und Regierungspräsident in Hildesheim hat sich in einer zeitgenössischen Abschrift erhalten (Hildesheim, Dombibliothek, Sign.: C 177, Faszikel 1). In diesen Funktionen folgte von Twickel dem am 25. August 1727 verstorbenen Theodor Franz Joseph von Landsberg [siehe fol. 34] nach.

264 Zu den Aufgaben des Dompropstes siehe oben die biographische Skizze zu fol. 34 (Theodor Franz Joseph von Landsberg).

265 Angabe nach Aschoff, Hildesheimer Weihbischöfe (1995), S. 85 mit Anm. 73.

266 Zahlenangaben nach Aschoff, Hildesheimer Weihbischöfe (1995), S. 86, in Auswertung der Handschrift Hildesheim, Dombibliothek, Sign.: Hs. 819.

Abb. 81: Hildesheim, Dom. Epitaph für Ernst Friedrich von Twickel

dessen Tod in Ehren und schlug im Jahre 1736 eine Untersuchung gegen dessen Finanzgebaren und „sonstiges Thuen und Laßen" nieder, indem er der Hildesheimischen Regierung durch ein gereizt formuliertes Schreiben untersagte, „einen verunglimpfflichen Verdacht" gegen den Verstorbenen „ohnverdient zu erwecken".[267]

Bis zu seinem Tod in der Nacht vom 17. auf den 18. Januar 1734 – und damit auch in den Jahren, in denen er Paul Egell beauftragte – oblagen Ernst Friedrich von Twickel in Hildesheim sowohl wichtige geistliche Aufgaben als auch ein bedeutender Teil der weltlichen Regierungsgeschäfte eines Fürstbischofs. Seine Ämter- und Machtfülle spiegeln die Wappen auf seinem Epitaph (Abb. 81) und auf Egells Altar (Abb. 74) wider. Feld 1 und 4 des gevierten Schildes sind, um seine Würde als Dompropst zu kennzeichnen, schräg rechts von Silber und Rot gespalten. In Feld 2 und 3 begegnet das Schildbild des Familienwappens: in Silber ein schwarzer Kesselhaken als gemeine Figur. Auf dem Epitaph sind die Tinkturen graphisch umgesetzt. Dort ist auch besonders gut zu erkennen, dass die Helmzier einerseits auf die Dompropstei (heraldisch rechts) und andererseits auf die Adelsfamilie (heraldisch links) verweist. Darüber hinaus wird der Schild von der Kette des im Jahre 1693 vom Kölner Erzbischof Joseph Clemens von Bayern gegründeten bayerisch-kurkölnischen Michaelsordens umzogen. Der Kette sind Mitra und Bischofskrümme als Zeichen des Weihbischofs angefügt. Damit nicht genug: Zum Zeichen der Würde eines Titularbischofs von Botri wird das Wappenbild von dem Galero (Kardinalshut) überragt, von dem seitlich zweimal sechs Quasten herabhängen.[268] Sehr viel schlichter ist das Wappen im Aufschwörungsbuch gestaltet, weil es noch nicht auf die erst später erworbenen Würden hinweisen konn-

---

267 Clemens August ließ die Hildesheimische Regierung aus Bonn unter dem 21. Februar 1736 wissen, dass deren Untersuchung „unß zu ungnädigstem Mißvergnügen [...] gereichet" (Hildesheim, Dombibliothek, Sign.: C 177, Faszikel 1).

268 Zur „kirchlichen Amtsheraldik" siehe zusammenfassend Handbuch der Heraldik, S. 181–184 und ausführlich Bruno Bernhard Heim, Wappenbrauch und Wappenrecht der Kirche, Olten 1947.

te. Dort findet sich stattdessen das Familienwappen der von Twickel: Der Schild zeigt in Silber (in Weiß) einen schwarzen Kesselhaken und auf dem Helm einen Helmwulst (keine Adelskrone!) und ferner als Helmzier drei gestürzte silbergestulpte und silber-gefütterte rote Spitzhüte (Abb. 73).

Ernst Friedrich von Twickel wurde in der Kapelle Mariä Empfängnis und des heiligen Bernward vor dem von ihm bei Paul Egell in Auftrag gegebenen Altar begraben. Das metallene Epitaph, eine auf die Spitze gestellte quadratische Platte, deren Diagonalen jeweils 71,5 cm messen, verwendet zwei Drittel der Fläche für das reiche Wappenbild des Toten. Dagegen wirkt die achtzeilige Inschrift aus erhaben gearbeiteten Kapitalisbuchstaben stark gedrängt. Das Geburts- und Todesdatum sowie der Segenswunsch wurden gegen den rechteckig zulaufenden unteren Winkel gedrängt. Die Biegung der Bänder zwischen den Zeilen wird von der geschwungenen Kartusche vorgegeben, die den stark gekürzten Text umrahmt. Die Zeilentrenner wurden sorgfältig dort ausgespart, wo am Wortanfang hoch aufragende Buchstaben unterzubringen waren: „Ernst Friedrich, (Titular-)Bischof von Botri, Freiherr von Twickel auf Havixbeck, Weihbischof, Generalvikar und Offizial dieser Diözese, Präsident des Geheimen Rates und der Regierung, Ritter des Michaelsordens, Propst, Archidiakon und Domkapitular der Kathedralkirchen zu Hildesheim beziehungsweise zu Münster, ist am 26. September 1683 geboren und wurde am 17. Januar 1734 wiedergeboren [meint: ist gestorben]. Er ruhe in Frieden."[269]

Christian Schuffels

Literatur

Biographische Angaben: Hans-Georg Aschoff, in: Gatz, Bischöfe 1648 bis 1803, S. 528; Dylong, Hildesheimer Domkapitel, S. 333f. Nr. 56; Aschoff, Weihbischöfe in Hildesheim (1989), S. 37; Aschoff, Weihbischöfe in Hildesheim (1995), S. 69, S. 80f. und S. 85–87; Bertram, Bischöfe von Hildesheim, S. 237; Bertram, Bistum Hildesheim 3, S. 169; Keinemann, Domkapitel zu Münster, S. 268–270 Nr. 72 (mit wörtlichen Quellenzitaten); Kohl, Domstift zu Münster 2, S. 727f. – Hersche, Domkapitel 1, Nr. HI176, MS188, SP125.
Zu Wappen und Familie: Adelslexikon 15 (2004), S. 88; Genealogisches Handbuch 127 = Freiherrliche Häuser 22 (2002), S. 520–542 mit Luftaufnahme von Haus Havixbeck; Gatz, Wappen, S. 204 bei Anm. 92 zum Wappen der Dompropstei.
Zum Altar siehe vor allen Klaus Lankheit, Der Vertrag zum Hildesheimer Altar des Johann Paul Egell, in: Beiträge zur Kunstgeschichte. Eine Festgabe für Heinz Rudolf Rosemann zum 9. Oktober 1960, hrsg. von Ernst Guldan, München 1960, S. 221–230; Klaus Lankheit, Der kurpfälzische Hofbildhauer Paul Egell 1691–1752, 2 Bde., München 1988, Bd. 1, S. 82–90 sowie Bd. 2, Kat. Nr. 36 S. 290 (mit der älteren Literatur), Abb. 112–119 und Abb. 143 und Dokumente Nr. 46f. S. 537f. und S. 577–580 (Faksimile); Elisabeth Epe, Immaculata-Altar, in: Bernward von Hildesheim, Bd. 2, Kat. Nr. IX–41 S. 643–645 (mit vorzüglicher Farbabbildung des Alabasterreliefs).
Zum Epitaph: Bertram, Bischöfe von Hildesheim, S. 237; Kat. Hildesheim 2000, Nr. G 64 S. 310f. (Christine Wulf).

---

269 „Ernestus Fridericus, episcopus Botrensis, liber baro de Twickel ex Havixbeck, huius dioecesis suffraganeus, vicarius in spiritualibus generalis et officialis locum tenens, concilii intimi et regiminis praeses, ordinis sancti Michaelis commendator, cathedralium ecclesiarum Hildesiensis et Monasterienis respective praepositus, archidiaconus et canonicus capitularis, natus 26 Septembris 1683, denatus 17. Januarii 1734. Requiescat in pace."

Gottfried Conrad Gaudenz von Bocholtz (1685–1753)
Aufschwörungsbuch fol. 76r

Godfrid Conrad Gaudentz von Bocholtz zum Störmede und Hennikenroda

Eltern {2,3}: *Adam Arnold von Bocholtz[a], Herr zum Störmede und Hennikenroda* ⚭ *Margaretha von und zu Niehausen* – Großeltern väterlicherseits {4,5}: *Reinhard von Bocholtz[a] zu Störmede* ⚭ *Anna Margaretha von Schaden zum Grevenstein* – Großeltern mütterlicherseits {6,7}: *Gottschalck von und zu Niehausen* ⚭ *Juliana von Eppe zum Reckenberg*

aufgeschworen am 4. November 1711

Accepit præbendam vacantem per obitum domini Maxim(iliani) Henr(ici) Josephi de Weichs [siehe fol. 59] *apostolice. Factus capitularis 16. novembris 1711.*

gestorben am 17. April 1753

a) erstes -o- korr.

Zu den Kleinoden der spätgotischen Profanarchitektur auf der Hildesheimer Domfreiheit gehört der Erker, den im frühen 16. Jahrhundert der Domscholaster Lippold von Bothmer († 1531) an der Stirnwand seiner Kurie errichten ließ (Abb. 83). Der Polygonalerker bildet vier gleich gestaltete Seiten mit jeweils einem im Schulterbogen abschließenden Fenster über einer ornamentierten Brüstungsplatte aus und ruht auf einem wuchtigen Wandpfeiler, der oben in einer mehrfach gestuften Konsole endet, auf deren Grundriss sich das eigentliche Erkerzimmer erhebt. Durch die Inschrift auf einer Brüstungsplatte ist der Erker in das Jahr 1518 datiert,[270] er entstand also während der blutigen Hildesheimer Stiftsfehde (1518/1519–1523), die das Bistum schließlich den größten Teil seines Territoriums kostete. Bereits im Jahre 1496 hatte Lippold von Bothmer seine Kurie um einen Seitenflügel erweitert.[271] Dieser Teil des Gebäudes wurde 1878 beim Bau eines neuen, von Conrad Wilhelm Hase (1818–1902)[272] entworfenen Postamts abgerissen, und auch der Erker, damals schon und nochmals nach dem Zweiten Weltkrieg an eine andere Stelle versetzt und dabei offenbar stark überarbeitet, hat viel von seinem einstigen Glanz eingebüßt (Abb. 84).

In der ersten Hälfte des 18. Jahrhunderts wurde die Bothmer'sche Kurie von Gottfried Conrad Gaudenz von Bocholtz bewohnt. Die Familie von Bocholtz, ursprünglich geldrische Lehnsmannen, stammte aus dem niederrheinischen Adel und hatte ihren Stammsitz im heutigen Nettetal-Lobberich (Kreis Viersen). Der für den Hildesheimer Domherrn namengebende Familienzweig gehörte zum landsässigen westfälischen Adel; Haus Störmede liegt in West-

---

270 „Lippoldus de Bothmer scholasticus anno 1518." Die Inschrift ist heute weitgehend zerstört.

271 Heute nur noch durch den Text der Bauinschrift bekannt, der verloren wäre, hätte der tüchtige Hildesheimer Privatgelehrte Johann Michael Krâtz (1807–1885) ihn nicht in seinen Aufzeichnungen festgehalten (Hildesheim, Dombibliothek, Sign.: C 761, unpaginiert): „Lippold(us) de Botmer scolastic(us) me erexit an(n)o 1496°."

272 Zu Conrad Wilhelm Hase (1818–1902) siehe zusammenfassend und eigene ältere Arbeiten fortführend Günther Kokkelink und Monika Lemke-Kokkelink, Baukunst in Norddeutschland. Architektur und Kunsthandwerk der Hannoverschen Schule 1850–1900, Hannover 1998.

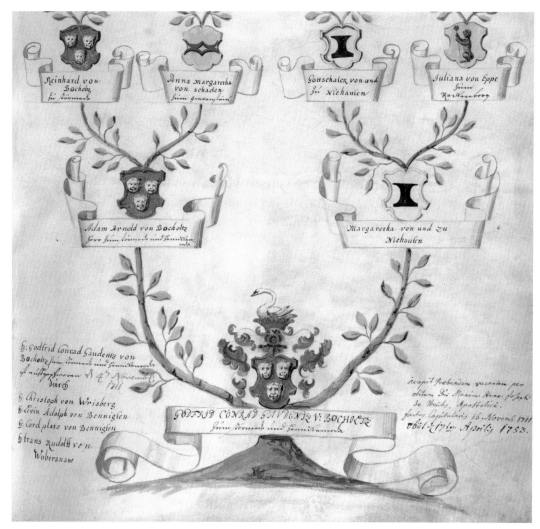

Abb. 82: Aufschwörungsbuch, fol. 76r. Ahnentafel des Gottfried Conrad Gaudenz von Bocholtz (Ausschnitt)

falen südöstlich von Lippstadt.[273] Doch erblickte Gottfried Conrad Gaudenz von Bocholtz am 25. Februar 1685 das Licht der Welt bereits im Hochstift Hildesheim: Der Sohn des Drosten zu Wohldenberg und dessen zweiter Gemahlin Anna Margaretha von Niehausen war im Jahre 1695 Schüler des Josephinum, also des Hildesheimer Jesuitengymnasiums, wurde im Domkapitel der Bischofsstadt am 4. November 1711 aufgeschworen und bereits wenige Tage später, am 16. November 1711, installiert. Dabei erhielt er die Präbende des bereits erwähnten Domherrn Maximilian Heinrich Joseph von Weichs, der 1711 gestorben war [siehe fol. 59]. Im Jahr darauf fiel von Bocholtz der Archidiakonat Barum zu. Weil er bei der Hildesheimer Fürstbischofswahl 1724 zuletzt Clemens August von Bayern unterstützt hatte, ernannte dieser ihn im Jahre 1728 zum Drosten des Amtes Peine; die Drostei hatte er bis zu seinem Tode inne. Darüber hinaus gehörte von Bocholtz seit 1720 dem Halberstädter und seit 1723 dem Paderborner Domkapitel an. In der westfälischen Bischofsstadt ist er am 17. April 1753 gestorben; dort wurde er auch beigesetzt.

Gottfried Conrad Gaudenz von Bocholtz liefert ein anschauliches Beispiel für die Jahrhunderte überspannenden Traditionslinien einer geistlichen Korporation wie des Hildesheimer Domkapitels. Denn er ließ nicht nur seine Kurie

---

273 Dehio Westfalen, München 1969, S. 548.

Abb. 83: Hildesheim, Dom-Museum. Die sog. Bocholtz'sche (Gemming'sche) Kurie, Aquarell (1878)

umfassend restaurieren, sondern bezog sich in einer der beiden Inschriften, die noch heute seine Bautätigkeit erinnern, ausdrücklich auf den Vorbesitzer und Bauherrn des Erkers. In den Wandpfeiler ist nämlich eine Inschriftenplatte eingelassen, auf der in einfachen Kapitalisbuchstaben der folgende Text eingetieft ist (Abb. 85): „Erhalten und wiederhergestellt von Gottfried Conrad Freiherr von Bocholtz zum Gedenken an von Bothmer (im Jahre) 1751."[274]

Ausführlicher ist die Inschrift, die von Bocholtz zusammen mit seinem Wappen über dem Hauseingang an der Hofseite der von ihm erneuerten Kurie hat anbringen lassen. Als im Jahre 1880 auch dieser Bauteil dem neugotischen Postamt weichen musste, verwendete man den Inschriftenstein und die offenbar zugehörige Steintafel mit dem Wappen, um mit ihnen die Giebelwand einer Remise zu schmücken, und so sind sie bis heute in der Nähe der Dombibliothek auf dem Hildesheimer Domhof erhalten geblieben (Abb. 86): „Gottfried Conrad von Bocholtz zu Stormede und Henneckenrode, Domkapitular des Hildesheimer und des Paderborner Domkapitels, Diakon, Archidiakon in Barum und Drost von Peine, hat die durch Alter eingestürzte Kurie im Jahre 1750 wiederhergestellt und erweitert."[275]

Die vierzeilige Inschrift füllt fast den gesamten Platz des rahmenlosen Steins und wirkt recht gedrängt geschrieben. Sie besteht aus erhaben gearbeiteten, mehr hohen als breiten Kapitalisbuchstaben. Wegen ihrer Größe und Breite fallen

274 „Fulcitum et restauratum a Godofredo Conrado libero barone de Bocholz in memoriam de Bothmer 1751." – Unterhalb dieser Inschrift ist in den Pfeiler eine weitere Platte eingelassen, deren Text sich auf die Versetzung und eine weitere Restaurierung des Erkers im Jahr 1880 bezieht: „Ex aedibus destructis huc translatum ac iterum restauratum Guilelmo I. Germaniae imperatore regnante anno domini MDCCCLXXX."

275 „Godefridus Conradus a Bocholtz ex Stormede et Hennekerode, cathedralium ecclaesiarum Hildesiensis et Paderbornensis canonicus capitularis, diaconus, archidiaconus in Barum, satrapa Peinensis, curiam vetustate collapsam restituit et ampliavit anno MDCCL."

Abb. 84: Hildesheim, Domhof 29a. Bothmer'scher Erker

Abb. 85: Hildesheim, Domhof 29a. Bothmer'scher Erker, Inschriftentafel von 1751

Abb. 86: Hildesheim, Domhof 30. Wappen- und Inschriftentafel des Gottfried Conrad Gaudenz von Bocholtz

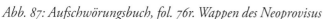

Abb. 87: Aufschwörungsbuch, fol. 76r. Wappen des Neoprovisus   *Abb. 88: Aufschwörungsbuch, fol. 76r (Ausschnitt)*

die römischen Zahlzeichen der Jahresangabe sofort auf; sie überschreiten das Zeilenband nach oben wie nach unten. Die Inschrift verzichtet vollständig auf Kürzungen; Ligaturen kommen nur in der zweiten Zeile in „ecclæsiarum" und (vielleicht aus Platzgründen) bei „ar" in „capitularis" vor. Zwischen „u" und „v" wird nach Lautwert unterschieden; die durchgängig verwendeten „i"-Punkte sind ins Oberband gerückt. Insgesamt wirkt die Schrift gedrängt, so dass wohl der Deutlichkeit wegen die meisten, wenn auch nicht alle Wörter des Textes mit einem Großbuchstaben beginnen; ausgenommen sind insbesondere die beiden Verben in der letzten, nicht ganz gefüllten Zeile der Inschrift, ferner „et" und alle Präpositionen sowie – einigermaßen überraschend – das Wort „vetustate" in der vorletzten Zeile.

Erheblich größer als die Inschrift ist die steinerne Platte mit dem Wappen. Ihr seitlicher Rahmen läuft unten in Voluten aus, die in etwa zur Breite des Inschriftensteins vermitteln. Der obere Rahmen der Wappentafel weist darüber hinaus eine Verdachung auf, deren Flachbogen die Helmzier des sitzenden Schwanes auf einem Bügelhelm mit Helmkrone hinterfängt.

Das Familienwappen des Bauherrn erregt wegen der auffälligen Schildfiguren sogleich eine gewisse Aufmerksamkeit – insbesondere dann, wenn sie so sorgfältig in Farbe ausgeführt worden sind wie im Aufschwörungsbuch (Abb. 87): in Grün drei, 2:1 verteilte silberne Leopardenköpfe (zuweilen auch als Löwenköpfe gedeutet[276]) mit roter Zunge. Dem (wiederum wie ein Rosthelm gestalteten) Bügelhelm mit einer Freiherrnkrone dient ein sitzender silberner Schwan als Helmzier; Helmdecke grün-silber. Die abweichende Tingierung der in verschiedene Richtungen aus dem Mund gestreckten

---

276 Nach Filip, Heraldik, S. 59 mit Anm. 128, ist für die Unterscheidung von Leopard und Löwen die „Stellung des Kopfes [...] maßgebend": „der Leopard" ist „immer [...] herschauend dargestellt." – Galbreath/Jéquier, Heraldik, S. 126: „Das Löwenhaupt erscheint im Profil. Zeigt es die volle Vorderansicht, handelt es sich nicht mehr um einen Löwen, sondern um einen Leoparden." – Georg Scheibelrei-

ter, Tiernamen und Wappenwesen (Veröffentlichungen des Instituts für österreichische Geschichtsforschung 24), Wien u. a. 1976, S. 124: „Heraldisch gesehen wird man nicht umhin können, im Leoparden nur einen falsch gedeuteten Löwen zu erblicken." – Im Aufschwörungsbuch weist keiner der Köpfe in den von Bocholtz'schen Wappen eine Mähne auf.

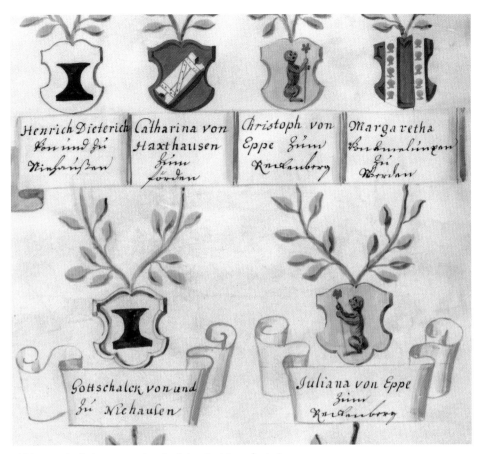

Abb. 89: Aufschwörungsbuch, fol. 76r (Ausschnitt)

roten Zungen, die sich vor der in weißer Farbe wiedergegebenen heraldischen Tinktur Silber besonders gut abheben, hat sich kaum ein Maler entgehen lassen.[277] Selbst dort, wo in Gottfried Conrad von Bocholtz' Ahnentafel die gemeine Figur des Wappens wie bei seinem Vater und den übrigen Vorfahren der väterlichen Seite bis hinauf zum Ur-Ur-Großvater kleiner ausfällt als sein eigenes, sind die roten Zungen gut zu erkennen (Abb. 82 und 88).

An den zugehörigen Kartuschen lassen sich noch zwei weitere Beobachtungen machen, die für die Frage, wie das domkapitularische Amtsbuch ergänzt wurde, aufschlussreich sind: Zum einen hat man nachträglich den in lateinischer Minuskel geschriebenen Namen „Bocholtz" offenbar aus „Bucholtz" korrigiert, einer Schreibung, die auch anderwärts im Aufschwörungsbuch begegnet; zum anderen wurden die Kartuschen gemalt, bevor die Namen in die entsprechenden Rahmen eingetragen wurden.[278] Sonst hätte der Schreiber wohl kaum wie bei Adam Arnold von Bocholtz {2} den in deutscher Kursive geschriebenen Ortsnamen „Hennikenroda" getrennt und die letzten beiden Silben in die untere rechte Ecke des Feldes gequetscht (Abb. 82).

Auch die mütterliche Seite der Ahnentafel des Gottfried Conrad von Bocholtz enthält interessante Wappen wie das der von Niehausen (in Silber ein schwarzer Amboss) und das der Großmutter Juliana von Eppe {7}: In Gold ein sitzen-

277 Bei Löwen begegnet die abweichende Tingierung von Zungen und Klauen auf Wappen zwar schon am Ende des 13. Jahrhunderts, ist nach Scheibelreiter, Heraldik, S. 49 aber eher die Ausnahme geblieben.

278 Weitere Belege dafür, dass die Ahnentafeln zunächst gemalt bzw. gezeichnet und erst danach beschriftet wurden, bei Schuffels, Aufschwörungsbuch, S. 97f.

der natürlicher (sonst schwarzer) Affe, der in seinen Pfoten einen langen Stil mit roter Rose hält. In der vierten und fünften Reihe der Ahnenprobe ist das zuletzt genannte Wappentier übrigens heraldisch links gewendet {14, 28} statt heraldisch rechts (Abb. 89). Gleiches gilt für den Schwan, die Helmzier des von Bocholtz'schen Wappens, in der obersten Reihe der Ahnentafel {16}. Die Richtungen von gemeinen Figuren und Helmzier wurden an dieser Stelle aus Gründen der heraldischen Courtoisie geändert.[279] Dieses Gebot der Höflichkeit gegenüber Wappen von Ehegatten wurde freilich im Hildesheimer Aufschwörungsbuch keineswegs durchgängig beachtet: Auf immerhin rund zwei Dutzend Ahnentafeln lassen sich Übertretungen nachweisen, und zuweilen begegnet dem aufmerksamen Betrachter sogar ein Stammbaum, der die heraldische Courtoisie bei einem Ehepaar beherzigt, um sie bei einem anderen unbekümmert zu durchbrechen.[280] Regelverstöße dieser Art mögen den Heraldiker von heute erschauern lassen – dem Hildesheimer Domkapitel der Neuzeit waren sie offenkundig gleichgültig. Die Wappenmaler jedenfalls nutzten das Mittel, um die Ahnentafeln innerhalb ihres starren Schemas zu variieren und abwechslungsreich zu gestalten.

Christian Schuffels

Literatur

Biographische Angaben: Dylong, Hildesheimer Domkapitel, S. 336f. Nr. 60; Klingebiel, Amtsträger, S. 671 (mit Ergänzungen zu Dylong); Michels, Paderborner Domherren, S. 90 Nr. II 40. – Hersche, Domkapitel 1, Nr. HA014, HI180, PB136.
Zu Wappen und Familie: Michels, Paderborner Domherren, S. 237 (Bocholtz) und S. 249 (Eppe); Adelslexikon 1 (1972), S. 449f. (nach der Wappenvereinigung); umfassend Anton Fahne, Die Dynasten, Freiherren und jetzigen Grafen von Bocholtz. Beitrag zur alten Geographie, Sitten- und Culturgeschichte des Niederrheins, 4 Bde., Köln 1856–1863, ND 1975.
Zum Erker und zu den zitierten Inschriften siehe Hektor Wilhelm Heinrich Mithoff, Fürstenthum Hildesheim nebst der ehemals freien Reichsstadt Goslar (Kunstdenkmale und Altertümer im Hannoverschen 3), Hannover 1875, Nachdruck als Beiträge zur Geschichte, Landes- und Volkskunde von Niedersachsen und Bremen A 3, Hannover 1977, S. 124; Adolf Zeller, Die Kunstdenkmale der Stadt Hildesheim. Bürgerliche Bauten (Die Kunstdenkmäler der Provinz Hannover II, 4 ‹recte: 5› [12]), Hannover 1912, Nachdruck als Kunstdenkmälerinventare Niedersachsens 26, Osnabrück 1979, S. 162; Bertram, Bistum Hildesheim 2, S. 47; Helga Stein, Das ehemalige Postgebäude am Domhof, in: Die Dombibliothek Hildesheim. Bücherschicksale, hrsg. von Jochen Bepler und Thomas Scharf-Wrede, Hildesheim 1996, S. 32–56, bes. S. 35 und S. 47–53; Wulf, Inschriften der Stadt Hildesheim 2, Nr. 216 S. 438f. (ohne Berücksichtigung des zuvor genannten Aufsatzes).

---

279 Die heraldische Courtoisie „muß" nach Filip, Heraldik, S. 29–31 so eingehalten werden, dass sich die Figuren und die Helmzier von Ehegattenwappen einander zuwenden; ähnlich Scheibelreiter, Heraldik, S. 120: „Wappenfiguren müssen daher allenfalls ihre Richtung ändern."

280 Bezeichnend genug: die oben S. 23f. erwähnte Abschrift des Hildesheimer Aufschwörungsbuches „verbessert" zuweilen ihre Vorlage nach der Regel der heraldischen Courtoisie.

Franz Arnold Joseph von der Asseburg (1714–1790)
Aufschwörungsbuch fol. 116r

Franciscus Arnoldus Josephus von der Asseburg auf Hindenburg, Wallhausen und Schermike

Eltern {2,3}: *Ernest Constantin von der Asseburg auf Hindenburg, Wallhausen und Schermike ⚭ Lucia Ottilia Francisca Freyin Wolff Metternich zur Gracht* – Großeltern väterlicherseits {4,5}: *Constantin von der Asseburg auf Hindenburg ⚭ Anna Levina von der Lippe zu Vinsebeck* – Großeltern mütterlicherseits {6,7}: *Johan Adolph Freyherr Wolff Metternich zur Gracht ⚭ Maria Magdalena Freyin von Fürstenberg*

aufgeschworen am 20. Januar 1733

Accepit præbendam vacantem per obitum domini Io(ann)is Bernardi Iosephi liberi baroni de Weichs cantoris [siehe fol. 60] *per collationem pontificiam. Factus capitularis 24. septembris 1739. Accepit cantoriam 30. iulii 1751. Celebravit[a] iubilæum 18. martii 1775[a]. Accepit scholasteriam a celsissimo episcopo Frid(erico) Wilh(elmo) per obitum domini Leop(oldi) a Weichs* [siehe fol. 103] *vacantem 9. septembris 1777, reservata tamen celsissimo episcopo ad novam collationem cantoria.*

gestorben am 21. Juli 1790

a–a) nach dem folgenden Eintrag nochmals wiederholt.

Franz Arnold Joseph von der Asseburg konnte auf eine bewegte Jugend zurückblicken, als er am 20. Januar 1733 im Hildesheimer Domkapitel aufgeschworen wurde. Der am 20. September 1714 in eine landsässige Freiherrenfamilie Geborene hatte sich nämlich zunächst als Husar versucht. Auch den 18-jährigen Domherrn trieb es in die Ferne, zum Studium nach Rom und auf eine standesgemäß ausgedehnte Kavalierstour durch Italien, Frankreich und die Niederlande. Gut sechs Jahre nach seiner Aufschwörung wurde er am 24. September 1739 im Hildesheimer Domkapitel installiert. Nochmals zwei Jahre später sicherte er sich den Archidiakonat Densdorf. Auch in den folgenden Jahren machte der Kanoniker Karriere im Hildesheimer Kapitel und in der dortigen Fürstbischöflichen Regierung. So bekleidete er die Ämter des Domkantors (1751–1777) und des Domscholasters (1777–1790), ferner des Schatzrates, des Geheimen Rates, des Hofkammerrates und zuletzt sogar des Regierungspräsidenten (1789–1790). Im Aufschwörungsbuch ist unterhalb seiner Ahnentafel schriftlich festgehalten, wann er die beiden Kapitelsämter übernommen hat. Bei seinem Wechsel vom Kantor zum Scholaster im Jahre 1777 blieb, wie ebenfalls vermerkt wurde, die Bestimmung über den Nachfolger im Kantorenamt ausdrücklich dem Hildesheimer (und späteren Paderborner) Fürstbischof Friedrich Wilhelm von Westphalen (1763–1789) vorbehalten [siehe fol. 135].

Franz Arnold von der Asseburg war nicht allein an Hildesheim gebunden. Vielmehr ließ er sich im Paderborner Domkapitel, dem er seit 1746 ebenfalls angehörte, zum Domscholaster ernennen (1763) und zum Dompropst (1786) wählen. Außerdem erhielt er die Propstei des Busdorfstiftes und stiftete die Kanzel in der Kirche (Michels). Das traditionsreiche Kollegiatstift war einst vom Paderborner Bischof Meinwerk (1009–1036), einem der wichtigsten Vertreter der ottonisch-frühsalischen Reichskirche, gegründet worden. In der Neuzeit musste der Stiftspropst immer ein Pader-

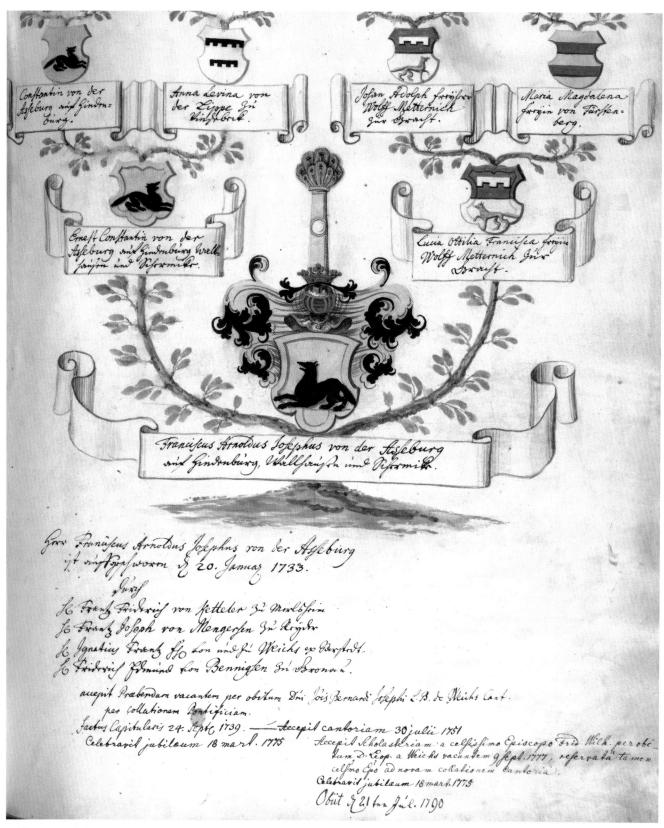

Abb. 90: Aufschwörungsbuch, fol. 116r. Ahnentafel des Franz Arnold Joseph von der Asseburg (Ausschnitt)

borner Domherrn adliger Abstammung sein; das sahen die Statuten vor.[281] Ein drittes Domkanonikat in Münster resignierte Franz Arnold von der Asseburg im Jahre 1765; seine Präbende erhielt Johann Friedrich Moritz von Brabeck [siehe fol. 145].

Offenbar konnte sich der Geistliche auch ein Leben außerhalb der Dom- und übrigen Stiftskapitel vorstellen. Möglicherweise erwog er zeitweilig, in den weltlichen Stand zurückzutreten und seine Nichte Theresia Maria von der Asseburg (1740–1773), die Tochter des älteren Bruders Hermann Werner, zu heiraten.[282] Da der Domherr der letzte männliche Nachkomme der Hinnenburger Linie seiner Familie war, wäre dieser Schritt keineswegs ungewöhnlich gewesen. Auffälliger ist schon, dass er dreimal versuchte, in einen Mönchsorden einzutreten: 1772 und 1774 bei den Kapuzinern in Hildesheim und 1775 bei den Franziskanern in Borken. Jedesmal scheiterte er am Noviziat. Diese Ausflüge ins monastische Leben waren seinem einflussreichen älteren Bruder, dem kurkölnischen Obristhofmeister und Minister Hermann Werner von der Asseburg (1702–1779), gar nicht recht, der ihm darob vorhielt: „Mein ganzes Leben lang habe ich mich mit Herz und Seele dafür eingesetzt, Euch ehrenvolle Präbenden und Ämter zu verschaffen".[283] Der Vorwurf, undankbar zu handeln, war vom Standpunkt einer katholischen Adelsfamilie der Neuzeit aus gesehen nur folgerichtig. Denn von einem Mitglied, dem man unter erheblichem, auch finanziellem Aufwand ein Domkanonikat verschafft hatte, durfte sie erwarten, dass er seinen Lebensunterhalt aus der Pfründe selbst bestreiten und, wann immer sich die Gelegenheit dazu bot, weitere Angehörige in den erlauchten Kreis der Kathedralkapitel nachziehen würde. Um seinen Bruder beim Erwerb der diversen Kanonikate zu unterstützen, hatte Hermann Werner von der Asseburg insgesamt 13.500 Taler berappen müssen, wie er in seinem „Weißbuch" festhielt. Als er im Jahre 1751 zum kurkölnischen Obristhofmeister aufstieg, bestellte er für die von ihm seit 1733 bekleidete Drostei im Amt Ruthe den Bruder und Domherrn zum Administrator und verschaffte ihm damit zusätzliche Einkünfte. Franz Arnold wiederum finanzierte dem jungen Freiherrn Franz Wilhelm von Spiegel [siehe fol. 181], der im Zusammenhang mit Joseph Anton Sigismund von Beroldingen noch begegnen wird [siehe fol. 172], das für dessen endgültige Aufnahme ins Domkapitel erforderliche einjährige Studium von 1776 bis 1777 in Rom.[284]

Seit 1778 Senior des Hildesheimer Domkapitels, starb Franz Arnold Joseph von der Asseburg am 21. Juli 1790 hochbetagt als Jubilarius und wurde im Hildesheimer Domkreuzgang bestattet. Dort an der Wand des unteren südlichen Kreuzgangarmes befindet sich heute noch das Epitaph aus Metall für den Toten (Abb. 91), das ein Mitglied der in ganz Norddeutschland tätigen Hildesheimer Glockengießerfamilie Becker hergestellt hat. Im unteren Drittel des rund einen Meter hohen und knapp 60 cm breiten Monuments stellt eine zwölfzeilige, von Lorbeer umkränzte Inschrift den Toten näher vor und führt einige seiner Ämter auf: „Franz Arnold von der Asseburg zu Hinnenburg, Propst und Senior der Paderborner und Scholaster, Senior und Jubilarius der Hildesheimer Kathedralkirche, Propst des Kollegiatstifts in Busdorf, Präsident des Geheimen und Regierungsrates des erhabensten Hildesheimer und Rat des Paderborner Fürst(bischofs) sowie reichsunmittelbarer Ritter der Ritterschaft des Mittelrheins, ist in Hildesheim am 21. Tag des Juli 1790 gestorben."[285]

281 Hans Jürgen Brandt und Karl Hengst, Geschichte des Erzbistums Paderborn 2 (Veröffentlichungen zur Geschichte der Mitteldeutschen Kirchenprovinz 13), Paderborn 2007, S. 264.

282 Max Trippenbach, Asseburger Familiengeschichte. Nachrichten über das Geschlecht Wolfenbüttel-Asseburg und seine Besitzungen, Hannover 1915, dem das Datum der Aufschwörung Franz Arnolds von der Asseburg im Hildesheimer Domkapitel unbekannt war, verlegte den Heiratswunsch in die Jugendzeit des Adligen, bevor dieser in den geistlichen Stand trat. Doch wurde Theresia Maria von der Asseburg erst geboren, als ihr Onkel bereits seit sieben Jahren aufgeschworen war.

283 Schreiben Hermann Werners von der Asseburg an seinen Bruder vom 26. Dezember 1772, zitiert nach Keinemann, Domkapitel zu

Münster, S. 318 Anm. 36: „que toute ma vie je me suis employé de cœur et d'âme de vous faire avoir des bénéfices et postes honorables". – Zu Hermann Werner von der Asseburg siehe Trippenbach, Asseburger Familiengeschichte, wie vorige Anm., S. 200–204.

284 Das geht aus den Angaben hervor, die Franz Wilhelm von Spiegel selbst in seiner 1812/1813 verfassten Lebenschronik machte, ed. Braubach, Franz Wilhelm von Spiegel, S. 173.

285 „Franciscus Arnoldus ab Asseburg ex Hinnenburg, ecclesiarum cathedral(ium) Paderbornensis praepositus et senior, Hildesiensis scholasticus, senior et iubilarius, praepositus collegiatae in Busdorff, celssis(imi) [!] principis Hildesiensis cons‹i›lii intimi et regiminis praeses, Paderbornensis consiliarius nec non eques immediatus conventus medii Rhenani, obiit Hildesii die XXI. iulii MDCCXC."

Abb. 91: Hildesheim, Domkreuzgang. Epitaph für Franz Arnold von der Asseburg

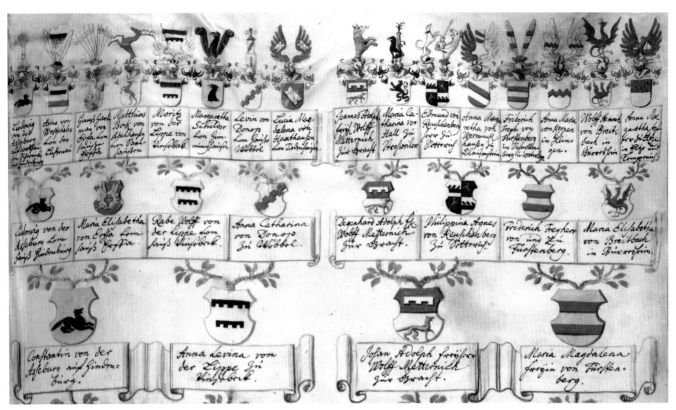

Abb. 92: Aufschwörungsbuch, fol. 116r (Ausschnitt)

Zeittypisch wurde eine Kapitalis als Schrift gewählt. Die recht breiten Buchstaben sind erhaben gearbeitet; die Großbuchstaben am Wortanfang ragen, wie bei vergleichbaren Hildesheimer Inschriften der Zeit, nach oben empor und durchbrechen die schmalen trennenden Bänder zwischen den Zeilen. In den letzten beiden Zeilen sind, zu drei Blöcken geordnet, die an der Entstehung des Epitaphs Beteiligten genannt, darunter auch der Freiherr von B., wohl der Amtsbruder Joseph Anton Sigismund von Beroldingen (Braubach), der das Monument entworfen hat („invenit").[286] Auf ihn dürfte das vielsagende Motiv zurückgehen, mit dem das Epitaph nach oben abschließt: Ein toter Wolf liegt sichtlich ausgemergelt und auf sein Fell reduziert über eine Urne hingestreckt. Der Kopf und die rechte Vorderpfote des Tieres hängen erschlafft sogar über dem Gesims unter der Urne herab. Während diese die sterblichen Überreste des Toten versinnbildlicht, zitiert der Wolf das Wappenbild, das die Adelsfamilie in ihrem Wappenschild führte. Miteinander kombiniert, symbolisieren sie zweifellos das Ableben des Domherrn. Vielleicht verweist die Darstellung gerade des toten Tieres darüber hinaus auch darauf, dass 1790 die Hinnenburger Linie der Familie von der Asseburg im Mannesstamm erloschen ist (Trippenbach).

Unter dem Gesims, aber noch über der Inschrift ist auf dem Epitaph eine rechteckige Platte mit der vierteiligen Ahnenprobe des Verstorbenen angebracht. Groß in die Mitte gerückt ist das von einem Ringband umgebene ovale Feld mit dem Asseburger Wappen einschließlich der Helmzier. Heraldisch rechts sind die inschriftlich bezeichneten Wappen

---

286 „L(iber) B(aro) d(e) B. inven(i)t, Mohr sculp(sit), Becker campan(arius/istarius) conflavit": „Der Freiherr von B. hat (das Epitaph) entworfen, Mohr hat es geformt, und Glockengießer Becker hat es gegossen." Die Initiale B. des genannten Freiherrn wurde von Bert-

ram, Bischöfe von Hildesheim, S. 267, ohne nähere Begründung mit „Beroldingen" identifiziert, während Braubach, Franz Wilhelm von Spiegel, S. 87 Anm. 7 und S. 173 Anm. 79 Joseph Anton Sigismund von Beroldingen [siehe fol. 172] wahrscheinlich machen konnte.

der väterlichen Linie „von der Asseburg" und „von der Lippe", heraldisch links die Wappen der mütterlichen Linie „von Metternich" (von Wolff-Metternich zur Gracht) und „von Fürstenberg" angeordnet. Die Ahnentafel des Domherrn im Aufschwörungsbuch zeigt die genannten Wappen in Farbe (Abb. 92). Der Domherr führt das Familienwappen (Abb. 93): Der Schild zeigt in Gold einen sprungbereiten (zuweilen auch als liegend gedeuteten) schwarzen Wolf. Auf dem von einer Adels- bzw. Laubkrone[287] bekrönten Bügelhelm dient eine goldene Säule als Helmzier, belegt mit einer silbernen Kugel und oben mit grünen Pfauenfedern besteckt; Helmdecke schwarz-gold. Der späthumanistische Dichter Gabriel Rollenhagen (1583–1621) interpretierte, als er das Wappen und die Helmzier derer von der Asseburg im Jahre 1610 allegorisch deutete, die Säule – kaum verwunderlich – als Zeichen der Standhaftigkeit und die Kugel als Hinweis auf die Treue.[288]

Franz Arnold und seine Familie nannten sich nach der auf einer Bergzunge südöstlich von Wolfenbüttel gelegenen Asseburg. Die Anlage war im frühen 13. Jahrhundert unter anderem von dem mächtigen Ministerialen Gunzelin († 1255), dem Reichstruchsess im Dienste Kaiser Ottos IV. (1198–1218), und seinem Sohn Burchard III. († 1261) errichtet worden; über Gunzelins Familie und sein Lavieren in den Zeitläuften unterrichtet seit kurzem die umfassende Studie von Wolfgang Petke.[289] Seit dem Ende des 15. Jahrhunderts ist die Burg nur noch eine Ruine, von der kaum mehr als die Reste der Grundmauern übrig geblieben sind.[290] Die Familie hatte sich verzweigt und andere Stammsitze gesucht. In Franz Arnolds Grabinschrift wird die „Hinnenburg", in der Ahnentafel des Aufschwörungsbuches werden „Hindenburg, Wallhausen und Schermike" genannt. Gemeint sind damit die Hinnenburg in Westfalen, ein zwischen Teutoburger Wald und Weser gelegenes Schloss südwestlich von Höxter und nördlich von Brakel, das Hermann Werner von der Asseburg, dem Onkel des Domherrn, 52 Jahre lang als bevorzugte Residenz diente, ferner Wallhausen am Kyffhäuser, ein im heutigen Sachsen-Anhalt westlich von Sangershausen gelegener Besitz, der bereits den ottonischen Herrschern als Kaiserpfalz gedient hatte und sich seit 1414 in Asseburger Familienbesitz befand, sowie das Gut Schermcke im Bördekreis nordöstlich von Oschersleben, das von der Familie zuletzt im Jahre 1760 an den preußischen König veräußert wurde.[291]

Die gemeine Figur des Wolfes, das die Familie des Neoprovisus in dem Schild ihres Wappens führte, mag übrigens noch auf das Wappenbild des Reichstruchsessen Gunzelin zurückgehen. Dieses zeigte einen (ebenfalls heraldisch rechts gewendeten) Wolf, allerdings über zwei Garben. Das redende Wappen ist, wie Wolfgang Petke nachgewiesen hat, ein interessanter Beleg für die um 1200 gebräuchliche volksetymologische Erklärung des Ortsnamens „Wolfenbüttel";[292] darüber hinaus führte Gunzelin sein Wappen bereits recht früh, nämlich schon vor dem Jahre 1215.[293]

Sowohl das Epitaph als auch die Ahnentafel des Hildesheimer Domherrn im Aufschwörungsbuch zeigen in der väterlichen Linie das Wappen der Freiherrenfamilie von der Lippe {5, 10, 20}: in Silber zwei schwarze Turnierkragen, der

---

287 Zur Adels- bzw. Laubkrone instruktiv: Handbuch der Heraldik, S. 88 und S. 90 Taf. 20.

288 Trippenbach, Asseburger Familiengeschichte, wie Anm. 282, S. 506. – In der Heraldik gelten sonst menschliche Figuren als besonders beliebte Helmzierden (Neubecker, Wappenkunde, S. 108).

289 Wolfgang Petke, Reichstruchseß Gunzelin († 1255) und die Ministerialen von Wolfenbüttel-Asseburg, in: Auf dem Weg zur herzoglichen Residenz. Wolfenbüttel im Mittelalter, hrsg. von Ulrich Schwarz (Quellen und Forschungen zur Braunschweigischen Landesgeschichte 40), Braunschweig 2003, S. 47–106.

290 Zur Asseburg siehe vor allen Petke, Reichstruchseß Gunzelin, wie vorige Anm., S. 80–83. – Abbildungen bei Hans Adolf Schultz, Die Asseburg (Burgen und Schlösser des Braunschweiger Landes 4), Braunschweig 1956, ferner bei Rudolf Koch, Die Asseburg. Ein Beitrag zur Geschichte der Burg und ihres Bauherrn Gunzelin von Wol-

fenbüttel, Braunschweig 1988 sowie bei Winfried Korf, Die Herren von der Asseburg und ihre Schlösser, Wolfenbüttel o. J. [1992], S. 23–29.

291 Zur Hinnenburg und den Umbauten durch Hermann Werner von der Asseburg (1736–1746) siehe Trippenbach, Asseburger Familiengeschichte, wie Anm. 282, S. 425–427 und Dehio Westfalen, München 1969, S. 235f. – Auch in den Besitz Wallhausen investierte Hermann Werner erhebliche Summen (Trippenbach, Asseburger Familiengeschichte, wie Anm. 282, S. 445f. mit Abb.); siehe ferner Korf, wie vorige Anm., S. 91–96 und Dehio Sachsen-Anhalt II, München 1999, S. 840f. – Zu Scherm(c)ke siehe Dehio Sachsen-Anhalt I, München 2002, S. 832f. und Korf, wie vorige Anm., S. 37–40.

292 Petke, Reichstruchseß Gunzelin, wie Anm. 289, S. 105.

293 Ebd., S. 104; eine Abbildung des (zweiten) Siegelstempels ebd., S. 106 Abb. 6.

Abb. 93: Aufschwörungsbuch, fol. 116r. Wappen des Neoprovisus

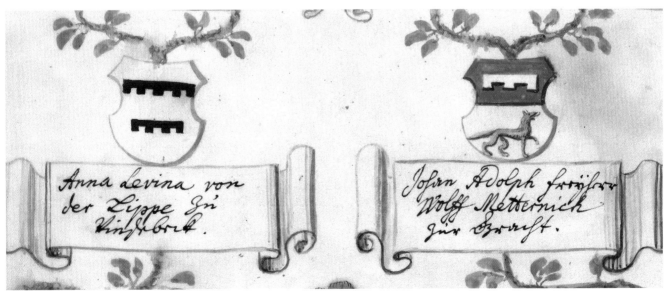

Abb. 94: Aufschwörungsbuch, fol. 116r (Ausschnitt)

obere mit fünf, der untere mit vier Lätzen (Abb. 94). Unter den Wappen der mütterlichen Linie finden sich der geteilte Schild des Familienwappens der von Wolff-Metternich zur Gracht {3, 6, 12, 24}, oben in Blau ein silberner Turnierkragen mit drei Lätzen, unten in Silber ein natürlicher Wolf (ein redendes Wappenbild), zum Teil gewendet, sowie das Wappen der Familie von Fürstenberg {7, 14, 28}: in Gold zwei rote Balken (Abb. 92). Sorgsam sind im Aufschwörungsbuch die Tinkturen wiedergegeben, und die auffällige Helmzier des Domherrn ragt sogar zwischen den Wappen der Eltern bis zur Großelterngeneration empor (Abb. 93). Die Schildform seines Wappens ist ebenfalls recht aufschlussreich: Der Oberrand ist – eine Besonderheit im Aufschwörungsbuch – als Flachbogen gebildet. Die Schildspitze ist dreipassförmig gebildet; diese Form sollte in den Aufschwörtafeln aus den 20er Jahren des 18. Jahrhunderts üblich werden. Dagegen hat es sich der Zeichner bei den bandartigen Kartuschen leicht gemacht und deren Rahmen – für die jüngeren Teile der Handschrift durchaus typisch – einfarbig in (hell)blau gestaltet (Abb. 90 und 92).

Christian Schuffels

Literatur

Biographische Angaben: Dylong, Hildesheimer Domkapitel, S. 364f. Nr. 100; Bertram, Bischöfe von Hildesheim, S. 267; Klingebiel, Amtsträger, S. 689; Keinemann, Domkapitel zu Münster, S. 317f. Nr. 153 (ausführlich); Kohl, Domstift zu Münster 2, S. 753; Michels, Paderborner Domherren, S. 110 Nr. II 64; Max Trippenbach, Asseburger Familiengeschichte. Nachrichten über das Geschlecht Wolfenbüttel-Asseburg und seine Besitzungen, Hannover 1915, S. 151f. und S. 358. – Hersche, Domkapitel 1, Nr. HI220, MS269, PB160.
Zu Wappen und Familie: Michels, Paderborner Domherren, S. 233; Adelslexikon 1 (1972), S. 140f. *Zum Wappensiegel Gunzelins* siehe Wolfgang Petke, Reichstruchseß Gunzelin († 1255) und die Ministerialen von Wolfenbüttel-Asseburg, in: Auf dem Weg zur herzoglichen Residenz. Wolfenbüttel im Mittelalter, hrsg. von Ulrich Schwarz (Quellen und Forschungen zur Braunschweigischen Landesgeschichte 40), Braunschweig 2003, S. 47–106, bes. S. 104–106 mit Abb. 6.
Zum Grabmal: Bertram, Bischöfe von Hildesheim, S. 267; Kat. Hildesheim 2000, Nr. G 80 S. 276–278 (Christine Wulf).

Joseph Anton Sigismund von Beroldingen (1738–1816) Aufschwörungsbuch fol. 172r

Josepf Anton Sigismund Freyherr von Beroldingen

Eltern {2,3}: *Josepf Anton Freyherr von Beroldingen* ⚭ *Maria Anna Freyinn von Roll* – Großeltern väterlicherseits {4,5}: *Josepf Anton Freyherr von Beroldingen* ⚭ *Maria Barbara Roth von Schräckenstein* – Großeltern mütterlicherseits {6,7}: *Carl Hartmann Freyherr von Roll* ⚭ *Maria Ursula von Reinach zu Steinenbrunn*

aufgeschworen am 18. Januar 1770

Accepit præbendam per obitum domini Gottlob diaconi ab Hörde [siehe fol. 107] *vacantem collatione pontificia. Factus capitularis 13. augusti 1770. Celebravit iubilæum die 18. ianuarii 1810.*

Während in der Neuzeit die meisten Domherren des Hildesheimer Kathedralkapitels aus dem rheinischen oder dem westfälischen Adel stammten, hatten die Reichsfreiherren von Beroldingen ihren Familiensitz in Gündelhard im Schweizer Kanton Thurgau. Trotzdem gelang es den drei leiblichen Brüdern Joseph Anton Sigismund, Franz Coelestin (1740–1798) und Ignaz Joseph Conrad Silvester (1744–1806), in Hildesheim aufgeschworen zu werden und damit ihrem Onkel Joseph Maria Gabriel von Beroldingen (1723–1800) nachzufolgen, der als Ausländer noch erhebliche Skepsis zu überwinden gehabt hatte, ehe er sein Kanonikat in Besitz nehmen konnte.[294] Wie sein jüngerer Bruder Franz Coelestin von Beroldingen, der sich ebenfalls als Hildesheimer Domherr unter anderem geologisch-mineralogischen Forschungen widmete und sich als agronomisch interessierter Grundherr betätigte[295], suchte Joseph Anton Sigismund das religiöse Leben nach Maßgabe der aufklärerischen Ideen von Toleranz und Ethik zu erneuern. Dabei war er – um die Charakterisierung von Max Braubach aufzugreifen – eine vielseitige und höchst befähigte, zugleich aber auch merkwürdige Persönlichkeit.[296]

Am 9. April 1790, im Jahr nach der großen Französischen Revolution, wandte sich Joseph Anton Sigismund von Beroldingen brieflich aus Hildesheim an seinen Amtsbruder Franz Wilhelm von Spiegel (1752–1815). Diesen hatte Max Franz, der Kurfürst und Erzbischof von Köln und Fürstbischof von Münster, Maria Theresias jüngster Sohn († 1801), im Jahre 1786 als Hofkammerpräsidenten und Kurator an seinen Hof nach Bonn berufen.[297] Eben dort solle man, so

---

294 Zu Franz Coelestin und Joseph Ignaz von Beroldingen [siehe fol. 156 und fol. 174] siehe Dylong, Hildesheimer Domkapitel, S. 400f. Nr. 140 und S. 419f. Nr. 158 sowie von Boeselager, Osnabrücker Domherren, S. 208–210 Nr. 003. Zu ihrem Onkel Joseph Maria Gabriel von Beroldingen [siehe fol. 134] siehe Dylong, Hildesheimer Domherren, S. 380f. Nr. 118.

295 Zu Franz Coelestin von Beroldingen siehe außer den in der vorigen Anm. genannten Hinweisen jüngst Gudrun Wille, „… so will ich mich bei künstlichen Erfahrungen nicht aufhalten". Franz Cölestin Freiherr von Beroldingen 1740–1798 (Schriftenreihe des Stadtarchivs

und der Stadtbibliothek Hildesheim 30), Hildesheim 2003 und Gerd van den Heuvel, Der Verlust sozialer Sicherheit. Umbrucherfahrungen des niedersächsischen Adels im Zeitalter der Französischen Revolution, in: Adel und Umwelt. Horizonte adeliger Existenz in der Frühen Neuzeit, hrsg. von Heike Düselder, Olga Weckenbrock und Sigrid Westphal, Köln u. a. 2008, S. 383–402, bes. S. 387f., der die antirevolutionäre Haltung des Freiherrn betont.

296 Braubach, Franz Wilhelm von Spiegel, S. 106.

297 Max Braubach, Maria Theresias jüngster Sohn Max Franz. Letzter Kurfürst von Köln und Fürstbischof von Münster, Wien/München

---

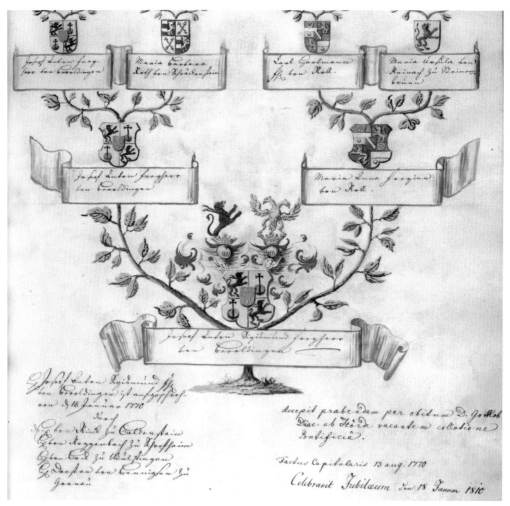

Abb. 95: Aufschwörungsbuch, fol. 172r. Ahnentafel des Joseph Anton Sigismund von Beroldingen (Ausschnitt)

erwog von Beroldingen, junge katholische Adlige auf ihre weltlichen Verwaltungsaufgaben in Dom- und anderen Stiftskapiteln und an der Spitze geistlicher Staaten vorbereiten, um „einzuwirken auf den Verstand und die Willenskraft derjenigen, an denen man gar nicht mehr verzweifeln kann und die doch eines Tages nachfolgen und Einfluß nehmen müssen auf unsere kirchlichen Angelegenheiten." Und weiter: „Während ich täglich die stupideste Ignoranz und gleichzeitig die bewußte und entschlossene Willkür unserer mittelmäßigen Kapitularen erlebe, gibt es nichts, was mir mehr am Herzen läge, als die Erneuerung der Studien und überhaupt der Erziehung des zum Dienst in der Kirche bestimmten jungen deutschen Adels. Seit einiger Zeit beschäftigt mich dieser Gegenstand Tag und Nacht". Denn von Beroldingen sah sich in Hildesheim „ständig umringt von unwissenden Prahlern, hochmütigen Dummköpfen, inkonsequenten Sturköpfen, launischen Eseln und bigotten Lumpen", erkannte zugleich aber auch die Zeichen der Zeit, „daß wir verdienen, unser eigenes Grab schaufeln zu müssen, wenn wir uns selbst in einer Zeit nicht zu ändern gedenken, die den Schleier der Illusion zu Grabe trägt, und daß alle Welt uns als reine Schmarotzer zu betrachten beginnt."[298]

1961, bes. S. 170f. zum Einfluss Franz Wilhelms von Spiegel auf die Politik des Kurfürsten Max Franz.

298 Brief Joseph Antons von Beroldingen an Franz Wilhelm von Spiegel vom 9. April 1790, ed. von Max Braubach, Joseph von Beroldingen

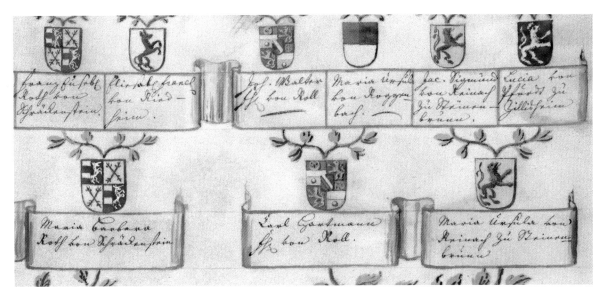

Abb. 96: Aufschwörungsbuch, fol. 172r (Ausschnitt)

Franz Wilhelm von Spiegel, um dessen Verständnis von Beroldingen in seinem Brief von 1790 warb, äußerte sich kaum weniger unfreundlich in den eigenen, 1812/1813 verfassten Lebenserinnerungen über seine „stupiden Chorbrüder", denen er „politische und religiöse Heuchelei" vorwarf, so „daß es mir in Hildesheim mit diesen Hottentotten umzugehen mißfiel". Wie von Beroldingen beharrte von Spiegel darauf, dass „ein Domherr aber auch eine politische Existenz in den geistlichen Ländern behauptete, die ihm, wenn er wollte, einen Einfluß auf die Regierung des Landes gab". Umso mehr enttäuschte ihn, wenn die meisten Domherren ausschließlich danach „trachteten, wie sie durch Intrige und Kabale zu den Ämtern gelangen konnten, die sie bereicherten": „Nie hatte ich mir vorher einen Begriff von der sonderbaren Lebensweise dieser Menschen gemacht. Ihr geistlicher Stand machte sie zu Maschinenmenschen" – sicherlich ein Hinweis auf Julien Offray de La Mettrie und dessen aufsehenerregendes Buch „L'homme machine" von 1747 –, „Chorgehen und Breviairelesen waren außer Essen und Schlafen ihre einzige Beschäftigung."[299]

Franz Wilhelm von Spiegel hatte die für einen Domherrn ungewöhnlichen Fächer der Rechtswissenschaften und der Geschichte an den Universitäten Löwen, Brüssel und Göttingen studiert; schon Max Braubach hat bemerkt, dass „die Gläser, durch die er die Welt betrachtete, in Göttingen geschliffen waren".[300] Für die damals noch junge Wissen-

und die Aufklärung, in: Schweizerische Zeitschrift für Geschichte 2 (1952), S. 41–70, S. 67f.: „… d'opérer sur l'esprit et la volonté de ceux, desquels on ne peut point encore désespérer et qui doivent cependant un jour succéder et avoir de l'influence dans nos affaires ecclésiastiques. Étant tous les jours témoin de l'ignorance la plus stupide, et en même temps de l'esprit de décision le plus arbitraire de nos Capitulaires ordinaires, il n'y a rien, qui me tient plus à cœur, que la réformation des études et de l'éducation en général de la jeune Noblesse allemande, destinée à l'Eglise. C'est un objet, qui m'occupe depuis quelques temps jour et nuit […] Vous êtes certainement d'accord avec moi, que […] nous méritons de devoir creuser notre propre tombeau, si nous ne pensons jamais à nous réformer nous mêmes dans un temps, où le voile de l'illusion est tombé, et que tout le monde commence à nous regarder pour des êtres purement consommateurs […] Excusez cette digression, extorquée par la douleur de me voir entouré constamment d'ignorants hableurs, de bêtes fi-

ères, d'inconséquents obstinés, de capricieux stupides et de bigots méchants".

299 Braubach, Franz Wilhelm von Spiegel, S. 183 (Zitat umgestellt); von Spiegel schließt den Abschnitt über das Hildesheimer Domkapitel mit den Worten: „Nur einige Freunde, [Engelbert August von] Weichs, [Clemens Graf] Belderbusch, [Joseph Anton Sigismund von] Beroldingen, [Moritz von] Brabeck, hatte ich auf meiner Seite" (ebd., S. 184).

300 Braubach, Franz Wilhelm von Spiegel, S. 38. Von Spiegel selbst spricht das deutlich aus, wenn er den Widerstand gegen seine Tätigkeit als Landdrost im kurkölnischen Herzogtum Westfalen in folgender Ursache sieht: „Denn, leider, hatte ich Adel und Geistlichkeit gegen mich, weil man mich für einen erklärten Anhänger von Joseph II. hielt, wie man recht hatte. Meine Studien in Göttingen vollendet zu haben, war eine Sünde, und so viele Graubärte in meiner Stelle überhüpft zu haben, war eine Beschwerde" (ebd., S. 195).

Abb. 97: Aufschwörungsbuch, fol. 172r. Wappen des Neoprovisus

schaft von der Geschichte konnte sich ebenfalls der am 8. oder 9. September 1738 geborene Joseph Anton Sigismund von Beroldingen begeistern, der schon in jungen Jahren die „Helvetische Gesellschaft in Olten" mitgegründet und wahrscheinlich das zur Toleranz mahnende „Trinklied" dieser Gesellschaft verfasst hatte. Joseph Anton von Beroldingen studierte an der als Jesuitenkolleg gegründeten und 1768 nach Nancy verlegten Universität im lothringischen Pont-à-Mousson, außerdem in Rom und in Freiburg im Breisgau.[301] Aufgrund päpstlicher Provision wurde er am 18. Januar 1770 in Hildesheim aufgeschworen und am 13. August desselben Jahres installiert. Unmittelbar darauf erhielt der zum Priester geweihte Domherr den Archidiakonat Nettlingen und Dingelbe.[302] Bald gehörte er auch dem Geheimen Rat an. Die Pfarrkirche Sankt Michaelis in Dingelbe verdankt ihm den 1786 geweihten Neubau in Form eines schlichten Saals, der am Ende des 19. Jahrhunderts neoromanisch erweitert wurde. Seinem adligen Stand entsprechend war Joseph Anton Sigismund von Beroldingen Kapitular des reichsunmittelbaren Ritterstifts Odenheim, einer alten Hirsauer Gründung, die heute zur baden-württembergischen Stadt Östringen nordöstlich von Bruchsal gehört; später stieg er zum Dekan und 1790 zum Propst des Stiftes auf.

---

301 Die Bescheinigungen über das Studium Joseph Antons von Beroldingen, darunter das mit einem Papiersiegel versehene „Testimonium" der Freiburger Universität vom 10. März 1761 über seine juristischen Studien, haben sich im Original unter den Akten des Hildesheimer Domkapitels erhalten (Hannover, Niedersächsisches Landesarchiv/Hauptstaatsarchiv Hannover, Sign.: Hild. Br. 2B, Nr. 375) und wurden ausweislich der Rückvermerke im Jahre 1761 dem Speyerer Domkapitel vorgelegt, dem von Beroldingen bereits zu Studienzeiten angehörte. Darüber hinaus wurden die Testate während der Aufschwörung von Beroldingens auch im „Kapitel", also in einer Sitzung des Hildesheimer Domkapitels, verlesen: „Testimonium […], lectum in Capitulo, 13. augusrii 1770" – In der genannten Akte sind auch zwei Pergamenturkunden („litterae") Papst Clemens' XIV. (1769–1774) erhalten geblieben, die nach dem römischen Kalender datiert worden sind; ihr Datum, ins Deutsche übersetzt der „vierte

Tag vor den Kalenden des Oktober", ist daher (gegen Dylong, Hildesheimer Domkapitel, S. 417 Anm. 1609) als 28. September 1769 aufzulösen. Die an einer der beiden Urkunden erhalten gebliebene, mit einem Hanffaden befestigte Bleibulle ist traditionell; sie zeigt den Namensstempel des Papstes auf der einen und die Köpfe von Petrus und Paulus auf der anderen Seite.

302 Fürstbischof Friedrich Wilhelm von Westphalen (1763–1789) verlieh den Archidiakonat Nettlingen und Dingelbe, den zuvor der zum Speyerer Fürstbischof aufgestiegene August von Limburg-Styrum [siehe fol. 128] resigniert hatte, in der eigenhändig unterzeichneten und durch ein rotes Lacksiegel beglaubigten Urkunde vom 16. August 1770 an Joseph Anton Sigismund von Beroldingen (Hannover, Niedersächsisches Landesarchiv/Hauptstaatsarchiv Hannover, Sign.: Hild. Br. 2B, Nr. 187). – Zu den Archidiakonaten siehe Dylong, Hildesheimer Bischöfe, S. 173–186, zum Archidiakonat Nettlingen bes. S. 185.

Abb. 98: Aufschwörungsbuch, fol. 134r. Ahnentafel des Joseph Maria Gabriel von Beroldingen, Wappen des Neoprovisus

Seine Ahnentafel führt zahlreiche Wappen von Familien aus dem süddeutschen und Schweizer Raum vor Augen, denen man im Aufschwörungsbuch des Hildesheimer Domkapitels eher selten begegnet (Abb. 96): von Roll {Pos. 3, 6, 12, 24}, Roth von Schreckenstein {Pos. 5, 10, 20} und von Reinach {Pos. 7, 14, 28}, um nur einige zu nennen. Das Wappen des Neoprovisus (Abb. 95 und 97) ist geviert und belegt mit einem blauen Herzschild, darin ein goldener Doppeladler. Im Schild zeigen Feld 1 und 4 in Gold einen schwarzen Löwen mit roter Zunge und abfliegendem blauen Band um den Hals. Der Löwe, die beliebteste unter den gemeinen Figuren der Heraldik,[303] ist in den Aufschwörtafeln von Joseph Sigismund und von Josef Ignatz von Beroldingen, der am 29. Oktober 1771 im Hildesheimer Domkapitel aufgeschworen und installiert wurde [siehe fol. 174], immer heraldisch links gewendet; ganz anders bei ihrem Bruder Franz Coelestin [siehe fol. 156] und bei ihrem Onkel Joseph Maria Gabriel von Beroldingen [siehe fol. 134]: Dort ist der Löwe in Feld 4 des Schildes heraldisch rechts gewendet (Abb. 98); gleiches gilt vom Wappen auf Joseph Antons Grabmal (Abb. 101). Die Wappen aller von Beroldingen zeigen in Feld 2 und 3 des Schildes in Gold eine durch einen schwarzen Faden gespaltene und mit schwarzem Tatzenkreuz besetzte blaue Kugel.[304] Die Helmzier bilden zwei gekrönte Bügelhelme, auf dem rechten der schwarze Löwe, wiederum mit roter Zunge und abfliegendem blauen Band und immer heraldisch links gewendet, auf

303 Zum Löwen als heraldischer Figur siehe Neubecker, Wappenkunde, S. 90–101 (mit instruktiven Zeichnungen) und Georg Scheibelreiter, Wappen und adeliges Selbstverständnis im Mittelalter, in: Wappen als Zeichen. Mittelalterliche Heraldik aus kommunikations- und zeichentheoretischer Perspektive, hrsg. von Wolfgang Achnitz (Das Mittelalter 11/2), Berlin 2006, S. 7–27, bes. S. 20f., wiederabgedruckt in: Georg Scheibelreiter, Wappenbild und Verwandtschaftsgeflecht. Kultur- und mentalitätsgeschichtliche Forschungen zu Heraldik und Genealogie (Mitteilungen des Instituts für Österreichische Geschichtsforschung. Ergänzungsband 53), Wien/München 2009, S. 123–141, bes. S. 136f.; siehe ferner Michel Pastoureau, Pourquoi tant de lions dans l'Occident médiéval?, in: Il mondo animale. The

World of Animals, 2 Bde. (Micrologus 8/1–2), Florenz u. a. 2000, Bd. 1, S. 11–30.

304 Die Kugelgestalt ist in den Hildesheimer Aufschwörtafeln der von Beroldingen nicht immer eindeutig zu erkennen. Insofern käme auch die Bezeichnung als „Scheibe" in Betracht. Zum Unterschied von Scheibe und Kugel siehe Galbreath/Jéquier, Heraldik, S. 169: „Kleinere kreisförmige Gegenstände werden […] bezeichnet […] als Scheiben, wenn sie in eigentlicher Farbe gehalten sind, als Kugeln, wenn die Kugelgestalt erkennbar ist". Auf von Beroldingens Grabmal ist eindeutig eine Kugel zu erkennen (Abb. 101); allerdings könnte das Wappen nicht im ursprünglichen Zustand erhalten geblieben sein (siehe unten Anm. 313).

Abb. 99: Hildesheim, Sankt Magdalenen. Sog. Elfenaltar

dem linken der goldene Doppeladler; Decken rot-silbern. Im Wappen des Joseph Anton von Beroldingen thront der Doppeladler ziemlich breitbeinig und wenig elegant auf der Helmkrone (Abb. 97). Anders als bei vorangehenden Aufschwörtafeln der Handschrift sind die Rahmen der bandartigen Kartuschen in diesem Fall weitgehend in einem rötlich-violetten Ton gehalten (Abb. 95 und 96).

Noch bevor Joseph Anton von Beroldingen in Hildesheim aufgeschworen wurde, hatte er im Jahre 1752 eine Dompräbende in Speyer und später zusätzlich die Propstei des dortigen Stifts Sankt Johann und Guido erhalten. In Speyer spielte er eine weithin beachtete politische Rolle, indem er die Opposition des Domkapitels gegen den Fürstbischof August von Limburg-Styrum (1770–1797) anführte, der ebenfalls ein Hildesheimer Domkanonikat besaß [siehe fol. 128] und den von Beroldingen, wie bereits erwähnt, als Archidiakon von Nettlingen und Dingelbe ablöste. Vor allem aber wurde Joseph Anton von Beroldingen in Speyer am 24. September 1779 von einem prominenten Gast aufgesucht: Johann Wolfgang von Goethe. Der Dichter begleitete den Weimarer Herzog Carl August auf der Reise ins Elsass und in die Schweiz und machte dabei auch Station in Speyer. Über den salischen Kaiserdom hat Goethe in einem Brief an Charlotte von Stein ebenso berichtet wie von dem Besuch bei dem Domherrn: „Er ist ein lebhafter, grader, und rein theilnehmender Mann. Wir fasteten mit ihm sehr gut." (Der Besuch am 24. September 1779 fiel auf einen Freitag!) „Wir fanden bei Beroldingen selbst manches Gute an Gemählden und Kupfern, aber alles durcheinander gekramt, eben eine Hagestolzen Wirthschafft. Er ist des Jahrs 5 Monate in Hildesheim die übrige Zeit theils hier theils auf Touren, und so kommt er nicht zur Ruhe und Ordnung. Er kennt und liebt die Kunst sehr lebhafft, und weis was ein Mahler thut."[305]

Abb. 100: Hildesheim, Sankt Magdalenen. Sog. Elfenaltar (Ausschnitt: Bene-diktinerklosterkirche Sankt Michael)

In der Tat sollte sich Joseph Anton Sigismund von Beroldingen im Laufe der Zeit einen guten Namen bei Gelehr-ten, Kunstfreunden und Schriftstellern verschaffen. Goethe erinnerte den Aufenthalt in Speyer noch über 30 Jahre später, als er am 3. Mai 1811 auf einen Brief antwortete, den ihm von Beroldingen aus Hildesheim geschrieben hatte: „Ihr freundschaftliches Schreiben […] hat mich an jene gute alte Zeit erinnert, da ich das Glück Ihres Umgangs und Zutrauens genoß, an jene Zeit die mir stets unvergeßlich bleiben wird." Zwar schlug er ihm die Bitte ab, bei einer Preisaufgabe für junge Künstler mitzuwirken: „Nur thut es mir herzlich leid, daß ich […] Ihre edlen Wünsche nicht secundiren kann." Doch war der große Meister der deutschen Sprache sorgsam darauf bedacht, den Geistlichen nicht zu kränken, und zeigte sich statt dessen der bedrängten Lage bewusst, in die zu Beginn des 19. Jahrhunderts insbeson-dere die adligen Domherren durch die Säkularisation der geistlichen Staaten geraten waren: „Höchst angenehm war es mir, zu erfahren, daß Ew. Hochwohlgebornen aus dem großen Schiffbruche doch so manches gerettet, und so vieles um sich haben, wodurch das Leben genußreich wird. Möchte es Ihnen erhalten werden, und ich noch lange verneh-men, daß Sie bey guter Gesundheit sich in einer so stürmischen und unruhigen Zeit derjenigen Güter erfreuen, die eigentlich nur Früchte des Friedens sind."[306]

---

305 Goethe an Charlotte von Stein, 24./28. September 1779, in: Goethes Werke, hrsg. im Auftrag der Großherzogin Sophie von Sachsen [Weimarer Ausgabe], Bd. IV/4, Weimar 1889, Nr. 849 S. 64–69. – Aus Bern schrieb Goethe unter dem 17. Oktober 1779 an Johann Heinrich Merck: „In Speier mit Beroldingen gegessen, einen ganzen Nachmittag mit ihm" (ebd., Nr. 855 S. 86–88).

306 Goethe an Joseph Anton Sigismund von Beroldingen, 3. Mai 1811, in: Goethes Werke, hrsg. im Auftrag der Großherzogin Sophie von Sachsen [Weimarer Ausgabe], Bd. IV/22, Weimar 1901, Nr. 6140 S. 81–83.

Abb. 101: Hildesheim, Domkreuzgang. Epitaph für Joseph Anton Sigismund von Beroldingen

Treffend war das Wort vom „Schiffbruch" allemal. Als Goethe an von Beroldingen schrieb, waren keine fünf Monate seit der endgültigen Aufhebung des Hildesheimer Domkapitels am 15. Dezember 1810 vergangen.[307] Damit erreichte die Entwicklung ihren Schlusspunkt, die begonnen hatte, als die Hammerschläge Napoleon Bonapartes die Ordnung des alten Europas zertrümmerten. Der Frieden von Basel (1795), der Kongress von Rastatt (1798) und schließlich der am 9. Februar 1801 unterzeichnete Vertrag von Lunéville sahen bereits vor, Preußen für die abgetretenen linksrheinischen Gebiete zu entschädigen, und bahnten die Aufhebung fast aller geistlichen Fürstentümer an. Der Reichsdeputationshauptschluss vom 25. Februar 1803 bildete dann nachträglich die Rechtsgrundlage für die bereits erfolgte Okkupation Hildesheims durch preußische Truppen und erteilte dem neuen Landesherrn die Befugnis, alle landsässigen Abteien, Klöster und Kapitel zu säkularisieren.[308] Das Hildesheimer Domkapitel blieb freilich zunächst bestehen; allerdings galt bis auf weiteres der Befehl vom 16. August 1802, die erledigten geistlichen Stellen nicht wieder zu besetzen.[309]

Den nachgeborenen Söhnen der katholischen Adelsfamilien wurde damit der Zugang zu eben der geistlichen Institution verbaut, die ihren Lebensunterhalt jahrhundertlang gesichert hatte. Damals standen im Aufschwörungsbuch noch 40 Pergamentblätter zur Verfügung; sie blieben leer – die Säkularisation hatte das Hildesheimer Domkapitel erreicht. Wenn die Handschrift schon keine Neuzugänge mehr zu verzeichnen hatte, wurde wenigstens ihr Bestand gepflegt. Der letzte Eintrag stammt vom 18. Januar 1810 und ergänzte ausgerechnet die Ahnenprobe des Joseph Anton Sigismund von Beroldingen, der an diesem Tag die 40. Wiederkehr seiner Aufschwörung feiern konnte und fortan als Jubilarius galt. Doch da hatte die Säkularisation ihm und den anderen Domherren, die „ihr in gewisser Beziehung geistig vorgearbeitet" hatten, „die Grundlage zum Handeln" bereits entzogen.[310]

In den letzten beiden Jahrzehnten seines Lebens unterhielt Joseph Anton Sigismund von Beroldingen auch Beziehungen zum Kreis um den Redemptoristen Clemens Maria Hofbauer (1751–1820), den er bewunderte – wahrscheinlich ohne dass er seine früheren Überzeugungen ganz über Bord geworfen hätte. Mit romantischen Idealen vertrug sich zumindest das Interesse des alternden Kanonikers an der deutschen Kunst des ausgehenden Mittelalters gut. Jedenfalls rettete er eines der Hauptwerke spätmittelalterlicher Schnitzkunst in Hildesheim, den aus der Benediktinerklosterkirche Sankt Michaelis stammenden Flügelaltar aus dem beginnenden 16. Jahrhundert, vor dem sicheren Untergang, indem er das kunstvolle Werk im Jahre 1812 kurzerhand ankaufen ließ und es später testamentarisch der katholischen Pfarrkirche Sankt Magdalenen in Hildesheim vermachte. Das auch als „Elfenaltar" bekannte ungefasste Altarretabel aus Lindenholz stellt Szenen aus der Passion Christi dar und überliefert im Hintergrund des Schreins die älteste erhaltene Wiedergabe der Klosterkirche Sankt Michael im Bild (Abb. 99 und 100). Da der Bau, zu dem Bischof Bernward von Hildesheim (993–1022) im Jahre 1010 die Grundsteine gelegt hatte[311], während der Reformation und im 17. Jahrhundert stark gelitten hat, ist das Relief auf dem Elfenaltar eine willkommene Bildquelle für das ursprüngliche Aussehen der Kirche.

Nach der Säkularisation lebte von Beroldingen zurückgezogen in seiner Kurie am Hildesheimer Pfaffenstieg. In demselben Jahr wie den Elfenaltar erwarb er das vor der Bischofsstadt gelegene Berghölzchen, um es vor dem Verfall zu retten. Joseph Anton Sigmund von Beroldingen ist am 22. Februar 1816 gestorben. Die Inschrift auf dem mächtigen, über 2 m hohen und 1 m breiten Sandsteinepitaph im unteren Geschoss des südlichen Kreuzgangarms übergeht die

307 Bericht vom 22. Dezember 1810 an den preußischen Finanzminister über die Aufhebung des Hildesheimer Domkapitels: Hildesheim, Dombibliothek, Sign.: Hs 261a, S. 1–10.

308 Druck bei Ernst Rudolf Huber, Deutsche Verfassungsdokumente 1803–1850 (Dokumente zur deutschen Verfassungsgeschichte 1), Stuttgart ³1978, Nr. 1 S. 1–28.

309 Ordre der Preußischen Civil-Commission vom 16. August 1802 in Hildesheim, Dombibliothek, Sign.: Hs. 261, fol. 181r–v (Abschrift mit Eingangsvermerk vom 18. August 1802).

310 Braubach, Franz Wilhelm von Spiegel, S. 2.

311 Auf diesem Datum, das die historischen Quellen, richtig interpretiert, bezeugen, hat von architekturgeschichtlicher Seite seit jeher Günther Binding bestanden, zuletzt aufgrund neuer archäologischer Befunde und kunsthistorischer Beobachtungen in seiner gerade eben publizierten Studie über die Klosterkirche (Binding, St. Michaelis in Hildesheim, passim).

meisten geistlichen Pfründen, die man dem Kanoniker während der Säkularisation genommen hat, mit einem lakonischen „et cetera" (Abb. 101): „Der hochwürdigste Herr, Herr Joseph Anton Sigmund Freiherr von Beroldingen, Hildesheimer Domkapitular, Senior usw., ist am 22. Tag des Februar 1816 gestorben. Er ruhe in Frieden."[312]

Vielleicht fehlte für weitere Angaben aber auch schlicht der Platz, den man auf der Steinplatte zwischen den beiden formelhaften und daher bis auf die Anfangsbuchstaben gekürzten Wendungen „admodum reverendus dominus dominus" oben und „requiescat in pace" unten gelassen hatte. Sie treten erhaben aus einem vertieften Schriftband hervor, während die Kapitalisbuchstaben des übrigen Textes in den Stein eingetieft wurden. Es drängt sich der Eindruck auf, als habe man einen vorgefertigten Rohling dem endgültigen Zweck angepasst. Der Aufsatz mit dem Dreipass, unter dem das Wappen des Domherrn (allerdings mit gegenständigen Löwen) in reichem Laubwerk angeordnet ist, wirkt so trocken, dass er während der Restaurierung im Jahre 1863 zumindest gründlich überarbeitet, wenn nicht gänzlich erneuert worden ist.[313]

Christian Schuffels

Literatur

Biographische Angaben: Dylong, Hildesheimer Domkapitel, S. 417f. Nr. 156; Max Braubach, in: NDB 2 (1955), S. 144f.; Bertram, Bischöfe von Hildesheim, S. 268. – Hersche, Domkapitel 1, Nr. HI276, SP171.

Zu Wappen und Familie: Adelslexikon 1 (1972), S. 355 (mit weiterführender Literatur).

Zu den „Aufklärern" im Hildesheimer Domkapitel siehe Max Braubach, Joseph von Beroldingen und die Aufklärung, in: Schweizerische Zeitschrift für Geschichte 2 (1952), S. 41–70, ferner Braubach, Franz Wilhelm von Spiegel, bes. S. 84–113 und Hermann Engfer, Die Aufklärung im Hildesheimer Domkapitel, in: Alt-Hildesheim 29 (1958), S. 29–42.

Zum Schicksal des Elfenaltares seit der Reformation siehe Hermann Seeland, Der Elfenaltar im Dom zu Hildesheim (Zeitschrift des Museums zu Hildesheim NF 2), Hildesheim 1950; Beschreibung und kunstgeschichtliche Würdigungen des Altars bei Ferdinand Stuttmann und Gert von der Osten, Niedersächsische Bildschnitzerei des späten Mittelalters, Berlin 1940, S. 83–85, Kat. Nr. 63 S. 86–89 und Taf. 79–84 (grundlegend) sowie – an unvermuteter Stelle – von Michael Wolfson, Eine kunstgeschichtliche Betrachtung, in: Durch Finsternis ins Licht. Meditationen zu Leiden, Sterben und Auferstehen, hrsg. von Elmar Gruber, München 1994, S. 71–75; der Band enthält im übrigen zahlreiche Farbaufnahmen des Altars.

Zum Grabmal: Bertram, Bischöfe von Hildesheim, S. 268; Kat. Hildesheim 2000, Nr. G 84, S. 280f. (Christine Wulf).

---

312 „Admodum reverendus dominus dominus Ios(ephus) Ant(onius) Sigm(undus) liber baro de Beroldingen, canonicus capitularis Hildesiensis, iubilarius etc., obiit die XXII. februarii 1816. Requiescat in pace."

313 Ein inschriftlicher Vermerk auf dem Sockel, am rechten Ende der Schräge, macht auf die Restaurierung des Epitaphs aufmerksam. Die Arbeiten kosteten 70 Taler und wurden von dem tüchtigen Hildesheimer Privatgelehrten Johann Michael Krâtz (1807–1885) beglichen, wie aus dem Entwurf der Quittung über die Bezahlung der Rechnung vom 8. März 1863 hervorgeht: Hildesheim, Dombibliothek, Sign.: C 761 (unpaginiert). Zu Krâtz grundlegend ist Engfer, Kratz, passim.

CHRISTIAN SCHUFFELS

Übersicht über die Aufschwörtafeln

Die folgende Aufstellung verzeichnet alle in das Aufschwörungsbuch eingetragenen Mitglieder des Hildesheimer Domkapitels. Sie richtet sich nach der Reihenfolge des Codex. Reine Folio-Angaben meinen Recto-Seiten, Verso-Seiten
(Rückseiten) sind eigens durch nachgestelltes „v" gekennzeichnet. Die Namen der Neoprovisi sind nach der Schreibung
im Codex wiedergegeben worden. Abkürzungen (wie „F. H." für „Freyherr" und „L. B." für „Liber Baro") wurden stillschweigend aufgelöst, Akzente weggelassen, die Groß- und Kleinschreibung und die Schreibung von „i" und „j" vereinheitlicht sowie die Zeichensetzung modernem Verständnis angepasst. Die textkritischen Noten beschränken sich auf die
Namen in den Kartuschen. Wenn die Schreibungen der Namen gegen den Bestand der Handschrift zu korrigieren
waren, sind sie in spitze Klammern gesetzt worden und folgen den zusätzlichen Angaben der Aufschwörtafeln.

Hinzugesetzt wurden die wichtigsten im Codex verzeichneten Angaben zum Lebenslauf der Domherren, allerdings
streng formalisiert. Dabei meinen „aufg." das Datum der Aufschwörung und „inst." die endgültige Installation im
Domkapitel, während „resign." das freiwillige Ausscheiden aus dem Domkapitel und das Kreuz (†) den Tod des Domherrn anzeigen. Unberücksichtigt blieb dabei der originale Wortgebrauch, der im Laufe der Zeit durchaus gewissen
Wandlungen unterworfen war. So wurde die Installation des Domherrn zunächst meist mit den Worten „factus (est)
capitularis" angezeigt; es begegnen aber auch die Formeln „emancipatus et factus capitularis" (zum Beispiel fol. 34 und
57), später „ist capitularis worden" (fol. 84), „admissus in capitularem" (fol. 108 und fol. 119) bzw. „admissus ad capitulum" (zum Beispiel fol. 176, 179, 183, 187, 189–1 und 189–2) sowie gegen Ende der Handschrift die deutschsprachigen
Formulierungen „wurde […] Capitular" bzw. „Capitularherr" oder „Domkapitularherr" (fol. 194, 195, 200 und 203).
Ähnliches gilt für die Angabe des Todesdatums: Meist wurde „obiit" verwendet; es kommen aber auch „mortuus"
(zuletzt 1732: fol. 61) und einmal „denatus" (fol. 147) vor.

In knapper Form folgen die von den Domherren bekleideten Kapitelsämter und Funktionen, sofern sie im Aufschwörungsbuch vermerkt worden sind. Sie sind um einen biographischen Hinweis auf die Publikationen entweder von
Alexander Dylong, Hildesheimer Domkapitel (1997) oder – ersatzweise – von Adolf Bertram ergänzt worden. Es wurde
darauf verzichtet, den Lebenslauf der Domkapitulare um Daten aus anderen Archivalien oder aus der Literatur zu
ergänzen. Bei den von den Domherren bekleideten Würden hat die Handschrift zuweilen zwischen der Wahl und der
Amtsübernahme (so zum Beispiel bei den Dekanen fol. 46 und fol. 90) differenziert; gelegentlich wurde die bischöfliche
oder apostolische Bestätigung eigens erwähnt (so zum Beispiel fol. 66 und ähnlich fol. 80). Diese Unterscheidungen
sind in der folgenden Übersicht ebenso unberücksichtigt geblieben wie die Namen der Aufschwörer, die jede Ahnentafel
vermerkt, und die zumeist genannten Vorbesitzer der jeweils neu vergebenen Präbenden. Dagegen sind Verweise auf
spätere Aufschwörtafeln, die vor allem im Zusammenhang mit Resignationen begegnen, durch entsprechende Hinweise in eckigen Klammern [siehe fol. …] angezeigt worden. Alle wörtlichen Zitate stehen in Redezeichen.

Ausführliche Kommentare sollen der geplanten vollständigen Erfassung sämtlicher Ahnentafeln des Aufschwörungsbuches einschließlich aller Wappen und Familiennamen vorbehalten bleiben, die als ergänzende Internet-Publikation geplant ist und von der Gottfried Wilhelm Leibniz Bibliothek betreut wird. Dabei werden dann auch die
Schreiberhände voneinander geschieden werden.

fol. 1: Maximilian Heinrich Pfaltzgrafe bey Rhein, Hertzog in Obern undt Niedern Bayern
aufg. 25. Mai 1632; † 1688. – „postulatus in coadiutorem episcopi Ferdinandi patrui sui 18. ianuarii 1633, accedente confirmatione apostolica die 23. novembris eiusdem ‹anni›, successit dicto episcopo Ferdinando post eius obitum [1650] in episcopatu Hildesiensi eiusque regiminis possessionem accepit 3. septembris 1650 per plenipotentiarium dominum præpositum ab Hoensbruch.“
Abb. 54

fol. 2: Friederich von Niehaußen
† 11. September 1691. – Kellerer bis 14. Dezember 1670. – siehe Bertram, Bischöfe von Hildesheim, S. 190.

fol. 3: Hermann Stephan von Bockenvörde genandt Schüngel zu Echthaußen
aufg. 31. Januar 1651; † 25. Oktober 1702. – siehe Dylong, Nr. 1.

fol. 4: Franciscus Wilhelmus a Schorlemmer ex Overhagen
aufg. 1. Oktober 1668; † 17. Mai 1709. – siehe auch unten fol. 64; siehe Dylong, Nr. 9.

fol. 5: Johann Adolph Freyherr von undt zur Fürstenberg, Herr zur Adolpsburg
aufg. 11. März 1652; resig. 1703. – siehe Dylong, Nr. 2.

fol. 6: Herman Werner Freyherr Wolff genandt Metternich zur Gracht
aufg. 12. Oktober 1653; resig. 12. Januar 1704 zugunsten von Christian Franz Dietrich von Fürstenberg. – siehe Dylong, Nr. 3.

fol. 7: Diterich Jobst vonn der Recke
aufg. 25. Sept. 1654; † 27. April 1716. – Thesaurar (1667–1715); Archidiakon von Hildesheim (1669–1715). – siehe Dylong, Nr. 4.

fol. 8: Ludo‹l›ph Walter von Brabeck von Hemeren und Letmaten
aufg. 21. Oktober 1656; † 27. Januar 1699. – Scholaster (seit 1694). – siehe Bertram, Bischöfe von Hildesheim, S. 202.

fol. 9: Friedericus a Nehem ex Sundermullenn
aufg. 17. November 1657.

fol. 10: Johan Samblon von Eynatten
aufg. 7. September 1658. – siehe Bertram, Bistum Hildesheim 3, S. 221.

fol. 11: Frantz Dieterich Beissel vonn Gimnich zu Schmidtheimb
aufg. 2. März 1659; † 23. Februar 1706. – siehe Dylong, Nr. 7.

fol. 12: Maximilian Frantz Walpodt von Bassenheimb
aufg. 26. November 1660. – siehe Bertram, Bistum Hildesheim 3, S. 217.

fol. 13: Frantz Ernest von der Lippe
aufg. 26. November 1661; inst. 2. November 1666; „resignavit ante mortem in favorem sui nepotis domini Adolphi Francisci Friderici de Lippe, qui accepit possessionem 9. octobris 1695 et in capitularem admissus ‹est› 27. novembris 1697“ [siehe fol. 39v]; † 20. Mai 1695.

fol. 14: Johan Friederich[a] von Twiste
aufg. 13. Mai 1662. – siehe Bertram, Bistum Hildesheim 3, S. 229.

fol. 15: Jobst vonn Plettenberg
aufg. 16. September 1667; † 4. Juli 1701. – siehe Bertram, Bischöfe von Hildesheim, S. 203.

fol. 16: Wilhelm vonn Niehaußen
aufg. 7. November 1664; † 17. April 1681. – siehe Bertram, Bischöfe von Hildesheim, S. 190.

fol. 17: Friederich Moritz von Plettenberg
aufg. 21. August 1665; † 20. Dezember 1714. – siehe Dylong, Nr. 8.

fol. 18: Simon Friederich von der Lippe
aufg. 25. Juni 1666. – siehe Bertram, Bistum Hildesheim 3, S. 225.

fol. 19: Maximilian Henrich Freyherr von unndt zu Weix
aufg. 22. März 1670; inst. 22. Juni 1676 (?); † 20. September 1723. – Scholaster (seit 1682); Dekan (seit 1684). – siehe Dylong, Nr. 10.
Abb. 71

fol. 20: Jo‹h›ann Adolph ‹von› Raesfeldt
aufg. 3. Februar 1672. – siehe Bertram, Bistum Hildesheim 3, S. 227.

fol. 21: Johann Adolff[b)] Siegismundt von Nesselrodt
aufg. 10. April 1672. – siehe Dylong, Nr. 11.

fol. 22: Johann Siegismundt Freyherr von undt zu Frenß und Kendenich
aufg. 19. August 1690; † Anfang Juli 1712. – siehe Dylong, Nr. 29.

fol. 23: Henrich Wilhelm von Wendt
aufg. 22. April 1674; † 6. Januar 1703. – siehe Dylong, Nr. 12.

fol. 24: Caspar Friederich Freyherr vonn Hoheneck
aufg. 11. Juli 1674; † 1. Dezember 1727. – Kellerer (seit 1703). – siehe Dylong, Nr. 13.

fol. 25: Friederich, von Gottes Gnaden Landtgraff zu Hessen, Fürst zu Hirtzfeldt, Graff zu Catzenelebogen etc.
aufg. 17. August 1674; resig. 1679 zugunsten von Constantin Werner von Gymnich [siehe fol. 33]. – siehe Bertram, Bistum Hildesheim 3, S. 223.
Abb. 12

fol. 26: Di‹e›terich Otto Korff genandt Schmiesing von Tatenhaußenn
siehe oben S. 41ff. und Abb. 20.

fol. 27: Herman von der Recke zu Steinforth
aufg. 23. März 1675. – siehe Bertram, Bistum Hildesheim 3, S. 227.

fol. 28: Adolff Arnoldt von dem Gysenberg
aufg. 31. Mai 1675; inst. 18. Dezember 1683; † 2. Juni 1725. – siehe Dylong, Nr. 15.

fol. 29: Wilhelm Friederich Philip von Westphal
aufg. 18. April 1677. – siehe Bertram, Bistum Hildesheim 3, S. 231.

fol. 30: Friederich Arnoldt Freyherr vonn der Horst
aufg. 15. Mai 1677; inst. 3. November 1679; resig. 1691 zugunsten seines Bruders Ignatz Heinrich [siehe Dylong Nr. 32]. – siehe Bertram, Bistum Hildesheim 3, S. 223.

fol. 31: Johann Adolff Freyherr von Loe, Herr zu Wißen
siehe oben S. 53ff. und 27–29.

fol. 32: Frantz Wilhelm vonn Hörde
aufg. 10. September 1678; † 30. November 1714. – siehe Dylong, Nr. 17.

fol. 33: Constantin[c)] Werner Freyherr von[d)] Gymnich zu Vlatten
aufg. 24. November 1679; † Mai 1713. – siehe Dylong, Nr. 18.

fol. 33v: Frantz Ludolph von Landsberg
aufg. 23. Januar 1683. – „Nota Bene. Mit dem hier gegenüberstehenden Stambaum des Herrn Theodori Francisci Josephi von Landsberg [siehe fol. 34] ist auch der Herr Frantz Ludolph von Landsberg, des vorerwehnten Herrn Theodori Francisci leiblicher Bruder, nachgehends Domdechand zu Münster und Capitular hieselbst, am 23. Januar 1683 aufgeschworen …". – siehe Dylong, Nr. 22.
Abb. 41

fol. 34: Theodorus Frantz Joseph von Landtsberg, Herr zu Erwitte undt Wokkelumb
siehe oben S. 63ff. und Abb. 36.

fol. 35: Wolffgang Georg Friederich von Gottes gnaden Pfaltzgraff bey Rhein, in Beyern, zu Gülich [sic], Cleve undt Berg Hertzog etc.
aufg. 27. Juni 1681. – siehe Bertram, Bistum Hildesheim 3, S. 227.

fol. 36: Johann Ernest Graff zu Löwenstein, Wertheimb, Rochefort undt Montageu
aufg. 22. August 1681. – siehe Bertram, Bistum Hildesheim 3, S. 225.

fol. 36v: Ignatz Walther von Brabeck zu Brabeck
aufg. 23. April 1695. – „Herr Ignatz Walther von Brabeck zu Brabeck als des Herrn Jobst Edmund von Brabecks [siehe fol. 37] Bruder ist am 23ten April 1695 mit gegenüber stehendem Stammbaum aufgeschwohren." – siehe Bertram, Bistum Hildesheim 3, S. 220.

fol. 37: Jobst Edmundt von undt zu Brabeck
aufg. 23. März 1682; inst. 9. Dezember 1684; † 19. März 1728. – siehe Dylong, Nr. 21.

fol. 38: Moritz Frantz Adam vonn der Aßeburg zur Hindenburg
aufg. 22. November 1682. – siehe Bertram, Bistum Hildesheim 3, S. 217.

fol. 39: Jobst Edmundt von Brabeck zu Lettmate undt Hemmer
siehe oben S. 73ff. und Abb. 43, Abb. 47.

fol. 39v: Adolph Frantz Friederich von Lippe
aufg. 9. Oktober 1695; inst. 27. November 1697; † 17. Juni 1752. – „Mit gegenübergesetztem des Herrn Ernesti Adami von der Lippe adelichem Stammbaum [siehe fol. 40] ist Herr Adolph Frantz Friederich von Lippe als deßelben leiblicher Bruder auffgeschworen den 9ten Octobris 1695 …". – siehe Dylong, Nr. 36.

fol. 40: Ferdinand Ernst Adam von der Lippe
aufg. 27. Mai 1684; inst. 29. Februar 1696; † 17. Februar 1722. – siehe Dylong, Nr. 24.

fol. 41: Joseph Clemens, in Ober- undt Nieder Bayern, auch der Obern Pfaltz Hertzog, Pfaltzgraff bey Rhein, Landgraf zu Leuchtenberg etc.
siehe oben S. 85ff. und Abb. 51–53.

fol. 42: Johan Wilhelm Freyherr von Nesselrodt zum Grimberg
aufg. 11. Januar 1686; † 8. April 1699. – siehe Bertram, Bischöfe von Hildesheim, S. 202f.

fol. 43: Stephan[e)] Theodorus Frantz[e)] von Bockenförde genandt Schüngell
aufg. 11. März 1686; inst. 19. Dezember 1696; † 10. Februar 1703. – siehe Dylong, Nr. 26.

fol. 44: Levin Christoff von Donop, Probst zu Straßberg
aufg. 17. November 1686; „habuit præbendam domini comitis Ioannis Ernesti de Löwenstein [siehe fol. 36] vacantem per factam permutationem eiusdem præbendæ cum præpositura ad Sanctum Petrum in Strasburg"; inst. 25. November 1686; „dimisit suam præbendam per contractum matrimonium 15. decembris 1700". – siehe Bertram, Bistum Hildesheim 3, S. 220.

fol. 45: Hieronymus Leopoldt Edmundt Freyherr Wolff Metternich zur Gracht
aufg. 10. Januar 1687. – siehe Bertram, Bistum Hildesheim 3, S. 226.

fol. 46: Ferdinandt Ignatius von Nagel zu Vornholt
aufg. 29. Oktober 1690; inst. 1. Dezember 1690; † 15. März 1726. – Dekan (seit 1723). – siehe Dylong, Nr. 30.

fol. 47: Raban Wilhelm von der Malsburg
aufg. 12. Januar 1691; † 1. März 1720. – Kellerer (seit 1707). – siehe Dylong, Nr. 31.

fol. 48: Johan Wilhelm Anthon von Harff zu Dreyborn
aufg. 20. März 1692; inst. 20. Februar 1706; † 10. Juni 1745. – siehe Dylong, Nr. 34.

fol. 49: Maximilian Henrich Herr von undt zu Gymnich
aufg. 13. Juli 1692. – siehe Dylong, Nr. 33.

fol. 50: Ferdinandus Friedericus Matthias vonn Nagell von Vorenholte
aufg. 20. März 1696; inst. 11. März 1704; † 5. Dezember 1732. – Thesaurar (seit 171‹5›). – siehe Dylong, Nr. 37.

fol. 51: Friederich Wilhelm Freyherr von Loe zu Wissenn
aufg. 15. Dezember 1696. – siehe Bertram, Bistum Hildesheim 3, S. 225.
Abb. 30

fol. 52: Maximilianus August von Bockenförde genandt Schüngell
aufg. 18. Juni 1689; inst. 18. Juni 1689; † 22. Juni 1750. – Jubilarius (seit 10. März 1740). – siehe Dylong, Nr. 52.

fol. 53: Iohan Siegismundt Wilhelm Freyherr von Reuschenberg zu Setterich undt Kendenich
siehe oben S. 95ff. und Abb. 56.

fol. 54: Ferdinandt Gottfriedt vonn Hörde zum Eringerfeldt unndt Störmede
aufg. 16. Mai 1699; inst. 25. November 1703; † September 1711 in Rom. – siehe Dylong, Nr. 39.

fol. 55: Johann Friederich Anthon von Bocholtz zu Störmede undt Hennikenroda
aufg. 4. Juli 1699; inst. 31. Juli 1706; † 28. Dezember 1755. – siehe Dylong Nr. 40.

fol. 56: Johan Matthias Friederich Engelbert Burchardt Freyherr vonn Westerholt zu Westerholt, Alst, Haselünne undt Schönebeck
aufg. 10. Mai 1701; inst. 15. Dezember 1711; † 6. September 1729. – siehe Dylong, Nr. 41.

fol. 57: Johan Ernst vonn Schloen genandt Gehle vonn Hollwinkell
aufg. 17. Juli 1688; „emancipatus 10. decembris 1688"; inst. 1. September 1691; † 26. März 1723. – Kantor (seit 1703). – siehe Dylong, Nr. 27.

fol. 58: Herman Dieterich von Westerholt vom Hauß Vorhelm
aufg. 24. Januar 1702; inst. 2. Dezember 1702; † 25. April 1705. – siehe Dylong, Nr. 42.

fol. 59: Maximilian Heinrich Joseph Freyherr von undt zu Weichs, Roesberg und Weyer
siehe oben S. 107ff. und Abb. 62, Abb. 70.

fol. 60: Johannes Bernardus Josephus Freyherr von und zu Weichs, Roesberg und Weyer
siehe oben S. 107ff. und Abb. 63.

fol. 61: Ferdinandt Friederich von Oyenhausen zum Eicholtz
aufg. 9. Mai 1703; inst. 5. Januar 1708; † 11. Juli 1732. – Kellerer (seit 1720). – siehe Dylong, Nr. 45.

fol. 62: Burchardus Matthias von undt zu Weichs
aufg. 11. Oktober 1703; inst. 28. November 1705; † 27. August 1741. – Kantor (seit 1732). – siehe Dylong, Nr. 46.

fol. 63: Max‹i›milian Heinrich Freyherr von und zu Gymnich
aufg. 26. Februar 1704; resig. 1713 zugunsten von Heinrich Friedrich Philipp Gottfried von Loë [siehe fol. 80]. – siehe Dylong, Nr. 47.

fol. 64: Frantz Wilhelm von Schorlemmer ex Overhagen
aufg. 19. August 1704; † 17. Mai 1709. – siehe oben fol. 4.

fol. 65: Ferdinand Wilhelm Freyherr von Fürstenberg zu Schnellenberg und Waterlapp
aufg. 27. August 1704; † September 1705. – siehe Dylong, Nr. 48.

fol. 66: Frans Adolph von Nagel zum Vorenholte
aufg. 16. Dezember 1704; inst. 9. Juli 1705; † 3. März 1746. – Schatzrat (seit 1726); Scholaster (seit 1731); Propst (seit 1734). – siehe Dylong, Nr. 49.

fol. 67: Antonius Wilhelmus Ludovicus Ignatius[f] de Schilder ex Himmighausen
aufg. 27. April 1706; resig. im Juli 1710[g]; † Oktober 1710. – siehe Dylong, Nr. 51.

fol. 68: Wilhelmus Hermannus Ignatius Ferdinandus Hieronimus Freyherr Wolff Metternich ex Gracht
aufg. 18. August 1706; inst. 4. September 1706; resig. 1709 zugunsten von Otto Heinrich Ferdinand Ludwig von Nehm [siehe fol. 74]. – siehe Dylong, Nr. 52.

fol. 69: Johan Werner Ferdinandt von der Bruggeney genandt Hasenkampf vom Hauß Weithmar
aufg. 3. November 1706; resig. 1717 zugunsten seines Bruders Karl Gottfried [siehe fol. 92]. – siehe Dylong, Nr. 53.

fol. 70: Hugo Frantz Johan Georg Freyherr von Fürstenberg, Herr zu Schnellenberg und Waterlap
aufg. 6. Dezember 1706; † 11. Dezember 1755. – siehe Dylong, Nr. 54.

fol. 71: Edmund Herman Adolph von Freyherr von Frenss
aufg. 26. Juli 1707; inst. 15. Dezember 1710; † 8. Februar 1721. – siehe Dylong, Nr. 55.

fol. 72: Ernst Friederich Freyherr von Twickell zu Havixbeck
siehe oben S. 119ff. und Abb. 73.

fol. 73: Ferdinand Frantz Friderich von Bockenvörde genand Schüngell
aufg. 20. August 1709; inst. 22. September 1709; † 23. März 1742. – siehe Dylong, Nr. 57.

fol. 74: Otto Henrich Ferdinand Ludwig von Nehem von Sundermühlen
aufg. 21. Januar 1710; inst. 2. Dezember 1715; † 20. Februar 1725. – siehe Dylong, Nr. 58.

fol. 75: Franss [sic] Rottger von Kettler zur Middelborg und Merlsheim
aufg. 4. Februar 1711; inst. 15. Dezember 1711; † 10. Juli 1714. – siehe Dylong, Nr. 59.

fol. 76: Godfrid Conrad Gaudentz von Bocholtz zum Störmede und Hennikenroda
siehe oben S. 133ff. und Abb. 82, Abb. 87–89.

fol. 77: Johan Friderich Adolph von Hörde vom Haus Schonholthausen
aufg. 3. Dezember 1711; inst. 13. Dezember 1713; † 3. August 1761. – siehe Dylong, Nr. 61.

fol. 78: Otto Wilhelm Spiegel zum Diesenberg
aufg. 3. Februar 1712; inst. 15. Februar 1712; † 8. November 1715. – siehe Dylong, Nr. 62.

fol. 79: Herman Werner Dieterich Ferdinand Joannes von Nagel
aufg. 19. Juli 1712; inst. 1. September 1721; † „circa" 9. Mai 1747. – siehe Dylong, Nr. 63.

fol. 80: Henrich Friderich Philipp Godtfrid Freyherr[h] von Loe zu Wissen
aufg. 18. Juli 1713; inst. 25. Januar 1721; † 2. November 1748. – Dekan (seit 1726), Propst (seit 1746). – siehe Dylong, Nr. 64.

fol. 81: Frantz Adrian Graff von Virmondt zur Nersenbrück
aufg. 13. Dezember 1713; † „in anno 1717". – siehe Dylong, Nr. 65.

fol. 82: Wilhelm Ludwig Bernhard von Böselager von der Eggermühlen undt Grumsmühlen
aufg. 30. April 1714; inst. November 1714; † 15. Juli 1751. – Kantor (seit 1741). – siehe Dylong, Nr. 66.

fol. 83: Fridericus Ignatius Constantinus von Vittinghoff g‹e›nand Schell
aufg. 12. April 1715; resig. 1718 zugunsten seines Bruders Hermann Arnold [siehe fol. 93]. – siehe Dylong, Nr. 67.

fol. 84: Levin Christoph ‹von› Droste zu Senden
aufg. 8. Juli 1715; inst. 12. Dezember 1716; † 26. September 1725. – siehe Dylong, Nr. 68.

fol. 85: Engelhard Ignatius Arnold von Bocholtz[i] zu Stormede und Hennikenroda
aufg. 19. November 1715; resig. zugunsten des Brudersohnes Franz Arnold Florentius [siehe fol. 106]; erneut aufg. 15. Juli 1720. – siehe Dylong, Nr. 77.

fol. 86: Frantz Adam Anton Freyherr von und zu Weichs von Sarstett[k]
aufg. 4. Dezember 1715; inst. 8. Juni 1720; † 24. Mai 1766. – Schatzrat (seit 1732); Scholaster (seit 1761). – siehe Dylong, Nr. 69.

fol. 87: Philip Wilhelm von Hutten zum Stoltzenberg
aufg. 30. Januar 1716; „accepit præpendam vacantem per obitum domini[l] Ottonis Wilhelmi de Spiegel [siehe fol. 78] qua præcista imperatoris Caroli VI.“; resig. 1717 zugunsten von Johann Wilhelm von Twickel [siehe fol. 90]. – siehe Dylong, Nr. 70.

fol. 88: Caspar Arnold Joseph von Bocholtz[m] zu Stormede und Hennikenroda
aufg. 1. September 1716; resig. zugunsten seines Bruders Ferdinand Wilhelm Ignatz Engelbert [siehe fol. 117]. – siehe Dylong, Nr. 71.

fol. 89: Carl von Donop
aufg. 29. Oktober 1716; inst. 18. Dezember 1728; † 18. Mai 1758. – siehe Dylong, Nr. 72.

fol. 90: Johan Wilhelm Freyherr von Twickel zu Havixbeck
aufg. 12. April 1717; inst. 22. Juni 1717; † 10. September 1757. – Dekan (seit 1756). – siehe Dylong, Nr. 73.

fol. 91: Wilhelm Godfried Voigt von Elspe et Stirpe
aufg. 30. Juni 1717; inst. 17. Dezember 1722; † 12. Februar 1755. – siehe Dylong, Nr. 74.

fol. 92: Carolus Godefridus von der Bruggeney genandt Hasenkampff vom Hauße Stockum undt Weithmar[n]
aufg. 5. Juli 1717; inst. 17. November 1717; † 29. April 1750. – Kellerer (seit 1732). – siehe Dylong, Nr. 75.

fol. 93: Hermannus Arnoldus von Vittinghoff genandt Schell
aufg. 26. Juli 1718; inst. 20. Dezember 1727; resig. April 1741 zugunsten von Heinrich Wilhelm von Harff [siehe fol. 125]. – siehe Dylong, Nr. 76.

fol. 94: Fridericus Christianus de Fürstenberg in Schnellenberg et Waterlapp
aufg. 16. Juli 1720; inst. 18. Dezember 1728; † 14. Mai 1742. – siehe Dylong, Nr. 78.

fol. 95: Ignatius Franciscus Fridericus von und zu Weichs und Sastettell [sic!]
aufg. 26. Juni 1721; resig. 1726. – siehe Dylong, Nr. 79.

fol. 96: Frantz Wilhelm Anthon Graff von Neßelrode undt Reichenstein
aufg. 23. März 1722; resig. 1743 zugunsten von Franz Adam von Leerodt [siehe fol. 129]. – siehe Dylong, Nr. 80.

fol. 97: Jobst Matthias Freyherr von Twickel zu Havixbeck
aufg. 22. September 1722; inst. 6. Oktober 1722; resig. 1728. – siehe Dylong, Nr. 81.

fol. 98: Jodocus Edmundus Freyherr von Weichs ex Sarstedt
aufg. 6. Juli 1723; inst. 21. April 1725; † 17. November 1755. – Dekan (seit 1746). – siehe Dylong, Nr. 82.

fol. 99: Joannes Leopoldus Erasmus von[o] Nesselrath genandt Hugenpoett
aufg. 12. Februar 1724; inst. 23. September 1724; † 13. April 1768. – Jubilarius (seit 7. August 1767). – siehe Dylong, Nr. 83.

fol. 100: Engelbertus Theodorus Ludovicus von Droste ex Erwitte
aufg. 23. Juli 1725; inst. 16. Dezember 1730; † 9. Juli 1769. – Propst (seit 1756). – siehe Dylong, Nr. 100.

fol. 101: Ferdinandus Ludovicus de Brüggeney genandt Hasenkampff vom Hauße Stockumb und Weithmar
aufg. 6. November 1725; inst. 12. Dezember 1729; † 24. Oktober 1773. – siehe Dylong, Nr. 85.

fol. 102: Caspar Otto Herman Ioseph Spiegell zum Desenberg et Canstein
aufg. 18. Februar 1726; inst. 18. Dezember 1732; † 12. November 1752. – siehe Dylong, Nr. 86. Abb. 15.

fol. 103: Leopoldus Franciscus Freyherr von Weichs ex Sarstedt
aufg. 6. Juni 1726; inst. 22. November 1727; † 22. August 1777. – Scholaster (seit 1766). – siehe Dylong, Nr. 87.

fol. 104: Carolus Franciscus comes de Nesselrod in Ereshoven
aufg. 28. August 1726; resig. 1734 zugunsten seines Bruders Johannes Wilhelm Franz Ludwig [siehe fol. 122]. – siehe Dylong, Nr. 88.

fol. 105: Joan Rudolph Benedict Freyherr von Twickel zu Havixbeck
aufg. 13. Januar 1728; inst. 15. Oktober 1728; resig. 28. Dezember 1750 zugunsten von Jobst Edmund Moritz von Twickel [siehe fol. 139]. – siehe Dylong, Nr. 89.

fol. 106: Franciscus Arnoldus Florentius von Bocholtz zu Störmede und Hennekenrode
aufg. 27. Januar 1728; inst. 18. Juni 1731; † 29. Juni 1765. – Kellerer (seit 1750). – siehe Dylong, Nr. 90.

fol. 107: Joannes Georgius Rabanus Gottlob von Hörde zum Eringerfeldt
aufg. 31. Januar 1728; inst. 16. Juli 1733; † 1. September 1769. – siehe Dylong, Nr. 91.
Abb. 16

fol. 108: Friederich Christian Joseph Freyherr von Galen
aufg. 3. Februar 1728; „ist a sede apostolica providirt de præbenda domini Theodori Ottonis Korff condicti Schmising qua eius resignatarius" [siehe fol. 26]. – siehe Dylong, Nr. 92 und Keinemann, Domkapitel zu Münster, Nr. 48.
Abb. S. 52

fol. 109: Diederich Henrich Conrad Werich von Westrem von Guthacker
aufg. 26. Februar 1728; inst. 27. November 1731; resig. 1. Februar 1749 zugunsten von Friedrich Wilhelm Ludwig von Westphalen [siehe fol. 135]. – siehe Dylong, Nr. 93.

fol. 110: Casparus Ferdinandus von Droste von Füchten
aufg. 21. Juli 1728; inst. 17. September 1738; † 9. Juni 1774. – Jubilarius (seit 3. Juni 1774). – siehe Dylong, Nr. 94.

fol. 111: Johann Friederich Bernhard Joseph Franciscus Haverius Graff von Schaesberg
aufg. 17. November 1728; resig. zugunsten von Franz Egon von Fürstenberg [siehe fol. 120]. – siehe Dylong, Nr. 95.

fol. 112: Frantz Joseph von Hörde zum Schwartzenraben und Störmede
aufg. 19. Dezember 1729; „resignavit paulo ante obitum in favorem sui domini fratris Friderici Ferdinandi ab Hörde" [siehe fol. 119]; † 14. September 1733. – siehe Dylong, Nr. 96.

fol. 113: Joannes Fridericus Freyherr von und zu Weichs zu Roesberg und Weyer
aufg. 13. Mai 1732; inst. 13. September 1732; † 2. April 1756. – Thesaurar (seit 1733); Propst (seit 1749). – siehe Dylong, Nr. 97.
Abb. 72

fol. 114: Jobst Christoph von Bennigsen auß Gronau und Bantelen
aufg. 16. Oktober 1732; inst. 20. Dezember 1732; † 20. Januar 1778. – siehe Dylong, Nr. 98.

fol. 115: Otto Ferdinandus Freyherr von Hohenfeld
aufg. 23. Dezember 1732; inst. 23. Dezember 1732; † 4. Mai 1744. – siehe Dylong, Nr. 99.

fol. 116: Franciscus Arnoldus Josephus von der Asseburg auf Hindenburg, Wallhausen und Schermike
siehe oben S. 141ff. und Abb. 90, Abb. 92–94.

fol. 117: Ferdinandus Wilhelmus Ignatius Engelbertus von Bocholtz zu Störmede und Hennekenrode
aufg. 15. Mai 1733; inst. 27. November 1733; † 8. Januar 1784. – Jubilarius (seit 11. August 1774). – siehe Dylong, Nr. 101.

fol. 118: Frantz Arnold Freyherr von Kerkerinck von Stapel
aufg. 27. Juni 1733; † 31. August 1734 in Rom. – siehe Dylong, Nr. 102.

fol. 119: Friderich Ferdinand von Hörde zum Schwartzenraben und Störmede
aufg. 17. Dezember 1733; inst. 19. Dezember 1742; † 7. Mai 1761. – siehe Dylong, Nr. 103.

fol. 120: Frantz Egon Freyherr von Fürstenberg zu Schnellenberg und Waterlapp
aufg. 30. März 1734; inst. 17. Dezember 1734; † 10. Oktober 1761. – Scholaster (seit 1742). – siehe Dylong, Nr. 104.

fol. 121: Frantz Wilhelm Felix von der Wenge zur Becke
aufg. 6. April 1734; inst. 20. Dezember 1735; † 20. Mai 1784. – Jubilarius (seit 18. März 1775). – siehe Dylong, Nr. 105.

fol. 122: Joannes Wilhelmus Franciscus Ludovicus comes de Nesselrod in Ereshoven
aufg. 22. Juni 1734; inst. 20. Dezember 1735; † 2. März 1757. – siehe Dylong, Nr. 106.
Abb. 13

fol. 123: Frantz Herman Ludowig Freyherr von Kerkering von Stapel
aufg. 24. Mai 1735; resig. zugunsten von Wilhelm Werner Ferdinand von Meschede [siehe fol. 124]. – siehe Dylong, Nr. 107.

fol. 124: Wilhelm Werner Ferdinand von Meschede zu Allme
aufg. 4. März 1738; inst. 31. Oktober 1739; † 9. Januar 1765. – siehe Dylong, Nr. 108.

fol. 125: Henricus Wilhelmus von Harff zu Dreyborn
aufg. 18. April 1741; inst. 17. Juni 1741; resig. 14. Januar 1750 zugunsten von Karl Friedrich von Elverfeldt [siehe fol. 136]. – siehe Dylong, Nr. 109.

fol. 126: Levin Stephan Wilhelm von der Wenge zur Becke
aufg. 3. Oktober 1741; inst. 26. September 1743; † 23. Juli 1776. – Dekan (1757–1769); Propst (seit 1769). – siehe Dylong, Nr. 110.

fol. 127: Hartmannus Franciscus Wilhelmus[p] von Mauchenheim genant Bechtolsheim
aufg. 20. August 1742; inst. 20. Juni 1743; † 4. Juli 1779. – siehe Dylong, Nr. 111.

fol. 128: August Philip Carl Graff von Limbourg Stirum
aufg. 4. September 1742; inst. 16. April 1746; † 26. Februar 1797. – Wahl zum Fürstbischof von Speyer („electus in episcopum et principem Spirensem") 29. Mai 1770. – siehe Dylong, Nr. 112.

fol. 129: Franciscus Adamus Graff von Leerodt zu Born und Winnendael
aufg. 19. Dezember 1743; inst. 20. Dezember 1743; resig. zugunsten von Alexander Hermann Josef von Merode [siehe fol. 164]. – siehe Dylong, Nr. 113.

fol. 130: Maximilian Ferdinand Maria Joseph Graff von Merveldt
aufg. 16. Juni 1744; „accepit qua præcista cæsareus præbendam vacantem per obitum domini Ottonis Ferdinandi liberi baronis ab Hohenfeld" [siehe fol. 115]; inst. 22. Juni 1752; † 28. März 1790. – Jubilarius (seit 16. Juni 1784). – siehe Dylong, Nr. 114.
Abb. 14

fol. 131: Clemens August Constantin von Mengersen zu Rheder und Borcholtz
aufg. 23. November 1745; inst. 16. Juni 1746; † 4. August 1801. – Jubilarius (seit 17. Januar 1786). – siehe Dylong, Nr. 115.

fol. 132: Otto Matthias von und zu Mallinckrodt, Herr zu Küchen
aufg. 26. Juli 1746; † 15. März 1761. – siehe Dylong, Nr. 116.

fol. 133: Hermannus Adolphus von Nagel zu Varenholte
aufg. 26. Oktober 1747. – siehe Dylong, Nr. 117.

167

fol. 134: Joseph Maria Gabriel Liber Baro a Beroldingen
aufg. 18. Juni 1748; inst. 12. August 1752; resig. zugunsten von Josef Ignaz Konrad Silvester von Beroldingen [siehe fol. 174]. – siehe Dylong, Nr. 118. Abb. 98

fol. 135: Friederich Wilhelm Ludewig ‹von› Westphalen
aufg. 5. März 1749; inst. 16. Juni 1757; † 6. Januar 1789. – „Electus in episcopum et principem huius diœceseos 7tima februarii 1763." – siehe, Dylong Nr. 119.

fol. 136: Carolus Friedericus von Elverfeldt zum Steinhaus undt[q] Dahlhaus[q]
aufg. 18. Februar 1750. – siehe Dylong, Nr. 120.

fol. 137: Christianus Ignatius Alexander Maria Josephus Liber Baro de Furstenberg ex Herdringen
aufg. 20. Juli 1750; resig. zugunsten von Ferdinand Josef von Fürstenberg [siehe fol. 148]. – siehe Dylong, Nr. 121.

fol. 138: Stephan Frantz Freyherr von und zu Weichs zur Wenne
aufg. 22. September 1750; inst. 13. Dezember 1751; † 14. Januar 1768. – Kellerer (seit 1. Juli 1765). – siehe Dylong, Nr. 122.

fol. 139: Jobst Edmund Mauritz Freyherr von Twickel zu Havixbeck
aufg. 20. April 1751; inst. 18. Juni 1751; † 12. Oktober 1782. – „Resignavit in favorem domini a Morsey, sed resignatio hæc a consilio imperiali aulico ex illa ratione, quod resignans dies pœnitentiæ non supervixit, annulata est." – siehe Dylong, Nr. 123.

fol. 140: Fritz Caspar Philipp von Haxthausen von Burgsitz zu Drieburg
aufg. 28. September 1751; inst. 5. Februar 1752; † 8. Januar 1801. – siehe Dylong, Nr. 124.

fol. 141: Jobst Edmund von Brabeck zu Lethmate und Hemmern
aufg. 14. September 1752; resig. 23. März 1764 zugunsten von Franz Egon von Fürstenberg [siehe fol. 163]. – siehe Dylong, Nr. 125.

fol. 142: Friderich Christoph von Böselager zu Eggermühlen
aufg. 29. Mai 1753; inst. 13. Juni 1753. – siehe Dylong, Nr. 126.

fol. 143: Herman Werner von Brabeck zu Lethmate und Hemmeren
aufg. 27. Juni 1753; inst. 19. Juni 1765; † 12. Juli 1785. – Kantor (seit 1777). – siehe Dylong, Nr. 127.

fol. 144: Clemens Maria von und zu Weichs, Herr und Droste zur Wenne
aufg. 16. April 1755; resig. zugunsten von Engelbert Franz von Wrede [siehe fol. 155]. – siehe Dylong, Nr. 128.

fol. 145: Joh(ann) Fridrich Moritz von Brabeck
aufg. 26. Februar 1756; inst. 24. Juni 1769; resig. 11. Februar 1788. – siehe Dylong, Nr. 129.

fol. 146: Frans Friderich von Schilder zu Hameren
aufg. 30. März 1756; resig. 1762 zugunsten von Franz Wilhelm von Bocholz [siehe fol. 166]. – siehe Dylong, Nr. 130.

fol. 147: Otto Hermann von Spiegel zum Diesenberg auf Obern Klingenburg
aufg. 30. März 1756; inst. 26. Mai 1756; † 21. September 1801. – siehe Dylong, Nr. 131.

fol. 148: Ferdinand Joseph Freyherr von Fürstenberg zu Herdringen
aufg. 23. September 1756; inst. 16. Dezember 1764; † 3. März 1800. – siehe Dylong, Nr. 132.

fol. 149: August Anton Franz Maria von Haxthausen von Hause Apenburg
aufg. 23. September 1756; inst. 10. Dezember 1764; † 23. Januar 1789. – siehe Dylong, Nr. 133.

fol. 150: Clemens August Joseph von Ascheberg zur Wenne
aufg. 19. Januar 1758; resig. zugunsten seines Bruders Karl Ludwig [siehe fol. 175]. – siehe Dylong, Nr. 134.

fol. 151: Frantz Anton Graf von Plettenberg und Wittem
aufg. 10. April 1758. – siehe Dylong, Nr. 135.

fol. 152: Clemens August von Elverfeld, Herr zum Steinhaus und Daelhausen
aufg. 6. März 1759; resig. zugunsten seines Bruders Alexander Friedrich [siehe fol. 157]. – siehe Dylong, Nr. 136.

fol. 153: Theodorus Josephus Maria von Wrede zu Ameque
aufg. 18. September 1759; inst. 16. Dezember 1762; † 4. November 1808. – Kellerer (seit 1768); Jubilarius (seit 21. Januar 1801). – siehe Dylong, Nr. 137.

fol. 154: Joh(ann) Damian^r) Carl^r) Freyherr von Boos zu Waldeck
aufg. 18. Dezember 1759; inst. 18. Dezember 1759; resig. 14. Oktober 1770 zugunsten von Matthias Benedikt von Ketteler [siehe fol. 173]. – siehe Dylong, Nr. 138.

fol. 155: Engelbertus Franciscus von Wrede zu^s) Ameque^s)
aufg. 6. Oktober 1760; inst. 16. Dezember 1762; † 29. April 1773. – siehe Dylong, Nr. 139.

fol. 156: Frantz Cœlestin Freyherr von Beroldingen
aufg. 15. Juni 1761; inst. 10. Dezember 1765; † 8. März 1798. – siehe Dylong, Nr. 140.

fol. 157: Alexander Friderich von Elberfeld^t) zum Steinhaus undt^u) Daelhausen^u)
aufg. 22. September 1761; inst. 20. Februar 1768; † 7. August 1805. – siehe Dylong, Nr. 141.

fol. 158: Engelbert Maria Anton von Wrede zu Melschede
aufg. 22. September 1761; inst. 12. November 1770; † 12. September 1808. – Scholaster (seit 1790); Jubilarius (seit 12. Oktober 1801). – siehe Dylong, Nr. 142.

fol. 159: Franciscus Georgius Freyher⟨r⟩ von Boos von Waldeck
aufg. 22. September 1761; inst. 28. November 1762. – Kantor (seit 1785); Jubilarius (seit 12. Oktober 1801). – siehe Dylong, Nr. 143.

fol. 160: Ferdinand Graf von Plettenberg auf Unter-Lehnhausen
aufg. 24. November 1762; inst. 27. November 1762; † 10. März 1777. – siehe Dylong, Nr. 144.

fol. 161: Wilhelm Joseph Freyherr von und zu Weichs vom Hause Körtlinghausen
aufg. 4. Januar 1763; inst. 5. Februar 1763; † 28. Mai 1786. – siehe Dylong, Nr. 145.

fol. 162: Anton Ludewig August von Dalwigk zu Lichtenfeld und Sandt
aufg. 24. Oktober 1763; inst. 15. November 1763; resig. 3. Juli 1773 zugunsten von Engelbert August von Weichs [siehe fol. 177]. – siehe Dylong, Nr. 146.

fol. 163: Franz Egon Freyherr von Fürstenberg zu Herdringen
aufg. 22. Mai 1764; inst. 10. Juli 1764. – Dekan (1769–1776); (Propst seit 1776); „postulatus in coadiutorem huius episcopatus 7. martii 1786“; „factus princeps die 6. ianuarii 1789^v)“. – siehe Dylong, Nr. 147.

fol. 164: Alexander Hermann Josef Freyherr von Merode zu Hofalitze
aufg. 28. August 1764; inst. 7. Dezember 1767; † 4. Februar 1792. – Propst (seit 1789). – siehe Dylong, Nr. 148; Keinemann, Domkapitel zu Münster, Nr. 186.

fol. 165: Franz Ignatz Adolf Freyherr von Weichs
aufg. 1. April 1765; inst. 30. Juni 1777. – siehe Dylong, Nr. 149.

fol. 166: Franz Wilhelm von Bocholz zu Störmede
aufg. 23. Oktober 1765; inst. 28. August 1769. – siehe Dylong, Nr. 150.

fol. 167: Ferdinand von Elmendorf zum Füchtel
aufg. 7. August 1766; inst. 21. November 1767;
† 6. Dezember 1788. – siehe Dylong, Nr. 151.

fol. 168: Clement Vinzent Franz Johann Eliesabet Nicol(aus) von der Heyden gen. Belderbusch zu Streverstrop und Mougen
aufg. 7. August 1766; inst. 3. November 1780. – siehe Dylong, Nr. 152.

fol. 169: Carl Friedrich von Wendt zu Wiedenbrück und Papenhausen
aufg. 26. März 1768; inst. 9. November 1773. – Dekan (1776–1792); Propst (seit 1792). – siehe Dylong, Nr. 153.

fol. 170: Werner August von Elverfeld zum Steinhaus und Daelhausen
aufg. 8. Juni 1768; inst. 22. Juni 1769. – Jubilarius (seit 22. Aug. 1808). – siehe Dylong, Nr. 154.

fol. 171: Johann Philipp von Wrede zu Ameke
aufg. 24. September 1769; inst. 20. Dezember 1770; † 15. Oktober 1774. – siehe Dylong, Nr. 155.

fol. 172: Josepf Anton Sigismund Freyherr von Beroldingen
siehe oben S. 149ff. und und Abb. 95–97.

fol. 173: Matthias Benedickt von Ketteler zum Haarkotten
aufg. 12. November 1770; resig. 2. August 1777 zugunsten seines Bruders Wilhelm Arnold [siehe fol. 182]; † 1803. – später erneut aufgeschworen [siehe fol. 189–1]; siehe Dylong, Nr. 157.

fol. 174: Josef Ignatz Conrad Silvester Freyherr von Beroldingen
aufg. 29. Oktober 1771; inst. 29. Oktober 1771; † 28. April 1806. – siehe Dylong, Nr. 158.

fol. 175: Karl Ludewieg von Ascheberg zur Venne
aufg. 24. November 1772; inst. 24. November 1772. – † 31. Dezember 1795 in Münster. – siehe Dylong, Nr. 159.

fol. 176: Leopold Edmund Freyherr von Weichs
aufg. 3. August 1773; inst. 19. Dezember 1780. – siehe Dylong, Nr. 160.

fol. 177: Engelbert August Freyherr von Weichs
aufg. 3. August 1773; inst. 19. November 1781. – Dekan (seit 1792). – siehe Dylong, Nr. 161.

fol. 178: Friedrich Ferdinand Casper von Haxthausen zu Lippspring
aufg. 28. April 1774; inst. 30. Oktober 1775. – siehe Dylong, Nr. 162.

fol. 179: Christof Freyherr von Keßelstadt
aufg. 16. August 1775; inst. 30. Oktober 1782. – siehe Dylong, Nr. 163.
Abb. 18

fol. 180: Carl Friedrich von Vittinghof genannt Schell zu Schellenberg
aufg. 5. März 1775; inst. 30. Oktober 1776. – siehe Dylong, Nr. 164.

fol. 181: Franz Wilhelm ‹von› Spiegel zum Desenberg auf dem Burgsitze Friedeburg
aufg. 30. Oktober 1776; inst. 20. Dezember 1777. – siehe Dylong, Nr. 165.

fol. 182: Wilhelm Arnold von Ketteler zu Harkotten
aufg. 16. September 1777; inst. 27. April 1778. – siehe Dylong, Nr. 182.

fol. 183: Clement August von Schorlemmer zu Heringhausen und Hellinghausen[w)]
aufg. 26. März 1778; inst. 8. November 1787. – siehe Dylong, Nr. 168.

fol. 184: Carl Fridrich von Brenken zu Brenken und Erdberenburg
aufg. 22. Juni 1778; „admissus ad chorum qua domicellaris, ad lucrandum distributiones quotidianas: 10. aprilis 1781"; inst. 1. Februar 1785. – siehe Dylong, Nr. 169.

fol. 185: Franz Wilhelm von Wendt zu Wiedenbrück und Papenhausen
aufg. 7. April 1779; inst. 8. Februar 1782; † 17. Juni 1804. – siehe Dylong, Nr. 170.

fol. 186: Carl Josef Maria Reichsfreyherr von und zu Bourscheid zu Bourgbroel und Elkeringshausen
aufg. 18. März 1780; resig. 7. März 1789 zugunsten seines Bruders Friedrich Ludwig Felix Maria [siehe fol. 197]. – siehe Dylong, Nr. 171.

fol. 187: Johann Friederich Graf von Hoensbroek zu Hillenraeth
aufg. 7. Mai 1783; inst. 18. November 1784; † 16. Mai 1804. – Kustos bzw. Thesaurar (seit 1801). – siehe Dylong, Nr. 172.

fol. 188: Franz Carl Freyherr von Waldbott Baßenheim zu Bornheim
aufg. 24. April 1784; resig. 12. Dezember 1785. – siehe Dylong, Nr. 173.

fol. 189–1: Matthias Benedikt von Ketteler zum Haarkotten
aufg. 26. September 1785; inst. 27. September 1785; † 26. Oktober 1802. – bereits früher aufgeschworen [siehe fol. 173]; siehe Dylong, Nr. 157.

fol. 189–2: Johann Franz Felix Graf von Neßelrode zu Ereshofen
aufg. 12. Januar 1786; inst. 12. Januar 1786. – siehe Dylong, Nr. 174

fol. 190: Friederich Carl Freyherr von Fürstenberg zu Herdringen und Siethen
aufg. 12. Januar 1786; resig. 1787 zugunsten von Franz Ferdinand von Elmendorf [siehe fol. 192]. – siehe Dylong, Nr. 175.

fol. 191: Theodor Werner von Bocholz zu Störmede und Hennekenrode
aufg. 10. April 1787; inst. 20. Dezember 1787. – siehe Dylong, Nr. 176.

fol. 192: Franz Ferdinand von Elmendorf zum Füchtel
aufg. 17. April 1787; inst. 17. November 1795. – siehe Dylong, Nr. 177.

fol. 193: Josef Ernst von Hörde zu Schwarzenrabenn
aufg. 18. März 1789; resig. 14. Dezember 1789. – siehe Dylong, Nr. 178.

fol. 194: Paul Graf von Meerveldt zu Lembek
aufg. 18. Mai 1789; inst. 18. August 1795. – siehe Dylong, Nr. 179.

fol. 195: Karl Graf von Hoensbroick
aufg. 18. Mai 1789; inst. 18. November 1789. – siehe Dylong, Nr. 180.

fol. 196: Maximilian Friederich von Haxthausen zur Apenburg und Bokendorf
aufg. 18. Mai 1789; inst. 12. August 1801. – siehe Dylong, Nr. 181.

fol. 197: Friderich Ludewig Felix Maria Reichsfreyherr von Bourscheid zu Burgbroel
aufg. 18. Mai 1789; inst. 19. Dezember 1791. – siehe Dylong, Nr. 182.

fol. 198: Klemens August Freyherr von Loe, Herr zu Wissen
aufg. 28. Juni 1790; inst. 11. Dezember 1791. – siehe Dylong, Nr. 184

fol. 199: Georg von Brackel zu Vernich
aufg. 1. Juni 1791; inst. 26. März 1792. – siehe Dylong, Nr. 185.

fol. 200: Clemens Friderich von Ledebur zu Wichelen und Ostinghausen
aufg. 18. Juli 1792; inst. 25. Oktober 1795. – siehe Dylong, Nr. 186.

fol. 201: Henrich Edmund Maria Reichsgraf von Schaesberg zu Kerpen und Lommersum
aufg. 8. Aug. 1792. – siehe Dylong Nr. 187 mit abweichenden Angaben zur Provision (Verwechslung mit Dylong, Nr. 183?).

fol. 202: Franciscus Josephus von Beroldingen
aufg. 6. August 1793. – siehe Dylong, Nr. 188.

fol. 203: Wilhelm Anton Freyherr von und zu Weichs
zur Wenne und Eickholtz auf Serckenrohde
aufg. 16. Juli 1793; inst. 18. Dezember 1796. –
siehe Dylong, Nr. 189.

fol. 204: Ferdinand von Spiegel zum Diesenberg und
Canstein
aufg. 23. März 1796; inst. 16. November 1797.
– siehe Dylong, Nr. 190.

fol. 205: Joseph Clemens von der Vorst, Herr zu Lom-
beck und Gudenau
aufg. 20. Juli 1797; inst. 1. Juni 1799. – siehe
Dylong, Nr. 191.

fol. 206: Rudolp‹h› Philip Victor des Heiligen Römischen Reiches Graf von Westphalen zu Furstenberg
aufg. 21. Juni 1798. – siehe Dylong, Nr. 192.
Abb. 17

fol. 207: Joseph Graf von Westphalen zu Furstenberg
aufg. 3. Juni 1800; „dimisit præbendam in favorem fisci regii[x]) iulii 1806". – siehe Dylong,
Nr. 193.

fol. 208: Franciscus Otto Freyherr Droste von Vische-
ring
aufg. 4. Mai 1801; inst. 15. Juli 1802. – siehe Dylong, Nr. 194.

fol. 209: Carl August von Haxthausen zu Apenburg und
Bökendorf
aufg. 23. November 1801; inst. 21. März 1804. –
siehe Dylong, Nr. 195.

fol. 210: Clemens Wenceslaus Reichsgraf von Kesselstadt
aufg. 21. Dezember 1801; inst. 9. August 1802.
– siehe Dylong, Nr. 196.

*

Textkritische Noten

fol. 14: a) -c- *vom Schreiber nachträglich eingefügt.*

fol. 21: b) -l- *korr.*

fol. 33: c) -tin *auf Rasur.* d) von *unterhalb des Wortes in anderer Tinte wiederholt.*

fol. 43: e–e) *auf Rasur über* Theodorus …

fol. 67: f) -iu- *aus* -ui- *korr.* g) *Das im Cod. genannte Tagesdatum* 14. Idus Julii 1710 *ist in sich fehlerhaft und lässt sich nicht eindeutig auflösen.*

fol. 80: h) *F. H. über der Zeile nachgetragen.*

fol. 85: i) *erstes* -o- *auf Rasur.*

fol. 86: k) *nach Korrekturen.*

fol. 87: l) *über der Zeile.*

fol. 88: m) *erstes* -o- *korr.*

fol. 92: n) -h- *nachträglich eingefügt.*

fol. 99: o) *auf Rasur.*

fol. 127: p) *erstes* -l- *im Schreiben aus* -h- *korr.*

fol. 136: q–q) *in freigebliebenem Raum nachgetragen.*

fol. 154: r–r) *auf Rasur.*

fol. 155: s–s) *in freigebliebenem Raum nachgetragen.*

fol. 157: t) -b- *aus* -v- *korr.* u–u) *in freigebliebenem Raum (vom Neoprovisus selbst?) nachgetragen.*

fol. 163: v) -9 *aus* -8 *korr.*

fol. 183: w) *erstes* -e- *korr.*

fol. 207: x) *danach Lücke für das Tagesdatum.*

Abgekürzt zitierte Literatur und Nachschlagewerke

Adelslexikon 1–16
Adelslexikon, 16 Bde., hrsg. von Walter von Hueck, Limburg/Lahn 1972–2005.

Aschoff, Weihbischöfe in Hildesheim (1989)
Hans-Georg Aschoff, Weihbischöfe in Hildesheim zwischen Reformation und Säkularisation, in: Die Diözese Hildesheim in Vergangenheit und Gegenwart 57 (1989), S. 27–40.

Aschoff, Weihbischöfe in Hildesheim (1995)
Hans-Georg Aschoff, Weihbischöfe in Hildesheim vom späten Mittelalter bis zur Säkularisation, in: Weihbischöfe und Stifte. Beiträge zu reichskirchlichen Funktionsträgern in der Frühen Neuzeit, hrsg. von Friedhelm Jürgensmeier (Beiträge zur Mainzer Kirchengeschichte 4), Frankfurt am Main 1995, S. 66–90.

Aschoff, Staat und katholische Kirche
Hans-Georg Aschoff, Staat und katholische Kirche im Königreich Westfalen, in: Umbruch oder Übergang? Die Säkularisation von 1803 in Norddeutschland, hrsg. von Thomas Scharf-Wrede, Regensburg 2004, S. 131–177.

Berges/Rieckenberg, Hildesheimer Inschriften
Wilhelm Berges und Hans Jürgen Rieckenberg, Die älteren Hildesheimer Inschriften bis zum Tode Bischof Hezilos (Abhandlungen der Akademie der Wissenschaften in Göttingen. Philologisch-Historische Klasse III/131), Göttingen 1983.

Bernward von Hildesheim
Bernward von Hildesheim und das Zeitalter der Ottonen, 2 Bde., hrsg. von Michael Brandt u. a., wissenschaftliche Beratung von Hans Jakob Schuffels, Hildesheim/Mainz 1993.

Bertram, Bischöfe von Hildesheim
Adolf Bertram, Die Bischöfe von Hildesheim. Ein Beitrag zur Kentniss der Denkmäler und Geschichte des Bisthums Hildesheim, Hildesheim 1896.

Bertram, Bistum Hildesheim 2–3
Adolf Bertram, Geschichte des Bistums Hildesheim, Bde. 2 und 3, Hildesheim u. a. 1916–1925.

Binding, St. Michaelis in Hildesheim
Günther Binding, St. Michaelis in Hildesheim. Einführung, Forschungsstand und Datierung, in: St. Michaelis in Hildesheim. Forschungsergebnisse zur bauarchäologischen Untersuchung im Jahr 2006 (Arbeitshefte zur Denkmalpflege in Niedersachsen 34), Hannover 2008, S. 6–73.

Bodemann, Aufschwörungsbuch
Eduard Bodemann, Das Aufschwörungsbuch der Domherren zu Hildesheim 1632–1801, in: Zeitschrift des Historischen Vereins für Niedersachsen Jg. 1903 (1903) S. 646–658.

Braubach, Franz Wilhelm von Spiegel
Max Braubach, Die Lebenschronik des Freiherrn Franz Wilhelm von Spiegel zum Diesenberg. Zugleich ein Beitrag zur Geschichte der Aufklärung in Rheinland-Westfalen (Veröffentlichungen der Historischen Kommission des Provinzialinstituts für westfälische Landes- und Volkskunde 19/4), Münster 1952.

Braubach, Kurfürsten von Köln
Max Braubach, Die vier letzten Kurfürsten von Köln. Ein Bild rheinischer Kultur im 18. Jahrhundert, Bonn und Köln 1931.

Dylong, Hildesheimer Domkapitel
Alexander Dylong, Das Hildesheimer Domkapitel im 18. Jahrhundert (Quellen und Studien zur Geschichte des Bistums Hildesheim 4), Hannover 1997.

Dylong, Hochstift Hildesheim
Alexander Dylong, Das Hochstift Hildesheim im 17. und 18. Jahrhundert, in: Barockes Silber, hrsg. von Ulrich Knapp (Kataloge des Dom-Museums Hildesheim 1), Petersberg 1998, S. 9–25.

Elbern/Reuther, Hildesheimer Domschatz
Victor H. Elbern und Hans Reuther, Der Hildesheimer Domschatz mit einer historischen Einleitung von Hermann Engfer, Hildesheim 1969.

Engfer, Kratz
Hermann Engfer, Johann Michael Kratz (1807–1885), in: Niedersächsische Lebensbilder 3, hrsg. von Otto Heinrich May (Veröffentlichungen der Historischen Kommission für Niedersachsen 22/3), Hildesheim 1957, S. 126–139.

Filip, Heraldik
Václav Vok Filip, Einführung in die Heraldik (Historische Grundwissenschaften in Einzeldarstellungen 3), Stuttgart 2000.

Galbreath/Jéquier, Heraldik
Donald Lindsay Galbreath und Léon Jéquier, Handbuch der Heraldik, übers. von Ottfried Neubecker, München 1989.

Gatz, Bischöfe 1648 bis 1803
Die Bischöfe des Heiligen Römischen Reiches 1648 bis 1803. Ein biographisches Lexikon, hrsg. von Erwin Gatz, Berlin 1990.

Gatz, Wappen
Die Wappen der Hochstifte, Bistümer und Diözesanbischöfe im Heiligen Römischen Reich 1648–1803, hrsg. von Erwin Gatz, Regensburg 2007.

Genealogisches Handbuch 1–
Genealogisches Handbuch des Adels, bisher 143 Bde., Limburg/Lahn 1951–2008.

Handbuch der Heraldik
Handbuch der Heraldik. Wappenfibel, begr. von Adolf Matthias Hildebrandt, 19. Aufl., bearb. von Ludwig Biewer, Insingen 1998, Nachdruck Hamburg 2007.

Hersche, Domkapitel 1–3
Peter Hersche, Die deutschen Domkapitel im 17. und 18. Jahrhundert, 3 Bde., Bern 1984.

Kat. Hildesheim 1998
Barockes Silber, hrsg. von Ulrich Knapp (Kataloge des Dom-Museums Hildesheim 1), Petersberg 1998.

Kat. Hildesheim 2000
Ego sum Hildensemensis. Bischof, Domkapitel und Dom in Hildesheim, hrsg. von Ulrich Knapp (Kataloge des Dom-Museums Hildesheim 3), Petersberg 2000.

Keinemann, Domkapitel zu Münster
Friedrich Keinemann, Das Domkapitel zu Münster im 18. Jahrhundert (Veröffentlichungen der Historischen Kommission Westfalens XXII/11), Münster 1967.

Keinemann, Hildesheimer Fürstbischofswahlen
Friedrich Keinemann, Die Hildesheimer Fürstbischofswahlen 1724 und 1763, in: Niedersächsisches Jahrbuch für Landesgeschichte 43 (1971), S. 57–80.

Klingebiel, Amtsträger
Thomas Klingebiel, Ein Stand für sich? Lokale Amtsträger in der Frühen Neuzeit. Untersuchungen zur Staatsbildung und Gesellschaftsentwicklung im Hochstift Hildesheim und im älteren Fürstentum Wolfenbüttel (Veröffentlichungen der Historischen Kommission für Niedersachsen und Bremen 207), Hannover 2002.

Kohl, Domstift zu Münster 1–3
Wilhelm Kohl, Das Domstift St. Paulus zu Münster, 3 Bde. (Das Bistum Münster 4/1–3 = Germania Sacra NF 17/1–3), Berlin u. a. 1982–1989.

Michels, Paderborner Domherren
Paul Michels, Ahnentafeln Paderborner Domherren nach Aufschwörungstafeln, Epitaphien und anderen Denkmälern (Studien und Quellen zur westfälischen Geschichte 7), Paderborn 1976.

NDB 1–
Neue Deutsche Biographie, bisher 23 Bde., Berlin 1953–2007.

Neubecker, Wappenkunde
Ottfried Neubecker, Wappenkunde, Luzern 1988, Nachdruck München 2007.

Raab, Bischof und Fürst
Heribert Raab, Bischof und Fürst der Germania Sacra zwischen Westfälischem Frieden und Säkularisation, in: Der Bischof in seiner Zeit. Bischofstypus und Bischofsideal im Spiegel der Kölner Kirche. Festgabe für Joseph Kardinal Höffner, Erzbischof von Köln, hrsg. von Peter Berglar und Odilo Engels, Köln 1986, S. 315–347.

Scheibelreiter, Heraldik
Georg Scheibelreiter, Heraldik, Wien u. a. 2006.

Schuffels, Aufschwörungsbuch
Christian Schuffels, Die geschlossene Gesellschaft und ihre Wappen. Das Aufschwörungsbuch des Hildesheimer Domkapitels, in: Umbruch oder Übergang? Die Säkularisation von 1803 in Norddeutschland, hrsg. von Thomas Scharf-Wrede, Regensburg 2004, S. 71–115.

Stillig, Hochstift Hildesheim in der Frühen Neuzeit
Jürgen Stillig, Jesuiten, Ketzer und Konvertiten in Niedersachsen. Untersuchungen zum Religions- und Bildungswesen im Hochstift Hildesheim in der Frühen Neuzeit (Schriftenreihe des Stadtarchivs und der Stadtbibliothek Hildesheim 22), Hildesheim 1993.

von Boeselager, Osnabrücker Domherren
Johannes Freiherr von Boeselager, Die Osnabrücker Domherren des 18. Jahrhunderts (Osnabrücker Geschichtsquellen und Forschungen 28), Osnabrück 1990.

von Reden-Dohna, Rittersitze des Fürstentums Hildesheim
Armgard von Reden-Dohna, Die Rittersitze des vormaligen Fürstentums Hildesheim, Göttingen 1995, 2. Aufl. 1996.

Weitlauff, Reichskirchenpolitik des Hauses Bayern
Manfred Weitlauff, Die Reichskirchenpolitik des Hauses Bayern unter Kurfürst Max Emanuel (1679–1726). Vom Regierungsantritt Max Emanuels bis zum Beginn des Spanischen Erbfolgekrieges (Münchener Theologische Studien I/24), St. Ottilien 1985.

Wulf, Inschriften der Stadt Hildesheim 1–2
Christine Wulf, Die Inschriften der Stadt Hildesheim, 2 Bde. (Die Deutschen Inschriften 58, 1–2), Wiesbaden 2003.

Zachlod, Staatsfinanzen des Hochstifts Hildesheim
Christian M. Zachlod, Die Staatsfinanzen des Hochstifts Hildesheim vom Ende des Siebenjährigen Krieges bis zur Säkularisation 1763–1802/03 (Studien zur Gewerbe- und Handelsgeschichte der vorindustriellen Zeit 27), Stuttgart 2007.

Abbildungsnachweis

Göttingen, Photoarchiv Schuffels
Abb. 26, 31 (Aufnahmen: Hans J. Schuffels); 22–25 (Aufnahmen: Uwe Gleitsmann); 32, 44, 64–67, 69, 84–86 (Aufnahmen: Christian Schuffels)

Hannover, Niedersächsisches Landesarchiv/Hauptstaatsarchiv Hannover
Abb. 34, 35

Hildesheim, Bistumsarchiv
Abb. 55

Hildesheim, Dombibliothek
Abb. 33, 39, 57–61

Leonberg, Ulrich Knapp
Abb. 37, 40, 46, 48–50, 68, 76–81, 91, 99–101

Repro aus Bernward von Hildesheim und das Zeitalter der Ottonen, Bd. 1, Hildesheim und Mainz 1993
Abb. 75

Repro aus Bücherschicksale, hrsg. von Jochen Bepler und Thomas Scharf-Wrede, Regensburg 1996
Abb. 83

Repro aus Kat. Hildesheim 1998 („Barockes Silber")
Abb. 21

Repro aus Kat. Hildesheim 2000 („Ego sum")
Abb. 42

Repro aus Maike Kozok, Hildesheim zur Kaiserzeit, 2005
Abb. 45

Repro aus Klaus Lankheit, Paul Egell, Bd. 2, 1988, Abb. 112
Abb. 74

Alle übrigen Aufnahmen: *Hannover, Gottfried Wilhelm Leibniz Bibliothek / Niedersächsische Landesbibliothek*